国家"十二五"重点出版规划项目

教育心理研究新进展丛书

学业情绪与发展

从学业情境到学习兴趣的培养

董妍 著

时代出版传媒股份有限公司
安徽教育出版社

图书在版编目（CIP）数据

学业情绪与发展：从学业情境到学习兴趣的培养 /
董妍著. —合肥：安徽教育出版社，2010.5
（教育心理研究新进展丛书）
ISBN 978 - 7 - 5336 - 5554 - 9

Ⅰ.①学… Ⅱ.①董… Ⅲ.①学习心理学－研究
Ⅳ.①G442

中国版本图书馆 CIP 数据核字（2010）第 082977 号

书名：学业情绪与发展——从学业情境到学习兴趣的培养　　　　作者：董　妍

出 版 人：朱智润
责任编辑：徐宝妹　　　责任印制：王　琳　　　装帧设计：吴亢宗

出版发行　时代出版传媒股份有限公司　http://www.press-mart.com
　　　　　安徽教育出版社　http://www.ahep.com.cn
　　　　　（合肥市繁华大道西路 398 号，邮编：230601）
　　　　　营销部电话：(0551)3683010,3683011,3683015

排　　版：安徽创艺彩色制版有限责任公司
印　　刷：合肥华丰印务有限责任公司　　电话：(0551)6770088
（如发现印装质量问题，影响阅读，请与印刷厂商联系调换）

开本：787×1092　1/16　　　印张：21.75　　　字数：270 千字
版次：2012 年 3 月第 1 版　　2012 年 3 月第 1 次印刷

ISBN 978 - 7 - 5336 - 5554 - 9　　　　　　　　　　　　　定价：48.00 元

版权所有，侵权必究

目　录

序　/1

第一章　绪论　/1
　　第一节　学业情绪的概念　/2
　　第二节　学业情绪的特点　/12
　　第三节　学业情绪对学生发展的意义　/20
　　第四节　学业情绪的研究进展　/25

第二章　学业情绪的理论　/36
　　第一节　成就动机和情绪的归因理论　/36
　　第二节　学业情绪的控制价值理论　/46

第三章　学业情绪的研究方法　/70
　　第一节　学业情绪的问卷调查法　/70
　　第二节　学业情绪研究的实验法　/78
　　第三节　学业情绪的认知神经科学研究方法　/86
　　第四节　我国青少年学业情绪问卷的编制　/91

第四章　学业情绪影响认知过程的研究　/111
　　第一节　情绪对认知过程的影响　/112
　　第二节　学业情绪对学习不良青少年选择性注意的影响　/122

第三节 学业情绪对学习不良青少年持续性注意的影响 /133

第五章 学业情绪在学习和成就中的作用 /140

第一节 学业情绪在学业中的作用 /141

第二节 学业情绪影响学业成就的中介模型 /148

第三节 学习不良青少年学业情绪影响学业成就的模式 /172

第六章 学习不良学生的学业情绪研究 /179

第一节 学习不良学生的情绪问题 /180

第二节 学习不良青少年学业情绪的特点 /187

第三节 影响学习不良青少年学业情绪的因素 /203

第四节 学习不良青少年学业情绪的干预研究 /213

第七章 学业情绪的学科化研究 /226

第一节 数学学业情绪研究 /226

第二节 物理学业情绪研究 /231

第三节 英语学业情绪研究 /236

第八章 具体学业情绪的研究 /262

第一节 学业羞愧情绪 /263

第二节 学业高兴情绪 /271

第三节 学业情境兴趣 /281

第四节 高中生课堂情境兴趣的实证研究 /291

参考文献 /311

附录 /330

后记 /340

序

"如何快乐学习"是一个极其古老又极富生命力和现代气息的话题。既常提常新又常新常提。说其古老,因为早在两千多年前,孔子就提出了"学而时习之,不亦说乎"的教育主张;说其现代,目前世界各国倡导的"学会学习"、"终身学习"的教育理念正深入人心,又成为各国各级各类学校的教育行动的实践纲领,足见其旺盛的生命力和影响力。如联合国教科文组织所指出的,未来的社会将是学习化的社会。要学会生存,就要学会学习;要守望幸福,就要快乐学习;要奉献社会,就要终身学习。

人从出生伊始就在学习中。当我们还在襁褓中的时候,就开始感知世界、学习运动、练习发音;到1岁左右的时候,我们又会不厌其烦地反复练习学走路、学说话。从每张天真烂漫的笑脸上,人们可以觉察到他们很满足、很快乐。到幼儿园和小学阶段,我们学知识、学文化、学做人、学做事,从每双求学似渴的眼睛中,人们知道他们有热情、有兴趣。然而,到了中学、大学阶段,人们耳中则不时会听到家长和老师的抱怨声:为什么孩子对学习不感兴趣?确实,研究表明,随着年龄增长,青少年对学校和学习的兴趣处在不断的下降中。中国青少年研究中心与北京师范大学对全国中小学生学习与发展的大型调查(2006)表明,我国学生普遍存在厌学情绪。

众所周知,儿童青少年是学习和兴趣形成的关键期。爱因斯坦有句名言"兴趣是最好的老师"。古人亦云"知之者不如好之者,好之者不如乐知者"。兴趣有着化腐朽为神奇的魔力:使无效为有效,化低效为高效。学习本应是一件快乐的事情,但是,教育实际中所反映的现状却不容乐观:我们的学校教育在传授学生知识的同时,有可能使学生失去了进一步学习的兴趣。于是,厌学情绪就应运而生。我个人认为,学习过程中的不同情绪体验是出现上述问题的原因之一,即学业情绪会影响学生的学习动机和学习兴趣。何谓学业情绪?这是在教学或学习过程中与学生学业相关的各种情绪体验。积极情绪体验与乐学相伴而生,消极情绪体验与厌学共生共灭。有鉴于此,心理学家、教育学家们一直在呼吁激发学习动机、提高学习兴趣,大量国内外研究也从不同的视角对学校教育提出了一些建议和意见。然而,综观这些研究,能够从心理学视角、从学生心理过程出发,对学业情绪进行系统研究的还为数不多。因此,当我中国科学院心理研究所的博士生董妍在 2004 年底进行博士论文选题的时候,她告诉我 2002 年《Journal of Educational Psychologist》上有一期学业情绪的专刊时,我毫不犹豫地就告诉她,博士论文可以做这个方向,学业情绪问题值得研究、很有发展前景。后来,董妍的博士论文就是研究学习不良青少年学业情绪问题的,获得了博士论文答辩委员会的一致肯定,并被评为优秀博士学位论文。她用严格的心理学研究方法,编制了我国第一套青少年学业情绪的测验,并调查了学习不良青少年和一般青少年学业情绪的差异,深入考察了学业情绪影响学业成就的机制,并设计合理的干预措施,开展了学习不良青少年学业情绪的教育实验。如今,董妍博士以其智慧的目光、求真的态度、务实的精神、踏实的在学业情绪领域开展了六年的实证研究,研究视角也已经从学习不良儿童的学业情绪扩展到一般儿童学业情绪问题的探讨,并深入到了不同学业领域内学业情绪的研究,这些研究成果都会在本书中有所体现。尤其值得一提的是,虽然受条件所限,目前董妍博士还没有开展学业情绪的认知神经科学方面的研究,但在本书中,她查阅和参考了大量文献,向读者介绍了学业情绪的脑认知神经科学方面的一些较新研究成果。可以这么说,这部著作是董妍博士六年来孜孜以求的学业情绪研究与实践的探索和系统总结。

他山之石,可以攻玉。从2002年Pkerun提出学业情绪的概念至今,学业情绪的研究已经受到了很多教育专家、心理学研究者以及教育实践者的关注,业已取得了一定的研究成果,解决了一些现实问题。然而,在该领域中还有很多值得进一步探索和研究的问题,可以说,"无限风光在险峰"。希望董妍能够以此专著为起点,在学业情绪领域中进一步展开更深入的研究,使自己的学术水平更上一层楼,为学校素质教育的理论与实践描上重彩浓墨的一笔。

俞国良

于中国人民大学心理研究所

2009年7月

第一章 绪 论

进入 21 世纪,时代的进步和科技的发展,使世界各国都更为重视高素质人才的培养,更为重视人类的学习和发展。特别是,随着"终身学习"这一理念的出现,人们普遍认识到学习是伴随我们一生的活动,它还可以为我们提供职业发展和提升生命质量的机会。正如联合国教科文组织所指出的,未来的社会将是学习化的社会。要学会生存,就要学会学习。学习是一项复杂的活动,尤其是儿童青少年的学习和身心健康发展更是多种因素相互作用和影响的结果。其中,学校教育是学生成长与发展的基本途径。教育过程的实现必须以尊重人的本质,遵循人的身心发展特点和规律为前提。那么,如何按照素质教育的要求,根据学生的心理需要,让学生愉快学习、主动探求,满足自己的求知欲望,激发进一步学习的兴趣,就是一个非常现实的问题。近年来,影响学生学习兴趣的一个重要因素——学业情绪已成为国内外教育心理学研究中的一个热点问题,引起了各国学者的广泛关注。

第一节 学业情绪的概念

正如汤姆金斯(S Tomkins)所言,情绪是我们生活的原动力[①]。我们可以随时看到情绪对我们学习、工作和生活的影响。从情绪对学生成长与发展的作用来看,情绪影响他们的生理和心理健康,也影响他们的认知加工过程和学业成绩。因此,如何激发儿童学习的热情,让儿童在兴趣中学习,在快乐中成长就是十分重要的问题。

一、学业情绪研究的背景

(一)情绪研究的发展

情绪是人对客观事物的态度体验及相应的行为反应,为人和动物所共有。情绪由独特的主观体验(如喜悦、悲伤和愤怒等)、外部表现(面部表情、身体姿态、动作等)和生理唤醒(如皮层、皮层下神经活动等)三种成分组成。情绪一直被心理学家们认为是影响人类行为的一个重要方面,它与其他的心理过程(如认知、动机)有复杂的相互作用关系。同时,情绪是人脑的高级功能,保证着有机体的生存和适应,对个体的学习、记忆和决策有着重要的影响。情绪还是个体差异的来源,是许多个性特征和心理病理的核心成分。因此,每个人都希望能够驾驭自己的生活,最大限度地发挥情绪的积极作用,同时尽可能减少其消极作用。但是,由于情绪本身的复杂性和主观性,情绪研究从理论上到研究方法上都遇到过困难。特别是在20世纪初期和中期,受行为主义和认知心理学

---

① 保罗·艾克曼. 情绪的解析[M]. 杨旭译. 海口:南海出版公司,2008:1—6.

的影响,情绪通常被看做是附属的心理过程或人类活动的干扰因素。

近年来,上述观点已有很大改变。有关情绪的动机—分化理论的提出,更加确立了情绪作为一种独立的心理过程的地位。目前,随着心理学研究方法的不断发展和完善,情绪已经成为一个重要的研究领域。一方面是认知神经科学的发展,使人们对情绪的认识上升到了更有说服力的科学水平上;另一方面,从行为层面上看,人们也逐渐认识到,日常生活中,情绪对人们的工作、学习以及社会交往有着重要的影响。正是由于情绪研究本身的发展,才使更多的学者看到了情绪在其他领域中的作用。最近,国内外动机心理学家、认知心理学家、发展心理学家与教育心理学家等开始考察情绪体验在学习情境中的重要性,特别是情绪在学习过程中的作用。具体而言,情绪在学习投入程度、自我调节学习、学业成就和结果的评价上所具有的效应,以及消极和积极情绪对学业的作用等受到了越来越多的关注。

(二)学生厌学情绪的普遍性

学习是学龄儿童和青少年的主要活动,也是儿童获取知识和智慧的根本手段。从教育教学的实践方面看,对学生来说,情绪与日常学习、课堂教学和学业成就等都有直接的关系。情绪心理学研究表明,人具有一种先天性的行为倾向,即趋向积极的情绪体验而回避消极的情绪体验,这种"趋乐避苦"的倾向对学生的学习动机和行为的影响是巨大的,它在一定程度上决定了学生对学习活动的方向选择和行为意向。如从课堂学习来看,学生并不都是直接从课程性质及未来价值意义的认知性角度去进行评估,而是更多地从教学内容和形式是否"有趣"、"好玩"的情绪性角度去评估,并据此决定自己的学习行为。然而,国外不少研究显示,随着年龄的增长,青少年对于学校以及特定学科的兴趣会出现不断下降的现象,即许多学生随年级增高会逐渐滋生厌倦、无助的感受。近年来,我国一些中小学生也存在着较为普遍的消极学业情绪。例如,一些儿童表现出明显而持久的厌学情绪,一提起学习就心烦意乱、情绪低落,对作业有抵触情绪,甚至有些学生还有严重的考试焦虑和恐学症等。在2004年北京市西城区的"校长论坛"中,有专家指出,目前在校学生厌学率保守地估计已达30%。中国青少年研究中心与北京师范大学教育系关于全国中小学生学习与发展的大型调查(2006)也表明,中国学生普遍存在厌学情绪。同时,北京市家庭教育研究会针对7569名年龄在9~12岁小学生所做的一项调查(2007)显示,18.56%的小学生认为自己不快乐。以上种种迹象说明,学生的消极情绪已经严重地影响了自身的学习动力、学习兴趣、学业成就和学生心理的健康成长。著名教育家夸美纽斯曾说:"人生没有比寻得智慧更快乐的事"。学习本应该是件愉快的事情,但是,同样的教学环境下,为什么有的孩子能够对学习活动充满兴趣和热情,而有的孩子却充满了厌倦和焦虑呢?为此,不论是教师还是家长,通常都会在课内外不断地采用各种方法,去调动学生的学习兴趣和热情,希望学生能够快乐地完成学业。在这样的背景下,我国目前正在进行的基础教育课程改革就明确提出要把学生情感态度的发展作为课改的一个目标,把学生情感态度的培养渗透到学科教育和教学之中,这里提到的情感态度就包含积极学业情绪的培养。然而,对于如何有效培养学生的积极学业情绪,减少焦虑、厌倦等消极学业情绪仍是一个值得探讨的问题。

(三)学业情绪研究的缺乏

从研究者的角度来看,回顾教育心理学的研究历史,我们会发现,有关学业情绪的研究并不是太多。在现有的教育心理学教科书中,几乎就没有学业情绪方面的内容。该领域研究中除焦虑对学业影响的研究比较多之外,其他的学业情绪很少受到关注。帕克让(Pekrun,2002)等人曾用psycINFO检索了1974

~2000年的文献,检索主题词为情绪(emotion)与学习(learning)、测验(test)、成绩(performance)、工作(work)或成就(achievement)。他们发现与焦虑相关的研究超过了1000项,而其他与成就相关的情绪问题则很少吸引研究者的注意。具体检索结果如表1-1所示①。

1998年,美国教育研究联合会(American Educational Research Association)召开了以"情绪在学生的学习与成就中的作用"为主题的年会。围绕这一主题,大会组织了五个讨论会,这些讨论会激发了研究者对教育中的情绪问题的研究兴趣。从此,上述状况有所转变,西方许多研究者和教育实践者(如教师、学校科研人员)开始对学生的学业情绪问题给予重视,并开展了一系列相关的研究工作。目前,许多来自不同领域的心理学家已经认识到必须将情绪整合到教育活动的情境中(Meyer,2002)②。教育心理学家杂志《Educational Psychologist》的编辑舒茨和兰尼哈特(Schutz & Lanehart,2002)认为:"在21世纪,致力于教学、学习和动机的研究者与教育实践者,将不会忽视情绪在教育中的作用,他们正逐渐认识到情绪存在于教学与学习的每一个方面,理解学业情绪是非常重要的。"

---

① R Pekrun, T Gortz, W Titz, R P Perry. Academic emotions in students' self-regulated learning and achievement: a program of qualitative and quantitative research[J]. Educational Psychologist, 2002, 37(2): 91—105.

② P A Schutz, S L Lanehart. Introduction: Emotions in education [J]. Educational Psychologist, 2002, 37(2): 67—68.

表1-1　1974—2000与学习或成就有关的情绪研究数量调查表

情绪	1974~1990	1991~2000	研究取向
喜悦(Joy)	32	29	情绪研究
热情(Enthusiasm)	9	7	教师热情
希望(Hope)	0	9	
放松(Relief)	2	1	
骄傲(Pride)	17	10	成就动机
感激(Gratitude)	2	1	
羡慕(Admiration)	0	0	
难过(Sadness)	10	5	情绪研究
生气(Anger)	31	33	A型人格
焦虑(Anxiety)	>700	>500	测验焦虑
无助(Hopelessness)	2	12	无助感理论
羞愧和内疚(Shame and Guilt)	24	20	成就动机
失望(Disappointment)	2	0	
厌倦(Boredom)	27	16	工作单一性
嫉妒(Envy)	5	1	
轻蔑(Contempt)	0	0	
惊讶(Surprise)	6	1	归因理论

综上所述,我们看到学业情绪研究不仅受到情绪研究本身不断发展的影响,也有来自于教育教学实践的要求。随着学业情绪研究日益受到重视,在不足十年的时间里,国内外研究者开展了一系列相关研究。2002年教育心理学家杂志《Educational Psychologist》出版了一期以"教育中的情绪"(Emotion in Education)为主题的专刊;2005年,学习与教学杂志《Learning and Instruction》又编辑出版了一期学业情绪的相关研究成果。近年来,我国学者在这方面的成果也逐渐增多,开展了学业情绪在不同年龄段和不同学科领域中的相关

研究。这些的研究成果说明,学业情绪正逐渐成为教育心理学领域中的一个重要组成部分。

二、学业情绪的概念

(一)学业情绪的由来

虽然,学业情绪这一概念 2002 年才在文献中正式出现,但是,对学业情绪的研究却由来已久。例如,很久以前情绪研究中就关注过焦虑对学业的影响(Zeidner,1998)[①]。目前,研究者一致公认的是,测验焦虑是研究最早、最具代表性,也是研究最广泛的一种学业情绪。早期对测验焦虑的研究表明,测验焦虑会减少工作记忆的容量,致使一些复杂或困难任务的成绩受损,因此,测验焦虑与学生在学校中的学业成就呈负相关(Eysenck,1988)。然而,新近的研究表明,测验焦虑和学业成就之间的关系很弱,对学业分数的解释不超过10%。对于这种矛盾的结果,研究者的解释是,焦虑可能会使学生产生与当前学习任务无关的思维,从而减少内部动机,最终导致成绩受损,但是焦虑也可能通过增强学生的外部动机,从而有利于学业成就。特别是,当学习任务不需要太多的认知灵活性,即可能仅仅需要复述策略或者是一些程序化的算法时,这种焦虑的积极效应就可能出现(Pekrun,2002)。所以,测验焦虑也不一定就是降低学业成就的有害情绪。目前,研究者已经从测验焦虑的性质、作用、来源展开了深入的研究,同时测验焦虑的教育干预研究结果也很丰富,这为开展其他学业情绪方面的研究起到了很好的借鉴作用。

此外,虽然在 2002 年之前,学业情绪这一概念没有被明确提出,但是实际

---

① R Pekrun, A J Elliot, M A Maier. Achievement goals and discrete achievement emotions: a theoretical model and prospective test[J]. Journal of Educational Psychology, 2006, 98 (3): 583 − 597.

上已经有学者开展了一些相关的研究。并且,在这些研究中他们也意识到学生情绪的特殊性,对相应研究中的情绪或情感进行了界定。例如,沃尔特(Volet, 1997)在研究中将其限定为学业学习中的情感变量(affective variables in academic learning);而史密斯(Smith, 1998)则将其界定为学校中的愤怒情绪(shool anger)。1992年帕克让总结学生情绪对学习和成就的作用时,虽然没有使用学业情绪这一概念,但他在该文中将提到的学生情绪限定为是与学习或成就相关的情绪(emotions relating to learning and achievement)(Pekrun, 1992),这与其后来提出的学业情绪概念密切相关。

(二)学业情绪的定义

根据现有文献来看,帕克让(Pekrun, 2002)等人在2002年首次使用了学业情绪(academic emotions)这一概念。他们认为学业情绪与学业动机、学业自我概念有非常密切的关系,这几个概念中的"学业"含义相近,均指学生在学校中与学习能力、学习行为相关的学习成绩。但学业情绪涉及的范围较为广泛,它包括在学校情境(school/university settings)中学生经历的各种成就情绪,特别是与成功或失败相关的那些情绪。实际上,学业情绪概念中也应包含在教学或学习过程中涉及的那些情绪。因此,结合国外学业情绪研究者的观点,我们认为学业情绪是指在教学或学习过程中,与学生的学业相关的各种情绪体验,包括高兴、厌倦、失望、焦虑、气愤等。值得注意的是,学业情绪不仅仅指学生在获悉学业成功或失败后所体验到的各种情绪,同样也包括学生在课堂学习中的情绪体验,在日常做作业过程中的情绪体验以及在考试期间的情绪体验等(俞国良、董妍,2005)。在帕克让等人的研究中,他们还会经常使用成就情绪(acheievement emotions)这个词来代替学业情绪。实际上,由于学业情绪是和学业成就密切相关的,所以在他们看来学业情绪是归属于成就情绪的,但是成就情绪有着更广的外延,它还包括与其他成就相关的情绪。

(三)学业情绪的维度与分类

帕克让(2002)等人通过质化研究的方法,考察了不同学业情绪出现的频率,他们发现除了厌恶情绪没有被报告之外,学业情绪几乎包括了所有的人类情绪种类。并且在这些报告中,焦虑是最多的,占到15%到25%的比例。同时,焦虑情绪也会出现在不同的情境中。不仅在考试前和考试中被经常提及,在班级和家庭中学习的时候,也有学生报告有焦虑情绪。我们也曾对9名中学生进行了访谈,并分析了39名高中学生的作文《记忆深刻的一次学习体验》。通过访谈、对学生作文的分析以及文献参考,归纳出学业情绪有:高兴(快乐)、厌倦(厌烦)、无助、生气、难过、满意、憎恨、羡慕、痛苦、沮丧等。在此基础上,通过半开放式问卷的调查,我们了解到我国学生的学业情绪体验也很丰富。半开放式问卷的调查结果如表1-2所示。这一结果与帕克让等人的研究结果至少有两点是相同的。首先,在我国学生中也是积极学业情绪和消极学业情绪都有报告,除了焦虑外,还有快乐、厌倦、放松、生气等,另外其他一些社会情绪也有报告,比如感激、羡慕、嫉妒等。其次,我国学生的学业情绪与帕克让等人的研究结果相一致,也是焦虑情绪被报告的频率最高。然而,可以看出,我们的研究与帕克让等人的研究结果在三个方面不尽相同。其一是我国学生除了具有高焦虑的特点之外,对学习的快乐(93.1%)体验也是很突出的,与焦虑的报告比例是相等的。这说明,我国大部分学生在学习中还是体验到了快乐,只是有些学生同时或者说有时还会有些消极或其他的情绪体验。其二是与帕克让等人的研究不同,我国学生还报告了厌恶这一情绪,而且报告的比例占到了30%以上,这说明,有部分学生对学习的兴趣不大,甚至讨厌学习,这是非常值得教育者和家长关注的一个问题。其三,帕克让等人的研究中发现,有少量学生报告了对学业的绝望情绪(hopelessness),并且这种情绪通常还包括了由于考试失败所带来的有关自杀的想法。但是,在我们研究中并未包含对这种情绪的调查。其主要原因是在前面的访谈和作文分析中,学生并没有报告此类情绪。值得关注的是,我们的调查发现,我国学生存在厌恶、沮丧、痛苦、憎恨等强度比较高的消极情绪,这也极易导致怀有这些情绪的学生产生由学业压力带来的更极端的情绪和想法。因此,教育工作者和家长必须更加关注这部分学生的身心健康,并对其采取相应的干预措施,预防由学业失败导致的自杀等悲剧的发生。

表 1-2 我国青少年学业情绪的种类

情绪	人数	百分比(%)	情绪	人数	百分比(%)
嫉妒	195	39.3	厌倦	429	86.5
憎恨	91	18.3	快乐	462	93.1
痛苦	161	32.5	自豪	401	80.8
愉快	232	46.8	希望	276	55.6
感激	154	31	放松	410	82.8
羡慕	306	61.7	焦虑	453	91.3
轻视	97	19.6	无助	334	67.3
厌恶	151	30.5	羞愧	344	69.4
沮丧	253	51	生气	401	80.8
惊奇	173	34.9	满意	240	48.4
兴奋	253	51	其他	25	5
难过	310	62.5			

学业情绪种类如此丰富,怎样对其进行分类呢?我们从情绪本身的分类来看主要有两种观点。第一种是基本情绪的观点。这一观点的主要假设是有一些基本情绪是人与动物所共有的,这些情绪具有根本区别,就像化学元素一样

可以相互分离,他们具有独立的神经生理机制、内部体验和外部表现,并有不同的适应功能,例如兴趣、惊奇、痛苦、厌恶、愉快、愤怒、恐惧、悲伤、害羞、轻蔑和负罪感等。而另外一些情绪是这些基本情绪复合而成的,包括敌意、焦虑、满足等。第二种关于情绪分类的代表性观点是情绪体验的维度观点。其中,罗素(Russell,1980)的环状情绪分类是最具代表性的。在这个模型中,一个维度是从高唤醒到低唤醒;另一个维度是从愉快到不愉快。横轴代表愉悦度,纵轴代表唤醒度,所有的情绪都在这两个维度构成的四个象限中有自己的位置。其他研究者从不同的理论基础出发提出了不同的观点。沃森和特勒根(Watson,Tellegen)的模型中,纵轴代表正性情绪,表示个体所体验到的正性情绪的强度。横轴代表负性情绪,代表痛苦程度(如恐惧、敌意)以及缺乏痛苦的程度。实际上,在他们表达的意义中,正性情绪并非完全等同于快乐,更接近唤醒度的含义[①]。

而在大量情绪特别是学业情绪的实证研究中,通常会采用效价(Valence)将情绪划分为积极与消极两类。很多研究者使用的问卷中,就采用了这种划分模式(如DES,PNANS-R量表等)。也有一些研究者采用了积极情绪、中性情绪与消极情绪的划分方法。帕特里克(Patrick,1993)在研究中发现,儿童在学习活动中经历了四类情绪:积极情绪(兴趣、高兴、放松)、厌倦、痛苦(distress)和生气。但是,以往这种分类忽视了唤醒度(Arousal)这一维度,而实际上唤醒度高低对认知操作成绩的影响是不同的。于是,最近有学者将唤醒这一维度加入到了学业情绪的分类和研究中(Pekrun,2002;Ravaja,2004),将学业情绪划分为:积极低唤醒度的情绪(positive-high arousal)、积极低唤醒度的情绪(positive-low arousal)、消极高唤醒度的情绪(negative-high arousal)与消极高唤醒

[①] J W Kalat, M N Shiota. 情绪[M]. 周仁来,等译. 北京:中国轻工业出版社,2009.43.

度的情绪(negative-low arousal)。这与罗素(1980,2003)提出的情绪环状结构是完全一致的,我们认为开展学业情绪的实证研究采用这种分类方式更为合理。在这里,积极高唤醒学业情绪包括高兴、愉快、自豪、羡慕、希望等;积极低唤醒学业情绪包括放松、满意、平静等;消极高唤醒学业情绪包括生气、焦虑、羞愧等;消极低唤醒情绪包括厌倦、无助、沮丧、难过等。

第二节 学业情绪的特点

在现实生活中,我们经常可以看到一些儿童在学习之外的情境中,具有愉快的情绪。但是,面对学习任务这些儿童可能会经常采取拖延、回避等行为,在情绪上也表现出厌倦和烦躁。这说明,学业情绪与一般情绪对学习和学业成就的影响是不同的,学业情绪具有自身的特点。

一、学业情绪与一般情绪的区别

(一)学业情绪出现在特定的学业情境中

情绪是一种常见的心理现象,相同的情境与事件可能会给人们带来不同的情绪,比如,同样都是面对被人误解这一事件,有的人体验到的是愤怒,有的人感受到的是伤心。而同样的情绪也可以发生在不同的情境中。例如,同样都是失望,有的人可能是考试失败导致的,有的人可能是失去了一个好的工作职位造成的。由于情绪本身具有的复杂性,研究者觉得有必要对情绪产生的情境进行区分,进而对其作用机制进行深入分析和考察。从学业情绪的定义上,我们可以看出,学业情绪主要是发生在学习或教学过程中的,并且与学习行为和学习成绩有密切联系。因此,采用一般情绪问卷测得的情绪并不一定都是由学习过程引起的,或者与学习过程有关的情绪;而利用与学习无关的活动来诱发情绪,这样得到的情绪通常也并不一定是学业情绪。具体来看,学业情绪出现的情境主要有学校和家庭两种情境。前者相对来说又可以具体分为课堂教学情境、测验和考试情境;后者主要是指在家庭中做作业或自主学习的情境。除了早期对测验情境中焦虑情绪的研究之外,目前,大部分学业情绪的研究都集中在学校情境中,随着学业情绪研究的具体化,有些研究者还按照具体学科展开了相应的研究工作。实际上,除了学校情境之外,家庭情境中学生的学业情绪也是影响学生学习的重要因素。目前,在我国很重视学生的学习,因此,很多家庭对孩子的学习都采取"陪读制",即或者是家长自己拿出宝贵的业余时间来陪孩子学习,或者采取聘用家庭教师的方式指导孩子学习。在有人陪读的情况下,这些学生对学习充满了热情,而一旦没有人陪或者没有人指导时,这些学生就不知道如何学习了,就会对学习充满迷茫和困惑。甚至还有些学生在学校中是老师认为的好学生,学习积极性高、成绩好,但在家庭中却对完成作业不感兴趣,写作业拖拉,甚至有抵触情绪,这令家长十分头疼。这一方面可能是由于家庭中的动画片、玩具等对孩子的吸引力大于学习的吸引力造成的,另一方面也可能是家长对孩子学习的要求过高所导致的。学校固然是教育的一个重要场所,但是在家庭中孩子具有何种学业情绪,如何培养孩子的积极学业情绪也是我们有待于进一步研究和关注的问题。

(二)学业情绪对学习及学业成就有其独特的贡献

情绪研究的成果已经向我们深入揭示了情绪的功能。首先,情绪是适应生存的心理工具。各种不同的情绪体验,有着不同的适应作用,成为人类生存和协调生活的心理工具。其次,情绪是唤起心理活动和行为的动机,它能够激励人的活动,提高人的活动效率。再次,情绪是心理活动的组织者,不仅对认知活动的作用起驱动作用,还可以调节认知加工过程和人的行为。最后,情绪是人际通讯交流的手段,可以在人际交往中起到语言不可替代的作用[1]。毫无疑问,学业情绪肯定具有情绪的所有功能。但是在学业情境中的情绪与学生在其他情境中体验到情绪对学生的学习影响是否有所不同呢？从现有研究来看,学业情绪与一般情绪对学业的作用的确是有所区别的。例如,很多早期研究都已证明,一般特质焦虑与测验焦虑相比,与学生的成绩相关更低一些(Hembree,1990)。其他学者的研究也表明(Gumora & Arsenio, 2002),学生的一般情感定向与学业情绪相关,但是,回归分析表明两者对学生的学业分数有不同的贡献。由此可见,虽然学业情绪方面的研究比较少,但是还是有一些学者在研究中发现了学生的学业情绪与一般情绪的不同作用。因此,如果仅用不加限定的情绪或情感来指代学生情绪而不区分出学业情绪,至少会给相关的研究者造成两方面的困惑。首先,由于没有对学业情绪与一般情绪进行区分,可能会造成研究结果的不准确。即一般情绪的效应可能会部分抵消掉学业情绪对学习及成就的影响。其次,除了学业和成绩之外,引起学生各种情绪体验的因素还有很多,如果不加以限定的话,我们在进行情绪对学业影响的干预研究时也会感到无从入手。

具体来看,学业情绪对学生学业的独特贡献主要体现在以下两个方面。第一,学业情绪最直接的作用体现在学业情绪与学业成就的关系上。一般认为积极学业情绪与学生的成绩正相关,消极情绪与学生的成绩负相关(Perry & Steven, 2001; Gumora & Arsenio, 2002; Frenzel, Thrash, 2007; 董妍,2006; 李俊青,2007)。但是积极情绪并不一定就意味着好成绩,消极情绪也不一定就意

---

[1] 孟昭兰. 情绪心理学[M]. 北京：北京大学出版社,2005:12—16.

味着坏成绩。帕克让等人(1992,2002)的研究表明,积极高唤醒情绪如高兴对于学业成就起着有益促进作用,而消极低唤醒情绪如厌倦和失望则起相反作用。至于积极低唤醒情绪如放松,消极高唤醒情绪如焦虑对学业成就的作用则不确定。这说明了学业情绪与学业成就的关系并非如表面观察到的那样简单。我们的研究也进一步证明了这一现象(董妍,2006)。第二,学业情绪对于学业成就的作用主要是通过一系列的认知变量和动机变量产生的(Pekrun,1992)。学业情绪会通过影响学习策略、认知资源、自我调节学习、学习动机作用学业成就。在学习策略方面,积极的学业情绪会促进个体使用灵活且富于创造性的学习策略,如信息的精细化、组织化加工,批判性思考,创造性的问题解决方式;消极的学业情绪则会引发较为僵硬的学习方式,如简单复诵(Isen,1987;Schwarz & Bless,1991;Bless,Clore,Schwarz,et al.,1996)。在认知资源方面,某些情绪则会将注意力从当前的任务中转移(Eysenck,1988;Pekrun,1992;Meinhardt & Pekrun,2003)。传统观念认为只有消极情绪才会有如此情况,但实际上,积极情绪也会产生与当前任务无关的想法,占用有限的认知资源,影响学业表现(Titz,2001;俞国良,董妍,2007)。不过高兴(enjoyment)情绪除外,高兴情绪将注意力指向活动本身,有益于任务的完成。在自我调节学习方面,由于自我调节假定个体的认知具有弹性,因而积极情绪更可能会促进自我调节学习;消极情绪则会刺激学生更多的依赖外在的引导,偏向于外在控制性学习(Pekrun R.,Gortz T.,Titz W.,et al.,2002)。在学习动机方面,帕克让等人认为学业情绪可以引发、维持或降低学业动机或相关的意志过程。比如,积极高唤醒情绪高兴可以引发学习动机,而无助这种消极低唤醒情绪则不利于学习动机。然而,其他两类情绪则有着复杂的作用。如积极低唤醒情绪放松,可能会立刻减少对于学习或工作的持续,进而影响其投入程度;也可能会变成增强下一阶段学习动机的促进者。而消极高唤醒情绪如焦虑虽然会抑制内在动机，但也有可能会因此激发克服困难的外在动机，使学习者投入更多的努力去避免失败(Pekrun,1992,2002,2006)。

二、学业情绪的基本特征

情绪是我们心理现象中最丰富多彩的一个组成部分，各种不同的情绪体验就像一个多棱镜使我们看到了不同的色彩。不管我们是否注意到了情绪，它都时刻伴随着我们的生活。学业情绪也是如此，因此很多研究者越来越注意到学业情绪在学习过程中扮演的重要角色。那么，为什么学业情绪具有如此重要的作用，它具有哪些基本特征呢？有学者对此进行了总结[1][2]。结合他们的观点，我们认为学业情绪主要具有如下三方面的基本特征。

(一) 学业情绪的多样性

从理论上看，学业情境的复杂性和多样性以及学业过程和学业结果的多变性会使学生体验到多种不同的学业情绪。就是面对同一事件，不同的学生也可能会有极不相同的学业情绪。比如，同样面对考试失败这一事件，如果这在学生的意料之外，他很可能感到的是羞愧；而如果这在学生的意料之中，他可能产生的是难过。从实证研究来看，无论是帕克让等人的研究还是我们对我国中学生学业情绪的研究都表明，学生体验到了几乎所有人类的情绪种类，如高兴、希望、焦虑、生气、厌倦、放松等。值得注意的是，学生在学习的过程中，会获得各种不同的情绪(emotions)和情感(feelings)体验，学业情境中的情感和情绪，有着不同的内涵。情感与认知过程相关，对认知加工活动起监控和调节作用。而

---

[1] A Efklides, S Volet. Emotional experiences during learning: multiple, situated and dynamic [J]. Learning and Instruction, 2005, 15: 377—380.

[2] 徐先彩、龚少英. 学业情绪及其影响因素[J]. 心理科学进展, 2009, 17(1): 92—97.

情绪如兴趣、厌倦、焦虑和气愤等则经常在学习情境中出现,它会直接促进或者延迟学生的学习行为。但无论是情感还是情绪,指的都是同一过程和同一现象,只是各自侧重的方面不同,而广义的学业情绪则涵盖了这两方面的内容。因此,在学业情绪的研究文献中,情绪和情感也通常会被交替使用,当做同义词。

(二)学业情绪的情境性

学生的学习活动是在特定的学习情境中来完成的。学习是一个过程,一方面它受到学生人格和任务特征的影响,另一方面它又受到学习发生的情境、个体对学习过程的评价和学习结果的影响。我们都会有这样的体验:在学校与在家里学习可能会有不同的情绪感受;在上课时和在考试时的情绪体验也不尽相同。因此,目前的很多学业情绪研究对情境进行了限定。比如,对课堂情境兴趣的研究、对不同学科课堂学业情绪的研究等。学业情绪的情境性也体现在学习的不同阶段中,这些阶段包括学习之前的准备阶段,投入学习的阶段,学习完成阶段和对学习结果的评价阶段。在不同的学习阶段中,我们也会体验到不同的情绪。对于不同学习阶段会有哪些情绪体验,帕克让等人做了详细分析(Pekrun,1992),如表1-3所示。首先,帕克让按照情绪主观体验的效价对情绪进行了分类(积极与消极)。其次,他们将情绪分为是更多的与任务相关还是具有更多的社会性质(当然,许多情绪可能同时包括这两个方面)。第三,他们认为与任务相关的学业情绪可以按照出现在学习的不同阶段进行区分,分成与过程相关的情绪,预期的(任务和结果之前)或回顾性的(任务和结果之后)。

表 1-3 不同学习阶段的学业情绪类别

	积极	消极
与任务相关		
与过程相关	高兴	厌倦
预期的	希望	焦虑
	预期的高兴	失望
		绝望
回顾的	放松	
	与结果相关的高兴	难过
	骄傲	羞愧/尴尬
社会的		
	感激	生气
	同情	嫉妒(Jealousy/Envy)
	羡慕	厌恶
	共情/爱	敌视/憎恨

(三)学业情绪的动态性

在学习的过程中,某种学业情绪会随时产生、隐藏或终止,它会随着学习任务和学习情境的变化而改变。学习任务是由学生单独完成,还是基于人机互动模式,或是小组同学共同来完成,不同的要求会产生不同的学习效果,同时也会使学生产生不同的情绪。即使都是在课堂情境中,面对不同的学习任务,我们也会有不一样的学业情绪。例如,我们可能在语文课上由于阅读一篇优美的散文而产生愉快的情绪体验,也可能在数学课上面对一堆数学符号感到烦躁和厌倦。有些学业情绪会立即对学习产生直接的具体作用,有些情绪对学习的影响则是间接长期的。教师和学生之间也会通过情绪渲染相互影响,如学生的课堂表现和情绪特征会影响到教师的情绪。根据学生的不同情绪表现,教师会采用不同的教学和管理策略,这些反过来又会影响学生的学业情绪。可见,学业情绪虽然不是瞬息万变的,但是它的这种动态性在学习过程中也是显而易见的。

三、学业情绪的发展特点

学业情绪的发展和变化取决于一系列因素,如认知评价、情境因素、个体的学习状况等。认知能力对于成就行为的因果期待和因果归因是必不可少的。随着年龄的增长,儿童的认知能力在学前阶段和小学阶段得到发展。伴随着认知能力的不断发展,学生的学业情绪体验也逐渐丰富起来。但在帕克让等人的一系列研究中发现,在13岁(七年级)之后学业情绪的发展并无实质性不同,这说明,学业情绪的发展变化可能更多的出现在青少年早期阶段[①]。然而,我国的教育实践却表明,从小学到高中,随着年级的增高,很多学生越来越觉得学习是一件痛苦的事情,厌学的学生也越来越多。我国的实际情况到底是怎样的呢?我们以3588名普通中学生为被试,其中男生1783名,女生1805名,初中生1562名,高中生2026名,采用青少年学业情绪问卷考察了我国青少年学业情绪的发展特点。在对回收的问卷进行数据清理后,我们采用2(性别)×2(年级:初中、高中)的方差分析对数据进行了分析,结果表明,在积极高唤醒学业情绪上,性别主效应不显著,$F_{(1,3584)}=0.511, p>0.05$;年级主效应显著,$F_{(1,3584)}=95.621, p<0.001$;性别与年级的交互作用不显著,$F_{(1,3584)}=0.179, p>0.05$。具体进一步分析表明,初中生的积极学业情绪得分显著高于高中生。在积极低唤醒学业情绪上,性别主效应[$F_{(1,3584)}=4.191, p<0.05$]、年级主效应[$F_{(1,3584)}=159.826, p<0.001$]、性别与年级的交互作用[$F_{(1,3584)}=8.913, p<$

---

① A C Frenzel, T M Thrash, R Pekrun, T Goetz. Achievement emotions in Germany and China a cross-cultural validation of the academic emotions questionnaire-mathematics[J]. Journal of Cross-Cultural Psychology, 2007, 38(3): 302—309.

0.01]均显著。结果表明,男生的积极低唤醒学业情绪得分显著高于女生,初中学生的积极低唤醒学业情绪得分显著高于高中生,对交互作用的分析结果表明,在初中阶段,男生和女生的积极低唤醒学业情绪没有显著差异,但是在高中阶段,男生的积极低唤醒学业情绪得分显著高于女生。在消极高唤醒学业情绪上,性别主效应 $F_{(1,3584)}=56.040, p<0.001$、年级主效应 $F_{(1,3584)}=5.979, p<0.05$、性别与年级的交互作用 $F_{(1,3584)}=9.380, p<0.01$ 均显著。结果表明,男生的消极高唤醒学业情绪得分显著低于女生,初中学生的消极高唤醒学业情绪得分显著低于高中生,对交互作用的分析结果表明,在初中阶段,男生和女生的消极高唤醒学业情绪没有显著差异,但是在高中阶段,男生的消极高唤醒学业情绪得分显著低于女生。在消极低唤醒学业情绪上,性别主效应不显著,$F_{(1,3584)}=0.086, p>0.05$;年级主效应显著,$F_{(1,3584)}=240.092, p<0.001$;性别与年级的交互作用不显著,$F_{(1,3584)}=1.910, p>0.05$。结果表明,初中学生的消极低唤醒学业情绪得分显著高于高中生。通过对青少年学业情绪的调查,我们可以看出,总体上男生的积极学业情绪要多于女生,而女生的消极学业情绪多于男生。这提示我们学业情绪对女生的影响要大于男生,应该更加关注女生的消极学业情绪。同时,我们也发现初中学生的积极学业情绪显著高于高中学生,而高中学生的消极学业情绪显著高于初中学生。

第三节 学业情绪对学生发展的意义

教育的目的是促进人的发展,学生的发展是教育的根本目标,而学生的发展既包括智力因素,也包括非智力因素。学业情绪作为一种与教学和学习过程密切相关的非智力因素,在学生的成长与发展中发挥着重要作用。从学业情绪的研究内容上看,学业情绪研究主要涉及:(1)学业情绪的结构、成分和测量,具体考查学生在班级中、在家庭中、在测验和考试中都会经历哪些情绪?这些情绪体验的成分是什么?他们的结构是怎样的?(2)学业情绪如何影响学生的学习活动、学习成绩和身心健康?(3)影响学业情绪的因素有哪些?(4)怎样培养学生积极学业情绪而避免或者减少消极学业情绪?学业情绪的研究起步较晚,各国都处于起步阶段。因此,到目前为止对学业情绪的深入研究,甚至上述问题的研究还需要进一步的开展,但是学业情绪的研究对学生的发展具有深远的意义,具体表现在以下几个方面[①]。

一、对学生认知活动顺利开展的作用

学习是一种认知活动,这种认知活动不仅取决于智力因素,也取决于非智力因素。美国心理学家马森(Musson)指出:"儿童在学校的成绩和成年后的成就,不仅仅依赖于他们的能力,而且也依赖于他们的动机、态度和对学校及其他成就情境的情绪反应"。目前,更多的学者认为学习取决于认知、情感和动机的相互作用,特别是良好的学业情绪是学生学习过程中认知活动顺利开展的有力保证。根据资源有限理论,人可利用的认知资源总是和唤醒联系在一起的,其认知资源的数量可随各种情绪等因素的作用而变化。因此,有研究表明,当学生处于愉快等积极低唤醒情绪状态的时候,对学生的注意、记忆、判断、推理等认知活动起的促进作用最大,进而能够显著提高学生的学业成绩;高唤醒的情绪状态,不论是积极的还是消极的,其实对学生的认知活动都有一定的阻碍作用。除了学业情绪具有直接影响学生认知活动的作用之外,学业情绪与成就目

---

① 俞国良,董妍. 学业情绪研究及其对学生发展的意义[J]. 教育研究,2005(10):39—43.

标、归因、自我效能、自我调节学习等有着密切的联系,学业情绪又会通过这些因素进一步对学生的认知活动产生间接的影响。从学生的角度来看,学生的主要生活是学习,在现行的教育体制下,分数以及学业上的表现仍然是学生还有教育者所看重的。经常性的学业失败会给学生带来痛苦、不愉快和挫折感,如果一个人长期缺乏愉快的情感体验,必定难以形成个人的良好的学业情绪,而没有良好的学业情绪,不仅不会有成功的学习,甚至一般的学习任务也不可能顺利完成。因此,培养学生良好的学业情绪有助于学生认知活动的顺利开展。

二、对学生学习态度的影响

态度是个体对某一对象所持的评价和行为倾向,是调节外界刺激与个体反应之间的中介因素,是由认知、情感和意向三个成分所构成的比较持久稳定的个性倾向性。学习态度是影响学习效果的一个重要因素,它受学习动机的制约,是学习者在学习活动中通过获得一定的经验而习得的[①]。由于学业情绪对学生的学习活动有动机作用,所以它必然会影响到学生的学习态度。当一个学生处于一种积极的情绪状态时,他就会变得乐于学习,善于学习,就会对学习产生浓厚的兴趣。可以说,良好的学业情绪是提高学生学习兴趣的中介变量,而缺乏学习兴趣恰恰是影响我国儿童青少年进一步教育发展的一个"瓶颈"。在倡导终身学习的今天,培养学生良好的学业情绪,进而使学生主动对学习产生兴趣就显得尤为重要。兴趣是一切活动的基础,要使学生形成主动学习的态度,就必须培养学生良好的学业情绪,提供一个良好的学习气氛。现代心理学认为,主体参与性是促进学生学习的原始性机制。建构主义也告诉我们,企图从外部对学生注入知识是很难奏效的,真正有效的教育应建立在学生主动理解

---

① 李洪玉、何一粟,学习能力发展心理学[M].合肥:安徽教育出版社,2004:320—321.

的基础上。因此,只有让学生成为课堂教学活动的主体,才能使学生在教学活动中分享应有的权利,承担相应的义务。而学生成为课堂主体的前提是必须调动学而不厌的主观能动性,使学生有意识、有兴趣、有责任去参与教学活动,最终使学生变"厌学"为"乐学"。

三、对建立良好的师生关系的意义

师生关系状况与学生的学业情绪有很大的关系。在中小学的调查研究中,我们发现,很多学生之所以产生严重的厌学情绪与不良的师生关系有着密切的关系。现实生活中,由于与某位认课教师发生冲突,导致讨厌学习某门学科的现象比比皆是。更为严重的学生会因此开始厌倦所有教师,甚至所有与学习有关的活动,产生"学校恐惧症"。此外,教师的厌教情绪也会在潜移默化中通过各种途径感染学生,影响学生学习的积极性。根据马斯洛的需要层次学说,人都有归属和爱的需要以及尊重的需要,学生作为独立的个体,他们也同样需要教师的关爱,教师的尊重。因此,如果教师能够在学习过程中给予学生积极的鼓励,让学生有成功的情绪体验,在评价中给予建设性的评语,用心跟学生进行沟通、交流,相信这会有助于学生形成良好的学业情绪,进而提高学业成绩。同时,具有良好学业情绪的学生也一定会体会到教师的真诚和期望,进而与教师建立起良好的师生关系。可以说,良好的学业情绪与良好的师生关系两者是相辅相成的。

四、对学生身心健康发展的意义

教育、教学、学习的目的,是使学生在身心两方面获得健康全面的发展。因此,关心未成年人的健康成长,为他们身心健康发展创造良好的条件和社会环境是非常重要的。1989年世界卫生组织(WHO)宪章中提出,"健康不仅仅是身体没有缺陷和疾病,而是身体上、精神上和社会适应上的完好状态。"[①]这个定义明确提出了健康的定义和标准。即健康不仅仅是传统意义上的不生病,而是生理、心理和社会适应等几个方面的统一体。毋庸置疑,良好的情绪状态是身心健康的标准之一。教育场所是一个充满情绪的环境,无论是教师还是学生,情绪对于教育教学和学业过程都产生积极或消极的影响。从情绪与心理健康的角度来看,学生在学习中所体验到的各种学业情绪与他们的主观幸福感有直接的联系。因此,培养学生良好的学业情绪体验,不仅能够对学生的学业成绩产生积极的作用,还有利于提高学生身心健康发展水平。纵观青少年的心理健康问题,我们不难发现一部分是源于学习压力过大造成的。学生身心健康发展,除与先天的遗传素质有关外,更重要的是与教育和环境有关。如果能够给学生营造一个宽松平等的学习环境,让学生形成良好的学业情绪,就会减轻学生的学习压力,增强学生主动学习的动力,自然进而也会促进学生形成良好的心理品质和健全的人格。

与国际上对学业情绪的重视程度相比,我国学者对学业情绪的研究有待于进一步加强,甚至一些教师在无形之中还挫伤了学生主动学习的积极性,阻碍了学生进一步学习的兴趣和动机,这些现象都与忽视学生的学业情绪有关。正确的教育理念是学生个体发展的必要条件。鉴于学业情绪在学生发展中的重要作用,以及我国学校普遍忽视学生学业情绪的现实,我们认为应该积极开展学业情绪的理论研究与实践工作,以更好地促进学生健康全面的发展。

---

① 俞国良.现代心理健康教育[M].北京:人民教育出版社,2007:1—2.

第四节 学业情绪的研究进展

由于对非智力因素的重视以及学业情绪研究本身的发展,目前,学业情绪对于学习和成就的作用已经日益深入人心。因此,学业情绪的研究虽然为时较短,但是已经吸引了不少心理学家和教育实践者的关注。从教育实践的要求和情绪研究的理论发展来看,这一研究领域具有广阔的发展前景。无论是初露端倪的学业情绪研究的具体化和领域特殊性问题,还是学业情绪的跨文化研究、神经机制研究都是研究者值得进一步深入探究的问题。

一、学业情绪研究的具体化问题

是否具有一些基本情绪是情绪研究中一个重要的理论问题。解决这一问题,对于我们如何研究情绪以及如何将情绪与人类的其他行为和经验联系起来具有重大意义。对于哪些是基本情绪,目前学术界还没有一个统一的标准,争议最少的一个标准是,基本情绪必须在人类之中是普遍存在的。也就是说,如果一种情绪是基本的,除了婴儿以及脑损伤和基因突变的人群,它应该在所有社会的所有人中发生[1]。目前在学业情绪研究中,大多数学者在研究中普遍假设是存在一些不同的具体情绪的,并且针对这些具体情绪开展了一些研究。我们将在第七章介绍相关研究,本节主要介绍具体学业情绪研究的现状、存在的问题以及未来的发展趋势。

---

[1] J W Kalat, M N Shiota. 情绪[M]. 周仁来译. 中国轻工业出版社, 2009:29—46.

(一) 具体学业情绪研究的现状

学业情绪先期关注的焦点是在大的维度下研究其产生的原因和作用。研究者通常会将学业情绪分成积极和消极两大类进行研究。但是,很多研究并没有关注情绪中的另一主要维度——唤醒度,因此,我们在研究中考察了学业情绪的四个维度:积极高唤醒情绪,积极低唤醒情绪,消极高唤醒情绪和消极低唤醒情绪与成就目标、学业效能、学习策略、学业成就之间的关系。而帕克让等在早期研究中,则依据学业情绪的产生过程将其分为两类:与行动过程相关的学业情绪和与行动结果相关的学业情绪。后者又按关注点的不同进一步分为预期性情绪和回顾性情绪。帕克让继而还研究了这些学业情绪是如何产生的。目前,随着学业情绪研究的不断发展,研究者们将学业情绪研究的触角深入到更加细微的层面,开始研究具体情绪的产生及其在教育情境中的作用。早期具体层面学业情绪的研究主要关注焦虑情绪,这一领域的研究方法和研究工具已较为成熟。近年来,一些研究者开展了对羞愧和内疚的研究(钱铭怡,戚健俐,2002;谢波,钱铭怡,2000;钱铭怡,刘嘉和张哲宇,2003;Tracy & Robins,2006)。如,特纳等人对学业羞愧情绪展开了丰富的研究(Turner & Schallert,2001)。而特蕾和罗宾斯(Tracy & Robins,2005,2007)等开展对儿童自豪情绪的研究。随着神经成像技术的快速发展,卡米尔(Camille,2004)和科里滋列(Coricelli,2005,2007)等还对后悔的脑机制和神经基础进行了研究。而学业情绪的提出者帕克让等人的研究也逐渐转向了具体学业情绪的研究。他们在最近的研究中,通常考察焦虑、厌倦、高兴、羞愧、愤怒、自豪等学业情绪。

(二) 具体学业情绪研究中存在的问题

1. 具体学业情绪的界定含糊不清

诚如帕克让所言,学生在学习过程中,可能会经历人类所有的情绪种类。

但是,采用何种标准对这些不同的情绪种类进行区别和界定一直是情绪研究和学业情绪研究中需要理清的问题。一般来说,情绪包括三种成分:内心体验、外在表现和生理反应。一些情绪在这三种成分上是存在相互重叠的,比如,焦虑和愤怒就会有一些类似的反应。在学业情绪领域中,如何看待和区别这些"相似"情绪还很少有研究者涉及。

2. 具体学业情绪的研究工具存在一定的缺陷

虽然,研究者已经开展了具体学业情绪的研究工作,并且已经取得了一些研究成果。但是,这些研究中所采用的研究工具似乎并不完善。例如,帕克让和戈茨等人的研究中,他们对自豪学业情绪的测量,含有这样的项目:"完成数学作业后,我感到自己很自豪"。该项目本身是测量自豪学业情绪的,但是在题干中还含有自豪一词,这说明,在编制该测验时并没有对自豪这一学业情绪进行操作定义。在其他人的研究中类似的问题也普遍存在。

3. 缺少对积极低唤醒学业情绪的研究

目前对具体学业情绪的研究主要涉及积极高唤醒学业情绪(如自豪、高兴)、消极高唤醒学业情绪(焦虑、气愤)和消极低唤醒学业情绪(如厌倦等)方面的研究,而少有关于积极低唤醒学业情绪方面的研究。而实际上,希望、平静、满足、放松等情绪对学生学习的影响也是非常明显的。我们在研究中就曾发现,积极低唤醒学业情绪能够预测学生的学业成就,对目标定向、学业效能、学习策略也有显著影响。因此,这一方面的研究有待进一步完善和深入。

(三)具体学业情绪研究的未来发展趋势

1. 开展对积极低唤醒学业情绪的研究

基于具体学业情绪研究的现状,我们认为除了在目前研究基础上,需要进一步区分和明确各具体学业情绪的种类以及功能之外,还应该开展对积极低唤醒学业情绪的研究。这一方面是因为目前对这方面的研究很匮乏,另一方面是因为学生在学习过程中,大部分时间是处于平静的状态之中。相对于高唤醒的状态,这种低唤醒的状态应该会消耗更少的认知资源,所以开展积极低唤醒的学业情绪,可以使我们更好地了解学业情绪的作用。

2. 结合认知神经科学研究手段开展研究

具体学业情绪的研究虽然已经取得了一定的进展,但是还可以在更为深入的层面开展认知神经科学方面的研究。虽然,学业情绪研究已经作为一个独立的研究领域,但是,对于学业情绪与一般情绪之间到底存在何种关系还没有完全搞清楚。第二语言学习焦虑的认知神经科学研究为学业情绪独立于一般情绪提供了一定的依据。未来,如果能够结合认知神经科学研究手段,开展更多的具体学业情绪生理机制的研究,将不仅有助于这一关系的探讨,而且有助于情绪研究的深化和发展。

二、学业情绪研究的领域特异性问题

在对学生的学习心理进行研究时,不少研究都发现了学习心理具有领域特殊性。例如,学生的学业自我概念、学业自我效能感、因果归因、价值判断、成就目标在不同情境和学科中是不一样的,都具有领域特殊性(Bong, 1998; Bong & Skaalvik, 2003; Marsh, 1984, 1986; Möller & Köller, 2001)。而这些因素与学业情绪的产生和发展都有着密切的关系,可以说这些影响因素本身的领域特殊性也决定了学业情绪会因学科不同而有所差异。如果一个学生对数学产生厌倦情绪,我们能否就下结论说他也厌倦其他的学科?如果一个学生在语文学科上体验到高水平的焦虑,那么他是否在其他学科(数学、英语等)中也体验到同等水平的情绪?这些都涉及学业情绪的领域普遍性与领域特殊性问题。

(一)学业情绪领域特异性研究的现状

1. 学业焦虑情绪的领域特异性研究

近年来学业情绪领域特异性研究较多,这是目前学业情绪研究中的一个主要趋势。早期对于学业情绪领域特异性的研究主要集中在焦虑情绪方面。关于焦虑的领域特异性研究,马什(Marsh,1988)重点调查了数学焦虑,发现数学焦虑和英语课程几乎不存在相关($R=0.04$,每个课程四个项目,平行问卷,$N=14825$,10年级,数据来自于高中和 HSB 研究;教育统计国家中心〈NCES, 1986〉);马什和杨(Marsh & Yeung,1996)通过分析1988年的国家教育纵向调查的数据(NELS88 数据库,Ingles 等,1992;$N=24599$,八年级),检验了四个学业领域的焦虑(数学,科学,社会研究和英文情境中)。使用验证性因素分析考察后,他们发现,学龄儿童的学业焦虑是以领域特异性的形式存在的,不同领域内的焦虑评定有非常弱的相关,在比较相近的学科领域内,焦虑相关较强(如数学和科学)。而且,在这些领域中焦虑表现出比学业成就(分数等级和标准测验分数)有更强的领域特异性。

埃弗森(Everson,1993)调查了大学一年级学生对于特定学科的主观难度和测验焦虑之间的关系(平均年龄21岁)。他们发现,在英语、数学、物理和社会研究学科中,个体水平上具有高度不一致的测验焦虑;戈特弗里德(Gottfried,1982)调查了141名4年级和7年级的学生在四个学科领域中(阅读、数学、社会研究和科学)的一些相似变量,并分析了内部动机和焦虑的关系。发现焦虑和内部动机在领域内有显著的消极相关(如内部动机和数学卷入的焦虑),但是没有领域间的关系(如数学的内部动机和阅读的焦虑);汉姆利(1990)使用数学焦虑评定量表,对51个研究进行了元分析,发现数学焦虑和言语成绩之间具有 $r=-0.06$ 的相关系数,而 MARS(数学焦虑评定量表)分数和数学成绩之间具有 r=0.34 的相关。

2. 戈茨(Goetz,2006)等人的研究

最近,戈茨和弗伦泽尔(Goetz & Frenzel,2006)等人分析了不同学科学业情绪之间的关系。他们以 721 名中学生(7～10 年级)在数学、英语、德语、和拉丁文中的高兴、焦虑和厌倦情绪为研究对象,通过结构方程零模型分析发现,不同学科的学业情绪之间相关很低,但不同学科焦虑情绪间的相关程度要比不同学科高兴以及厌倦情绪的相关高,而其中高兴情绪又是最具有领域特异性的情绪。在另一项研究中,他们考察了英语、德语、数学、音乐、体育这五门课中高兴、焦虑和厌倦情绪,也得到了类似的结果(Goetz,Pekrun,Hall,et al.,2006)。2007 年戈茨等又对 542 名 8 年级和 11 年级中学生学科间和学科内的学业情绪进行了研究,测量了学生在数学、物理、德语和英语四门学科中的高兴、自豪、愤怒、焦虑、厌倦五种情绪。结果也表明学科间的这些情绪相关都很低,而且这种低相关关系会随着年级的升高而变得更低(Goetz T.,Frenzel A. C.,Pekrun R.,et al.,2007)。这些研究结果表明学业情绪具有领域特殊性(domain specificity)。戈茨等人认为学业情绪之所以具有领域特殊性,是因为在学业成绩对学业情绪的影响过程中,学业自我概念起着重要的中介作用,而学业自我概念又受到学生内外参照模型(the internal/external frame of reference model)的影响,不同学科的学业自我概念之间相关很低(Marsh,1986)。不同学科的学业自我概念的这种低相关,导致了不同学科学业情绪之间的低相关,从而使得学业情绪具有了领域特殊性。随着年龄的增加,学生关于不同学科的学业自我概念会变得更加清晰明确,这就可能使得学业情绪的领域特殊性也将随着年龄的增长而更加明显(Goetz,Frenze,Hall,et al.,2008)。

3. 学业情绪领域之间的关系

戈茨等人的结果表明学业情绪是以领域特异性的方式组织的。这些结果支持了情绪的评价理论,例如,帕克让(2000,2006)的成就情绪的控制价值理论指出,某种程度上评价是具有领域特异性的,被评价所唤醒的情绪也应该具有领域特异性。前人研究已经表明与学生成就相关的评价具有领域特异性(如自我效能期待,能力的自我概念,任务价值和成就目标)。而戈茨的研究结果则进一步支持了这个假设。

虽然,在相似的学科领域中情绪之间的关系是很强的(数学和物理;德文和英文),但是,并没有足够大的相关系数让我们去怀疑学业情绪的领域特异性。领域之间弱相关表明,把学生学业情绪看做领域一般性的结构是不合适的,特别是对于高年级的学生来说。领域特异性有关的学业情绪不仅包括焦虑,还有其他与成就相关的消极情绪(如羞愧和生气),以及积极情绪(如高兴和骄傲)。戈茨等人研究中多水平的分析表明,五种不同情绪领域之间关系的强度是不同的。虽然不同学科中的一些学业情绪达到了统计上的显著水平,但是其相关系数还是很低的。此外,焦虑情绪经常被研究者频繁的讨论,是否它在领域之间能够相互转换,但是,戈茨强调,要注意不能把这种情绪看做比高兴、骄傲、生气、厌倦更具有领域一般性。在2007年的研究中,戈茨采用多项目的情绪测验证明了这一问题。并且,他们发现,随着年级的增高,学业情绪的领域特异性趋势越来越明显。

(二)学业情绪领域特异性研究中的问题

从国内外有关学业情绪领域特异性的研究来看,主要开展了语言、数学、物理、科学等学科的学业情绪研究。其他学科的学业问题则较少受到关注。有学者提出(戈茨,2006),音乐、体育、艺术等其他学科的学业情绪也不一定完全相同,因此,在这些学科领域中的学业情绪问题也值得进一步关注。此外,现有的学业情绪领域特异性问题的研究都是基于现有中小学教学对学科的划分,因此,除了学科本身的特异性之外,学生在不同学科中的学业情绪也会受到教师和班集体的影响。因此,在未来的研究中应该控制更多的影响因素去考察学业情绪的领域特异性问题。

(三)学业情绪领域特异性研究的发展趋势

具体学业情绪与具体学科的结合是未来学业情绪领域特异研究的一个发展趋势。这方面目前最为常见的例子是数学焦虑和第二语言学习焦虑的研究。帕克让等人(2005)也专门编制了数学学科的学业情绪问卷(Academic Emotions Questionnaire, AEQ-M),用于研究数学学科内各种具体学业情绪的特点及作用。戈茨和帕克让(2006)等人以拉丁语学科为研究背景,通过结构方程具体分析高兴情绪和焦虑情绪与父母积极反馈、家庭目标结构、学业自我概念、学科价值评价等因素的关系。由于学业情绪的领域特殊性,学生对每门学科的主观评价也会因学科本身的因素而不同,因此学业情绪的形成及组织在不同学科间是不尽相同的。因而就某种具体情绪来说,如高兴,在语言学科和非语言学科中,二者的强度及对各自学科的作用也必然是不同的。这点可以从戈茨等(2006)的研究中得到证明。他们的研究结果表明,高兴情绪在英语和数学学科之间相关为零。2008年戈茨等就数学和语言学科的高兴情绪和学业自我概念、学业成绩开展了进一步的研究。结果表明,数学学业成绩可以正向预测数学学业的高兴情绪,负向预测语言学业的高兴情绪。语言学业成绩可以正向预测语言学业的高兴情绪,负向预测数学学业的高兴情绪(Goetz T., Frenzel A. C., Hall N. C., et al., 2008)。

不同领域之间的学业情绪不尽相同这一结论基本得到了研究者的广泛认

可,但是领域内的情绪之间具有何种制约关系?是否可以同时具有两种或者多种复杂的学业情绪?领域内学业情绪的关系强度在不同学业领域间是否一致?这些也是研究者值得进一步探究的问题。因此,在一个研究中既展开不同领域之间学业情绪的研究,同时考虑领域之内学业情绪的研究是未来的一个研究方向。

三、学业情绪研究的发展趋势

学业情绪作为一个方兴未艾的研究领域,目前还有许多问题值得进一步关注和研究。例如学业情绪的研究方法和研究设计问题、学业情绪的跨文化研究、学业情绪的干预研究等。

(一)学业情绪的研究方法与研究设计

1. 认知神经科学方法的应用将增多

从根本上讲,学业情绪研究和情绪研究有很多相似的地方,要想解决学业情绪的很多理论问题,还需要采用先进的技术手段做媒介。认知神经科学方法已经在情绪研究中发挥了重要作用,不仅使人们更加深入了解了情绪的生理基础,而且也向我们揭示了认知和情绪之间相互作用的机制。因此,采用认知神经科学方法深入研究学业情绪的作用机制以及生理基础等方面的问题将是未来学业情绪研究的发展趋势之一。采用认知神经科学方法研究学业情绪问题,这可以为我们解决学业情绪是否与一般情绪有本质的不同、学业情绪如何与认知过程相互作用、学业情绪之间如何相互转换等问题。

2. 研究设计将更加丰富

在学业情绪研究中,目前主要采用的是横向或者纵向研究设计。在教育心理学领域中,采用横向研究设计可以帮助我们了解学业情绪的特点,采用纵向研究可以帮助我们了解学业情绪对学习和成就的作用机制。但是,要想探讨学业情绪与学习和成就之间的相互关系、学业情绪的产生机制等问题,这些研究还远远不够。

(1)交叉滞后设计的运用

学业情绪控制价值理论中一再强调学业情绪具有循环作用问题,我们除了可以采用纵向研究设计之外,还可以采用交叉滞后的设计方法对此进行研究。该设计的一般策略是,首先获得随时间变化的若干相关系数,然后依据这些相关系数的大小和方向,确定是什么因素导致了什么结果。其潜在假设是:既然任何因果效应的发生都需要占用一定的时间,那么如果一个变量引起了另一个变量,则第一个变量与时间上滞后的第二个变量之间的相关应该较大,而它和同期的第二个变量之间的相关则相对较小。可见,这一方法可以用来检验学业情绪与学业成就之间的相互作用关系。

(2)微观发生法的运用

微观发生法也是近年来教育心理学界新兴的一种研究方法,它通过在变化发生的整个过程中对行为进行高密度观察和反复试验分析,可以提供关于认知变化的路线、速率、广度、来源以及变化模式的多样性等方面的精细信息,对于了解心理变化的机制有重要意义①。因此,这一方法如能引入到学业情绪研究中,将会丰富学业情绪与认知加工之间作用的研究。

(3)大样本嵌套设计的运用

除以上两个方面之外,从教育心理学界目前的研究趋势来看,采用多层嵌套设计将是未来研究的一个主流方向之一。因为学生是嵌套在班级当中,而班级又嵌套

---

① 辛自强,林崇德.微观发生法:聚焦认知变化[J].心理科学进展,2002,10(2):206—217.

在学校当中,所以,采用大样本的嵌套设计,并利用多层线性模型的统计方法将能从更宏观的视角解释帕克让提出的社会因素对学生学业情绪的影响。

(二)学业情绪的跨文化研究

有研究者认为,文化在情绪反应方面起着重要作用,情绪反应和体验随文化的不同而存在差异。例如,马库斯(Markus,1991)从文化的角度将人的情绪分为自我中心情绪和他人中心情绪。他们认为儿童的情绪反应受文化和自我的影响。中国青少年的情绪反应不可避免的受到中国文化的制约,会更多的考虑他人的因素,从而表现出更多的他人中心情绪,这可能会导致中国青少年的学业情绪结构与西方国家有所不同。此外,各个国家不同的教育方式、对待学业的不同态度等可能都会影响到学生的学业情绪。因此,学业情绪的跨文化研究具有重要的现实意义。目前,在这方面开展的研究还非常有限,仅限于对于中国和德国学生的比较,亟须开展更为广泛的学业情绪的跨文化研究。

(三)学业情绪的干预研究

理论的研究最终是为了解决现实问题,因此学业情绪的干预研究就显得尤为迫切和重要。目前,有关这方面的研究还为数不多。我们课题组和郭宏燕等人分别采用系统干预方法开展了初中生学业情绪的干预研究[1]。由于学业情绪产生的原因复杂多样、涉及的因素众多,所以,目前有关学业情绪的干预都采用了整合或系统的干预方法。但是,干预手段还主要是团体辅导、个别咨询、教师教学以及评价等方面,对于家庭因素则较少涉及。实际上,家长对学生的学业期望、家庭教育环境等都对学生的学业情绪有影响。在国外,对于学业情绪的干预研究也很缺乏,因此,开展学业情绪的干预,特别是针对干预效果进行追踪的研究将是未来学业情绪研究的一个重要方向。

---

[1] 郭宏燕.初中生学业情绪的干预研究[D].山西大学硕士学位论文,2008.

第二章 学业情绪的理论

韦纳(Weiner,1985)的归因理论是最早涉及成就情境与情绪的理论,对学业情绪的研究有重要影响。而帕克让自2002年正式提出学业情绪的概念以来,他对学业情绪的产生和发展进行了广泛而深入的研究,并在整合期待—价值理论、成就情绪的归因理论、控制理论以及情绪对于学习和成就作用的基础上,于2006年提出了学业情绪的控制—价值理论(the control-value theory),该理论阐述了学业情绪的原因变量和结果变量,以及学业情绪与这些变量之间的循环关系(Pekrun,2006)。本章主要介绍韦纳的成就动机和情绪的归因理论以及帕克让的学业情绪理论。

第一节 成就动机和情绪的归因理论

情绪对于人类的学习、发展、成就和健康都十分重要,在人格心理学、社会心理学和发展心理学领域,情绪方面的相关研究开展得较早。而在教育心理学领域,除了测验焦虑研究之外,其余学业情绪的研究直到最近才受到重视。因此,学业情绪的来源、学业情绪对学习和成绩的影响以及学业情绪的发展变化等相关理论也比较薄弱。早期只有成就情绪的归因理论是与学业情绪密切相关的,这一理论系统介绍了成功和失败后可能带来的特定情绪。韦纳认为归因影响情绪,情绪在动机行为中起作用。1986 年《动机与情绪的归因理论》一书的出版标志着其动机的归因理论的建立。这一理论一经提出,就引起了教育心理学领域的广泛重视。

一、归因的三个维度

归因是指个体对他人或自己行为的原因进行解释的过程。个体对行为和事实结果的不同归因,会导致其对此行为做出不同的判断、评价、形成不同的态度和认知,同时,产生相应的情绪体验和意向。研究表明,对行为结果的归因,决定着人们对成功与失败的情绪反应。二十世纪七十年代以来,韦纳等人对成就归因做了大量研究,并提出了三维归因理论。韦纳的归因理论最初是在海德(Haider)的归因理论和阿特金森(Atkinson)的成就动机理论基础上发展起来的[①]。韦纳认为,人们通常是从四个方面对行为结果进行归因的,这四个方面是:能力、努力、任务难度和运气,它们分别隶属于以下三个维度:①控制点(locus of causality),即原因的来源是来自于个人内部的因素,还是来自于外部的他人或情境因素;②稳定性(stability),指原因是稳定的还是不稳定的。无论是内部原因还是外部原因,有些具有相对稳定的特点,而有些则具有可变的特性。内部原因中,能力具有相对稳定的特性,而努力相对具有可变性。在外部原因中,任务难度对不同的人来说都是稳定的,而运气则是经常变化的;③可控性

---

① 胡昆,赵春妮. 韦纳动机和情绪的归因理论及其教育蕴涵[J]. 湘潭师范学院学报(社会科学版),2003,25(5):118—120.

(controllability),指原因是否是行为者意志或意愿可以控制的。如上述的努力是内部不稳定但可控制的原因,而运气或疾病则可能是不可控的。由这三个维度组合起来可以构成八个类别,具体如图 2-1 所示。韦纳认为归因的这三个维度在成就、交往和权力等动机范围内都可以应用。他提出尽管这三个维度是不变的,但对于每个人来说,具体的原因属于哪个维度,并不固定。比如,有人认为对于成功来说,运气是外部不稳定的因素,而对于其他人来说,也可能被视为一种长期的个人特质①。

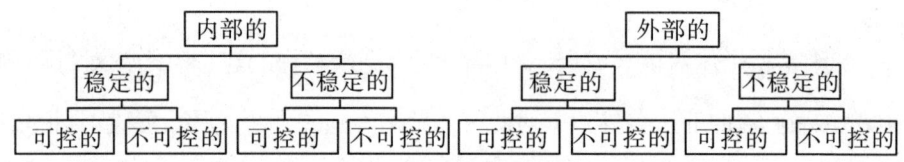

图 2-1 韦纳的归因理论

(一)归因对期望的影响

韦纳(Weiner,1985)认为,归因引起期望的改变和情绪反应,由此对后继行为发生动机作用。成就动机是随着事件的结果而引起的,尤其是在与成就有关的活动中的成功或失败。韦纳发现,归因结构中的稳定性维度是影响期望改变的重要因素。如果个体认为成功(或失败)是由于稳定的原因造成的,那么他会倾向于预期未来获得同样的结果,增加成功(或失败)的期望;如果个体认为成功(或失败)是由于不稳定的原因造成的,那么他就会怀疑未来重复同样结果的可能性,降低成功(或失败)的期望。

---

① B Weiner. An arttributional theory of achievement motivation and emotion[J]. Psychological Review,1985,92(4):548—573.

(二)归因对情绪的影响

儿童对自己成就状况做不同归因影响其情感反应、期待水平和未来的成就。韦纳认为认知-情绪是相互作用过程。这一认知-情绪过程如图2-2所示[1]。首先,事件发生后,个体会对事件结果做出成功或失败的评价,然后会伴随有积极或消极的情绪反应。这些情绪包括成功带来的高兴,失败带来的挫折与难过等。但这时的情绪体验不是对事件结果的归因造成的,而是由预先的目标是否实现决定的。其次,在结果评价和即刻的情绪反应之后,人们开始寻找事件发生的原因。这时由于归因的不同,人们会出现不同的情绪。例如,如果认为成功是由于运气好,会产生惊讶(suprise),如果认为是长期努力的结果则会感到平静或安详。这些情绪的产生依赖于人们对事件的归因,即由产生结果的原因所决定。在情绪加工中,归因的维度起着重要作用。每一个维度与一组特定情感相关。例如,如果将成功与失败归因于人格、能力或努力等因素会提高或降低自尊或自我价值,而对于成功与失败的外部归因不影响与自我有关的情绪。因此,自我相关的情绪是受控制点所影响的。从因果归因及其维度对不同情绪的影响来看,骄傲和自尊是与因果归因中的控制点维度相联系的。如果某一事件的成功,被归结为是自身的原因,则行动者会更多的体验到自豪和积极的自尊;如果事件结果是消极的并被认为是自身的原因,则行动者的自尊会更消极。韦纳认为生气、感激、内疚、羞愧是与可控性维度相联系的。如学生把考试成绩差归为老师教得差这种不可控制的原因,他就会感到生气;当将自己成功的结果认为是他人自愿或有意的帮助这种不可控的原因时,他就会产生感激之情;考试没有及格如果是因为自己不努力的结果,那么人们会倾向于感受

---

[1] B Weiner. An attributional theory of achievement motivation and emotion[J]. Psychological Review, 1985, 92(4): 548-573.

到内疚;当认为是自己的能力这种不可控因素导致考试失败时,人们会感到羞愧。这一理论认为绝望是与稳定性相联系的,例如,如果人们预期将来的结果和过去一样糟糕,那么就会体验到绝望。

另外,归因理论还分析了归因的控制性维度对观察者情绪及行为的影响。如果观察者将行为者的失败或消极结果归因于其不可控的原因时,就会对他产生同情、怜悯,并会产生帮助行为;但如果观察者将行为者的失败或消极结果归因于其可以控制的原因时,就会感到愤怒,且不愿提供帮助①。

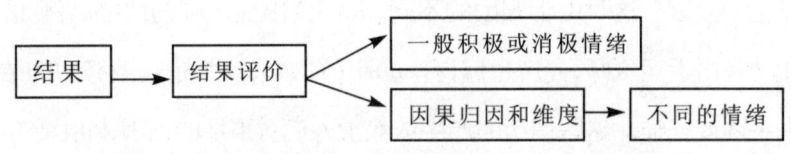

图 2-2 认知—情绪的过程(Weiner,1985)

二、动机和情绪的归因理论②

在上述理论分析基础上,韦纳在 1985 年的文章中系统介绍了情绪和动机的归因理论,见图 2-3。韦纳认为其他的归因理论中忽视了情绪,仅考虑了愉快与痛苦的一般原则。他认为图 2-3 可以在下述情境中运用:"一个小棒球队员在一场比赛中成绩非常差。随后,这个小男孩留在家中,而没有去参加下一场比赛。"或者"小男孩在失败之后不是错过比赛而是进行了更多的击打练习。"对于成功的情景来说,按照这一理论,小男孩也可能同样会做更多的额外练习。可见这一理论对于成就情境来说是十分适合的。但是韦纳认为,该理论还可以

---

① 乔建中. 情绪研究:理论与方法[M]. 南京:南京师范大学出版社,2003.38—39.

② Weiner B. An attributional theory of achievement motivation and emotion[J]. Psychological Review, 1985, 92(4): 548—573.

概化到非成就情境中。

图2-3主要描述了由个体的积极(目标实现)和消极(目标没实现)的行为结果所激发的一系列动机行为过程。由于情感直接与结果相联系(即初级评价),图2-3中的关系1表示了结果所可能带来的高兴(对于成功来说)、挫折或难过(如果结果被解释成是失败的)的情绪反应。在棒球队员的例子中,队员糟糕的成绩会引发一般的消极情感反应。按照图2-3,接下来人们会寻找结果产生的原因(关系2)。例如,如果这个男孩主观上认为失败对他来说很重要,那么,他会有疑问:"为什么我会表现这么差?"。许多前提因素会影响因果解释,图2-3中包括了一些已知的归因前提,例如,特定的信息(如个人过去的比赛历史,他人的成绩)。接下来,在因果描述下面的方框中列出了一些影响成就行为的原因,我们这里使用的例子是,小男孩在过去棒球就打得非常差,而在这个队中其他孩子玩得很好。同时,这个男孩也练习了很长时间。在过去成绩、社会比较和付出努力多少的基础上,这个男孩会认为他打棒球的能力是低的。也就是,他会想:"我失败是因为我不擅长打棒球"(关系3)。这个归因可以引发一种情感反应(关系4)。图2-3的关系5表示的是对具体归因的维度分析。如前所述,归因的维度有控制点、稳定性和控制性,以及可能还有整体性和目的性(因为目前还不能确定这两个维度是否具有普遍性,所以在两个维度前面标上了问号)。这个小队员把失败归因于缺乏能力,这是内部、稳定、不可控的(虽然这是从观察者的角度来看的),也可能是无目的和整体的(我在体育方面是差的)。

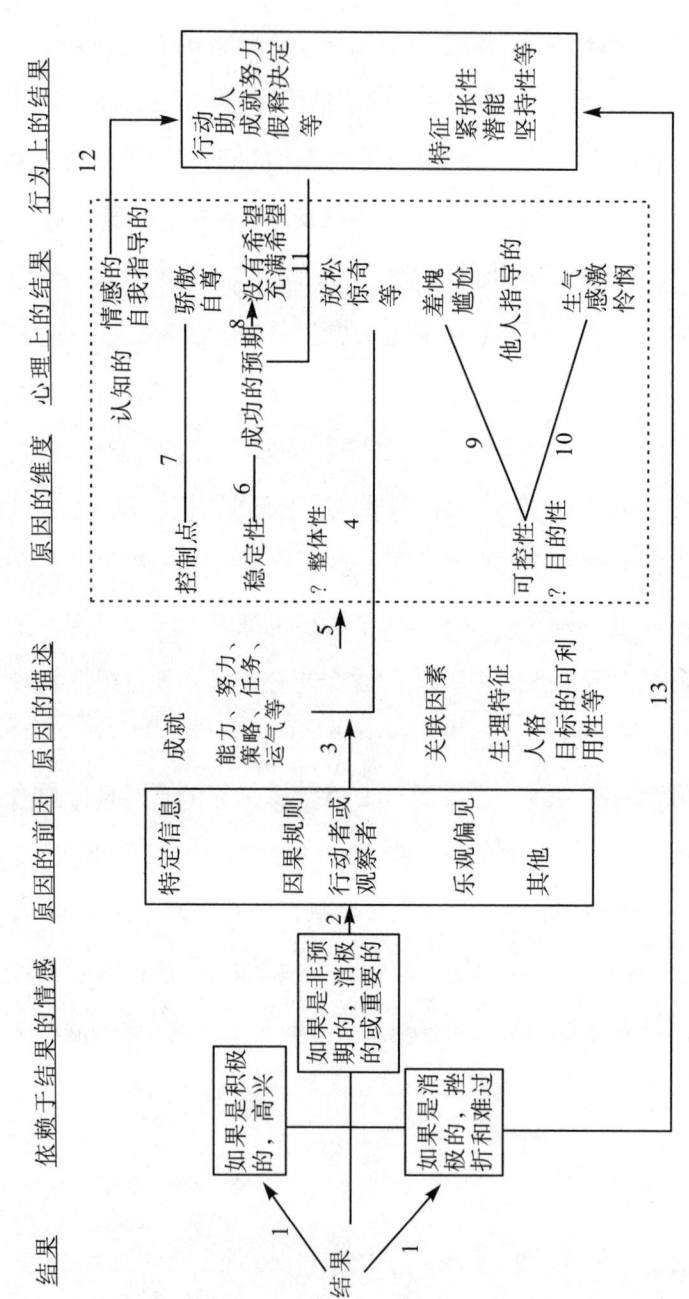

图2-3 动机和情绪的归因理论

将原因归于不同的维度会产生与期望和情感相关的心理结果。原因的稳定性会影响个体对将来成功的期望(关系6)。在我们的情境中,男孩归因为能力低而成绩差是一种稳定的归因。如果他认为这种原因是整体性的,那么这也会增加他对将来在其他体育活动中失败的预期。这样,稳定性影响了不同时间的预期,整体性影响了对不同情境的期望。对于情感的结果,原因的控制点维度对自尊和骄傲有影响——相对于外部归因,对成功的内部归因会产生更高的自尊,而对失败来说会产生更低的自尊(关系7)。在韦纳的例子中,男孩因为内部原因失败了,因此应该被期望有低自尊。原因的稳定性对情感的影响是对未来是否抱有希望,这在图2-3的关系8中可以看到。对于这个小队员,由于过去失败的历史和当前对于低能力的归因会使他对未来感到没有希望。最后,控制性影响社会情绪;将个人失败归为可控的原因会促使其产生尴尬情绪,而归因为不可控的原因则会产生羞愧(关系9)。这些关系可以在图2-3中指向自我的情感下面看到,其他可能的情感还包括放松和惊讶。指向他人的情感是生气(把失败归为他人可控的原因)、怜悯(对于失败假设为一个不可控的原因)、感激(假设为一个可控的原因)(关系10)。这个小队员自己可能感到羞愧、丢脸(但不是尴尬),但他的教练或者妈妈可能感到怜悯或者感到对不住他(不是生气)。最后,行为是由期望和情感决定的(关系11,12和13)。在棒球的情境下,男孩对于将来的成功有低期望,并感到难过、低自尊、羞愧和没有希望。这些条件导致他产生退缩和不努力的行为。那么,在下一次比赛时他可能会留在家里。

上文中韦纳以一个小棒球队员为例详细介绍了他的归因理论。由于人们对学业成就的普遍重视,该理论自从提出以来,在教育界也产生了较大反响,很多后来的学者将其理论应用到了教育情境中。

三、归因理论在教育情境中的应用

在教育情境下,韦纳的归因理论主要在以下三个方面得到了应用。即学生对学业的归因有哪些特点?这些归因方式对他们的学业又有什么影响?如何来训练学生进行合理的归因呢?针对这些问题,一些研究者开展了相应的研究。

对于学生学业的归因情况,近期我国学者徐琴美和鞠晓辉(2004)进行了研究①。他们采用结构式临床访谈法研究了7~11岁小学生成功和失败的学习结果的归因特点。结果发现,儿童对成功和失败的学习结果的情绪反应和情绪归因具有不同的特点。我国儿童对成功的学习成绩都会不同程度的表现出自豪、高兴、感激,对于失败的学习成绩都会有内疚、伤心、惭愧的情绪反应。而对于这些情绪反应,儿童都是更多的将其归因于自己,而不是他人。在对成绩的归因中,他们发现,大部分儿童都将其归因于努力因素,他们认为成绩好是个人努力的结果,如有的儿童将成绩好归因于上课认真听讲、积极发言、多做练习等。对于不好的成绩,大部分儿童认为是由于自己不努力的原因,而很少有儿童认为是学习策略和方法的问题。

我国学者张贵良和郭德俊(1995)考察了初中生对考试成绩的归因模式。结果发现韦纳的归因理论在教育情境下得到了一定的证实。但这种因果关系不如韦纳所认为的那样紧密和普遍。他们认为实际的教育情境是一个长期而复杂的情境,学生经历了多次的考试,容易形成较稳固的单一的归因方式,如努力、内源性归因,而其他归因如稳定性、控制性归因等的作用很小。所以,在教育情境中发现归因与情感、期望联系不够紧密。这与上述徐琴美等人的研究存

---

① 徐琴美,鞠晓辉.7~11岁小学生对学习成功和失败的情绪反应与情绪归因研究[J].中国临床心理学杂志,2004,12(3):239—243.

在一定的相似性。但是,有些学者的研究并不完全支持他们的解释。如乔建中(1997)等人在研究中发现,学习焦虑水平不同的学生,对成功或失败的学习结果有着不同的归因倾向[①]。这种不同集中反映在内部不可控因素上,即在能力和心境两个原因上。低焦虑者的能力归因倾向显著高于高焦虑者,低、中焦虑者的心境归因倾向显著高于高焦虑者。对于失败的学习结果来说,高、中焦虑者更倾向于外部归因,且集中在外部的可控性因素上,即更多的将失败的原因归之于他人努力和他人帮助等。从内部因素来看,高焦虑者更倾向于进行能力归因,即认为失败是能力不足所致;中焦虑者更倾向于进行努力归因,即认为失败是努力不够所致;高焦虑者较之中、低焦虑者,中焦虑者较之低焦虑者更倾向于进行心境归因,即认为失败是心情不佳所致。可见,对于学业情境来说,焦虑情绪对归因的影响也是非常明显的。

为了提高学生的动机水平和学业成绩,国内外许多研究者在韦纳的归因理论基础上开展了一系列的成就归因训练研究。目前,归因研究者普遍认为,最理想的归因方式是将成功归因为能力强和努力的结果,而将失败归因为努力不够,将成功归因为能力强会使个体产生自豪的体验,促使个体在面对困难、挫折和失败时毫不退缩,而将成功或失败的原因归为努力会使个体坚信成功可以通过努力获得,只要努力就有可能获得成功,将失败归因为运气差、缺乏能力或其他情境因素的作用是最不利的归因方式,因为将失败归因为缺乏能力会使个体产生羞耻的情感体验和对未来成就缺乏信心,从而忽视努力在成功中的作用,面对困难缺乏坚持性。因此,归因训练的目的就是使受训练者改变归因方向,避免不良归因。很多研究已经表明,归因训练的效果是显著的。如研究者发

[①] 乔建中,朱晓红,孙煜明.学习焦虑水平与成败归因倾向关系的研究[J].南京师大学报(社会科学版),1997,1:77—80.

现,通过归因训练有助于提高学生的学习成功感,可以帮助学生的归因向积极方向转化,同时也可以促使学生的行为向积极的方向转化①。但是,这些效果是否具有长期效应也受到部分学者的质疑。针对这一问题,我国学者隋光远(2005)采用定性和定量相结合的研究方法,对13年前为初中生进行的成就动机训练进行了追踪研究②。结果显示,与对照组相比,这些受训者在任务选择、行为强度和坚持性方面均表现出较高水平;成功期望较强烈;对成功或成就倾向于做出能力、努力归因。这一结果表明,归因训练能够对人产生深远的影响,动机的改善具有长期效果。

第二节 学业情绪的控制价值理论

帕克让是学业情绪这一概念的创始人,在对学业情绪进行系统研究和理论思考的基础上,帕克让先后提出了学业情绪的认知—动机模型和社会—认知模型用来分别解释学业情绪是如何影响学业成就以及学业情绪是如何产生的。2006年帕克让在整合上述两个理论基础上,基于学业情绪与其前因和后果之间可能存在的循环关系又提出了完整的学业情绪的控制价值理论。这一理论是目前最为系统和全面的学业情绪理论。

---

① 杨秀君,孔克勤. 抱负水平指导和归因训练对提高学生成功感的影响研究[J]. 心理科学,2005,28(1):99-103.

② 隋光远. 中学生学业成就动机归因训练效果的追踪研究[J]. 心理科学,2005,28(1):52-55.

一、学业情绪的社会－认知模型

(一)模型简介

帕克让 2000 年整合了与成就相关的情绪的因果归因理论的假设(Weiner, 1985)和情绪研究的期望价值取向(R Pekrun,1992;Turner & Schallert,2001),提出了成就情绪的前因模型[1]。2002 年戈茨(Gotze)等人运用该模型考察了在教育情境下学业情绪的前因,进一步完善了学业情绪的社会－认知模型(见图2-4)[2]。该模型指出,两类认知评价是学业情绪发展的核心:与学业成就相关的行为、主题和结果的主观控制和主观价值。与控制相关的评估是学生对自己能否完成学习任务、掌握学习材料的评估,包括自我效能感、归因方式、能力的自我概念、成就预期等。主观价值评估则是学生对学习任务重要性和有用性的评估,一般将对学业的主观评价分为内在和外在价值两类。例如,成绩分数可能被内部动机的学生评价为高价值的,可能被另一类具有外在目标的学生评价为重要的,如认为这种分数最后可否帮助自己获得一份好工作。

特定社会环境对学业情绪也会有影响,而这种影响是通过主观控制和主观价值这些中介因素实现的。这些特定环境包括:(a)能力支持;(b)自主支持与控制;(c)成就期望和目标结构;(d)成就结果和反馈;(e)社会关系。帕克让等人认为这个模型不能被假定为只具有单向的效应。在一定程度上,环境、认知评价和情绪被假定为具有相互的因果联系。例如,学生情绪可能影响他们的认

---

[1] R Pekrun. A social－cognitive, control－value theory of achievement emotions. In J. Heckhausen(Ed.), Motivational psychology of human development, Oxford: Elsevier, 2000: 143－163.

[2] T Goetz, F Pekrun, & N Hall. Academic emotions from a social－cognitive perspective: Antecedents and domain specificity of students' affect in the context of Latin instruction[J]. British Journal of Educational Psychology, 2006: 76, 289－308.

知评价;例如,当他们经验了积极的情绪体验时,他们对自己能力的判断更乐观。而且,对学业感兴趣的学生可能会通过激发任课老师对教学的投入,来提高该课程的教学质量。在这种情况下,情绪能被认为是学生社会环境的前因。

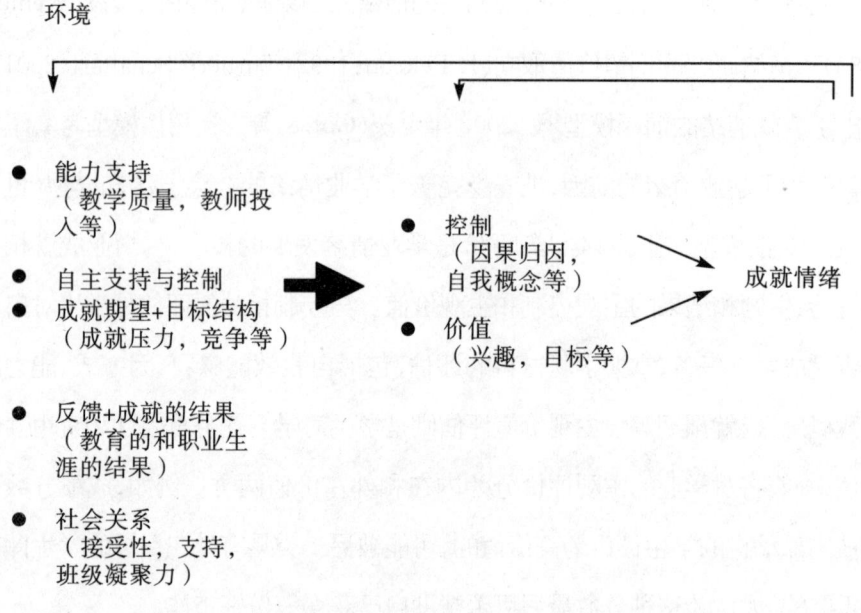

图 2-4 学业情绪发展的社会-认知模型

(二)模型检验与应用

2006 年戈茨等人在拉丁文教学情境中,较为系统地检验了上述学业情绪的社会-认知模型①。他们以德国中学生为被试,选取了 200 名 7~10 年级的学生。采用问卷法考察了学生的认知和社会环境是否是学业情绪的前因,以及学生的认知是否是社会环境与学业情绪之间的中介因素。该研究从情感、认

---

① T Goetz, F Pekrun, & N Hall. Academic emotions from a social-cognitive perspective: Antecedents and domain specificity of students' affect in the context of Latin instruction[J]. British Journal of Educational Psychology, 2006: 76, 289—308.

知、动机和生理四个方面考察了高兴、骄傲、焦虑、生气和厌倦五种学业情绪。

首先,从学业情绪的前因来看,该研究结果发现,与动机研究相似,一般自尊与学业情绪体验的关系不是很强,而对拉丁文的学业自我概念与学业情绪的关系很强;感知到的拉丁文的内外价值与学业情绪的关系也很强。对于社会环境与学业情绪的关系,该研究的结果表明,与学生的动机和学业成绩相比,同伴的变量可能对学生的学业情绪的影响更大。但是,根据社会—认知模型的循环关系,同伴可能影响学生的情绪体验,学生的积极或消极拉丁文情绪体验也能够通过影响班级环境中的社会交往质量(班级互动)来影响其同伴对拉丁文的看法。家庭和教学变量与高兴、骄傲积极相关,与焦虑、生气和厌倦消极相关,而成就压力则呈现了相反的关系。对于家庭和教学中的能力支持与学业情绪的关系与理论模型相一致,如拉丁文的家庭自尊和积极学业情绪有积极的相关,与消极学业情绪有消极的关系。教师的热情也是影响学业情绪的一个重要因素。精加工的教学、教学者的鼓励、新信息和先前学习的信息与积极学业情绪有特别强的关系,同时,精加工教学与消极学业情绪有消极关系。

其次,从社会—认知模型的中介机制来看,戈茨等人为了保持模型的简洁性,在研究中选取了高兴和焦虑两种学业情绪。将学业自我概念作为控制感的指标,成就价值作为价值的指标,社会认知前因选择的是家庭中的父母因素,其中社会指标是家庭自尊,认知成分的指标是成就的积极强化。结果发现,在这个模型中,学生的认知在家庭变量(对于拉丁文的自尊和成就的积极强化)和学业情绪的关系(拉丁文的学业自我概念、拉丁文的成就价值)中起中介作用。家庭变量和情绪之间没有直接的路径。与设定直接路径的饱和模型相比,不设定直接路径的拟合指数并没有显著变化,但是,值得注意的是,直接路径的系数均是不显著的,所以帕克让提出的社会—认知模型是正确的,即父母变量不能直接影响学业情绪。这些结果也说明,学生的认知在父母影响和学生情绪之间起到了中介作用。

从观察到的路径系数来看(见图2-5),学业自我概念与高兴是积极相关的,与焦虑是消极的关系;成就价值与高兴和焦虑都是积极的关系。这些结果与他们的理论假设一致,即与控制相关的认知相应的与班级中的情绪体验有更积极的关系。这与先前的研究相一致,即学业成就的高价值导致增加与成就相关的情绪性,后者会带来更高水平的积极和消极情绪。这也与帕克让的模型相一致,与认知相关的控制和价值是与家庭因素相关的。从成就强化到学业自我概念和成就价值的路径都是积极的。这样,当学生做得好或者取得好分数时,来自于父母的表扬可能提升学生与认知相关的课程控制感和价值感。感知到的家庭自尊也表现出了相似的模式,即他们与学业自我概念和成就价值也有积极的路径系数。这些结果进一步表明,当父母对拉丁文课程总体重要性有一个清晰的认识时或者父母认为学习拉丁文对学习其他语言很重要时,可能都会提升孩子对这门课程的控制感和价值感。

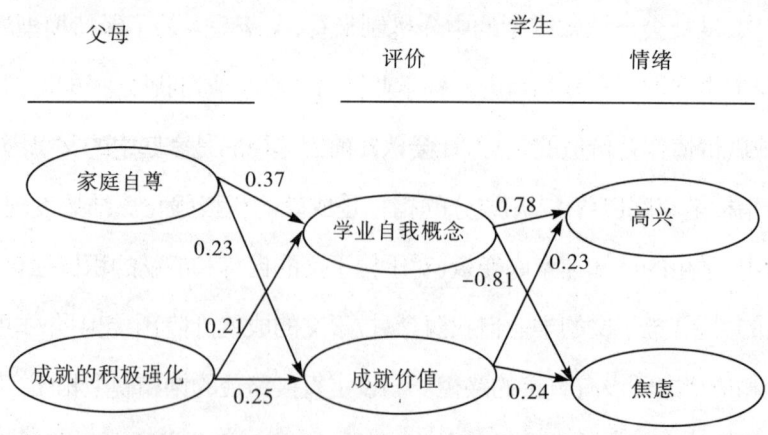

图2-5 学业情绪中介机制的结构方程模型

(三)模型评价

帕克让提出的社会—认知模型较为充分和全面地考虑了影响学业情绪的社会环境因素和认知因素,对于改善学生的不良学业情绪,促进学生积极学业情绪的产生具有重要的理论和实践意义。首先,该模型从个人、家庭和班级的角度探讨了环境对学业情绪的影响,使我们在开展学业情绪的干预研究时,可以全面考虑上述三方面的作用,开展整合性的学业情绪教育干预。其次,该模型指出了学生认知在社会环境与学业情绪之间的中介作用,这为通过认知疗法改善学生的学业情绪问题提供了重要的依据。即当无法对学生的家庭和班级环境进行干预的时候(比如对严重厌学的学生进行个别心理咨询时),我们也可以通过改善学生对课程的价值感和控制感来激发他们的积极学业情绪。

虽然,学业情绪的社会—认知模型得到了实证研究的证实,也可以为教育实践和改善学生学业情绪问题的个别咨询提供很好的理论指导,但是,该模型也存在一定的不足。一方面,我们必须清醒地认识到,在教育情境中,个人、家庭和班级只是教育机构的组成部分,学业情绪还会受到文化、教育体制以及学校氛围的影响。未来的研究应将这些宏观的社会环境系统考虑在内,这样我们可以进一步探讨学生的学业情绪在多大程度上归因于教师和课堂,在多大程度上受学校、教育体制和文化背景影响[①]。另一方面,该模型在指出学生认知具有中介作用的时候,并没有具体指出除了社会环境因素之外,学生对课程的控制感和价值感的来源还有哪些。实际上,课程本身的特点、学生的认知风格等因素可能都会影响到学生对课程的知觉。这些问题还有待于进一步的探讨和完善。

---

① 徐先彩,龚少英.学业情绪及其影响因素[J].心理科学进展,2009,17(1):92—97.

二、学业情绪的认知－动机模型

(一)模型简介

帕克让本人早年对测验焦虑开展过系统的研究,发现测验焦虑可以通过认知和动机来影响个体的学业成就。在此基础上,他认为其他学业情绪可能对学业成绩也具有同样的作用。因此,1992年帕克让提出了情绪对学习和成就的影响——认知和动机的中介理论。帕克让认为该理论模型主要说明了学业情绪是通过影响学生的认知加工和学习动机来影响学习和成就的[①]。

1. 学业情绪的认知效应(Lognitive Effects)

根据认知和动机的中介理论,帕克让认为学业情绪的认知效应主要表现在学业情绪会影响对信息的存储和提取、信息加工的策略以及有限的注意资源等。

(1)存储和提取信息

学业情绪对信息存储和提取的影响,主要表现在记忆和情绪的相关研究中。例如,现有的研究已经发现积极和消极情绪能够诱发状态依存和状态一致性效应。应用到学生学习的情境中,这种影响主要表现在两个方面。首先,学业情绪能够直接影响学习和成就所要求的信息提取过程。例如,难过的情绪更有利于学习一首令人感到悲伤的诗歌,而如果处于积极的情绪状态则不利于学习这样的内容。其次,情绪能够提高或阻碍信息的存储和提取,这一影响又会作用于学业动机的形成,这样学业情绪又会间接影响学习和成就。例如,在消极心境下开始学习一门新课程,这可能会阻碍个体对该课程形成积极的体验和价值评价,从而阻碍积极学习动机的形成。

---

① R Pekrun. The impact of emotions on learning and achievement: Towards a theory of cognitive/motivational mediators[J]. Applied Psychology: An International Review, 1992;41, 359—376.

(2)信息加工的策略

学业情绪的认知效应还表现在对信息加工策略的选择上。例如,不同的情绪状态会使人们采取不同的解决问题模式。帕克让认为这种影响甚至可能是在意识水平之下的。学业情绪对信息加工策略的影响已经被一些实证研究所证实。例如,研究者发现在积极的情绪下,人们发散思维的质量和数量都会增加(Isen,Daubmann & Nowicki,1987);消极的情绪则有助于提升需要进行分析、集中于细节的信息加工方式(Schwarz & Bless,1991)。但是,目前对于学业情绪的这一认知效应还存在争论。

(3)有限的注意资源

随着知识经济时代的到来,当今时代的学习任务和要求越来越复杂,因此情绪对注意的影响可能成为一个阻碍许多学生取得好成绩的重要因素。对测验焦虑的研究可以说明这一效应的存在。在困难和复杂任务的研究中,测验焦虑会阻碍智力成绩,并且与学业成就有消极的相关。对于这些结果,人们用焦虑需要注意资源来作为一种解释。基本上,这种解释认为是焦虑占用了工作记忆的容量,导致了其容量不能满足完成当前的任务(Eysenck,1988;Wine,1971)。

帕克让推测从测验焦虑所带来的注意缺失来看,其他情绪可能也会占用注意资源。这意味着,一般来说情绪可能会对那些需要好的工作记忆资源的认知任务产生消极效应。换句话说,因为需要注意资源,一些类型的情绪可能阻碍控制性认知加工,然而,不同的情绪可能引发不同的与任务无关的认知,这样它们可能对认知加工的影响也不相同。消极情绪可能更容易引发与情境相关的精细加工,但是这些加工与当前任务并没有关系,因此,当完成一项复杂认知任务的学习时,强烈的消极情绪对学业成绩是非常不利的。这种消极情绪可能不仅包括焦虑,也包括难过、失望和生气等。

2. 学业情绪的动机效应

对于学业情绪的动机效应,帕克让主要从内部动机和外部动机两个角度进行了探讨。

(1)内部任务动机

内部动机指由于个体本身的原因直接对完成任务产生的动机。如对计算机课程感兴趣,主要是对编写计算机程序本身感兴趣;额外教授一门课程主要是对教学本身感兴趣。对任务的认知和怀有的情绪状态与内部任务动机密切相关。个体的情绪来自于任务的内容则能够引发和保持内部动机。例如,成功完成一篇作文后感到很开心则能增加对下一篇作文的高兴情绪。

另一方面,消极情绪对内部动机有两方面的作用。首先,消极情绪与积极情绪是不相容的。因此,焦虑、生气或难过具有较少的积极内部动机。其次,如果个体完成一项任务会带来消极的体验,那么,消极内部动机的目标也可能是不完成一项任务(如避免)。因此,除了积极的内部动机,消极的情绪也能产生消极的内部动机,这种类型的情绪主要是厌倦。由此,帕克让假定厌倦会产生避免任务成绩的动机,从而导致个体去进行与当前任务无关的其他活动。其他情绪,像焦虑和生气也能产生内部避免动机。

(2)外部任务动机

外部动机一般是指个体为了任务的结果而完成某项任务时的动机。因此,所有与结果相关的情绪都被假设会影响外部任务动机。如前所述(详见第一章),按照学业情绪出现的时间,可以将其分成与过程相关的情绪(on－task),预期的(任务和结果之前)情绪或回顾性的(任务和结果之后)情绪。这里预期和回顾性的学业情绪对外部任务动机都有影响。

首先,希望、焦虑、预期高兴(anticipatory joy)和绝望可能与对任务结果的预期(例如,考试的分数,父母的反应或学业生涯的结果)相关。因此,该模型认为这些情绪会直接影响预期的、与结果相关的动机。希望和预期高兴可能产生积极外部动机,也就是说,完成任务的动机是获得积极的结果。焦虑引发的动机是去避免消极结果的产生。失望可能引发学习无助感,即积极结果不能获得或消极结果不可避免,这意味着失望会减少外部动机。此外,希望和预期高兴还会积极影响整体任务动机,失望会消极影响整体任务动机。焦虑会产生与结果相关的避免动机。例如,在无限制情境下,焦虑个体会通过不完成任务或者选择一项简单的任务代替困难的任务以避免失败。在实验室实验中任务的选择上即可看到此种效应。然而,在学业情境中,通常学业任务都是有严格规定的,例如,面对考试试卷,不完成任务就意味着可能失败。因此,在这种情境下,避免失败的唯一方式是去采取对策,例如更加努力地学习。

与任务结果相关的高兴、失望、骄傲、难过、羞愧和生气情绪的功能主要是使个体对任务和任务结果做出评价性和回顾性的反应。例如,一项任务的结果是积极的(如获得一个好分数或得到父母的表扬),个体会体验到高兴和骄傲,这会导致当个体提高时会再次获得这类结果的主观判断。因此,通过对类似任务的积极价值评价会产生积极的情绪,进而可能有助于个体形成获得积极结果(像成功,被表扬等)的学业动机。另一方面,失望或羞愧情绪会使个体产生对结果的消极评价,而这种评价会增强避免消极结果(如失败)的动机。

3. 学业情绪对学习和成就影响的机制

学业情绪对认知和动机的影响是同时存在的,而且这两种效应有时还会叠加。例如,情绪的记忆效应可能会增加情绪的动机效应。因此,有必要整合认知和动机的中介作用,综合考虑学业情绪对学习和成就会有什么样的影响。帕克让根据以往的研究,分别提出了积极情绪和消极情绪对学习和成就的影响模型(见图2-6和图2-7)。

综合来看,人们一般会认为积极学业情绪对成就肯定有提升的作用。从图2-6中,我们可以看出,帕克让也假设积极情绪对认知和动机都具有积极的影响。例如,从高兴情绪来看,它对存储/提取信息、灵活性的使用信息加工策略、内部任务动机、外部任务动机都有积极的效应,因此,对学习和成就肯定是有积极作用的。然而,其他积极情绪的作用可能并不完全一致,例如,意外获得成功个体可能会非常自豪,导致得知这个消息的短期内个体会减少对学业任务的关注。但是从长远的角度来看,这种情绪对学业成就的作用也是积极的。

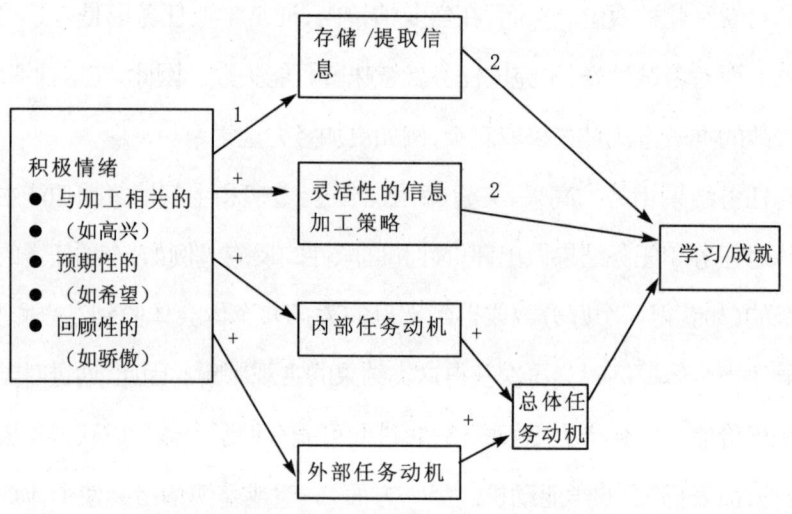

图2-6 积极情绪对学习和成就的影响

消极情绪对学习和成就的影响并不完全一致。对于厌倦来说,它的预测作用相对简单。厌倦的主要功能可能是激励个体去寻找另一种个体认为更值得参与的活动。然而,如果情境限制阻止个体这样做(如在考试时),厌倦会导致内部动机减少,并且在当前任务上,个体出现认知脱离现象。结果是,即使这时有强烈的外部动机,个体的总体任务动机也可能会减少。这非常不利于个体从事创造性的和关注细节的学习或问题解决任务,这时信息只能被简单的加工,即以表面的,非精细化的方式被加工。因此,厌倦会使个体减少认知学习和成就行为。而焦虑可能会带来许多消极的效应,比如,使个体的认知加工范围变窄、仅关注与自我有关的信息、与任务无关的思维增多、减少积极的内部动机等。但是,焦虑也会使个体为了避免失败而付出更多的努力。所以,这种努力可能会带来更多的积极结果。帕克让认为时间限制可能是调节焦虑情绪的这种积极或消极效应的中介。如果是完成时间有限的任务,比如考试,那么就不会有更多的时间来弥补焦虑带来的负效应。而对于准备一项长期学习任务来说,投入更多的努力则能够避免焦虑对认知加工带来的损失。对于灰心(disappointed)、羞愧或生气也会有相似的效应出现。但是,帕克让认为有一种情绪是明显对学习或成就有害的,这就是绝望(hopeless)。

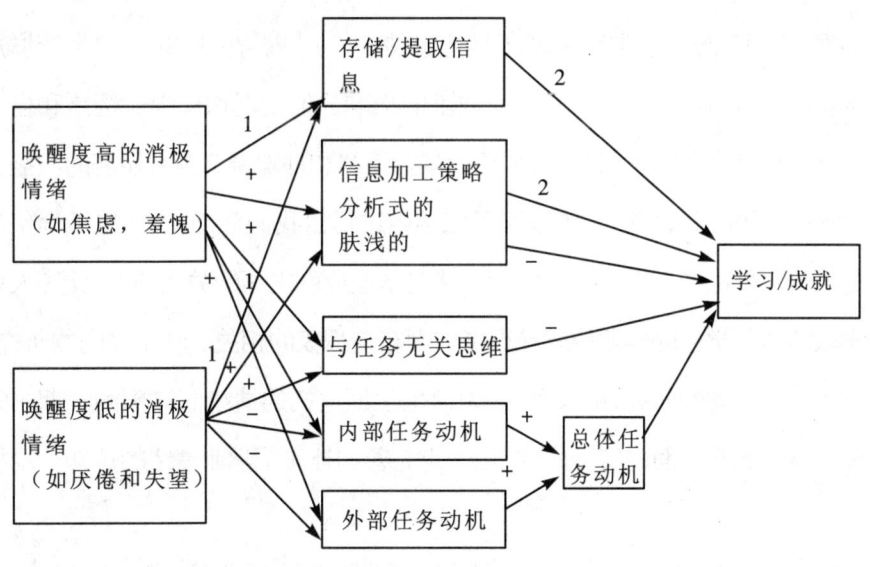

图 2-7　消极情绪对学习和成就的影响

(二)模型检验与评价

可以看出,在一项研究中对学业情绪的上述模型进行检验并不是一件容易的事情。实际上,目前也没有研究能系统地检验上述模型是否可以被证实。不过,对于该模型部分的检验还是有很多实证研究的。我们2007年就曾经以学习不良青少年为被试,检验了学业情绪对选择性注意和持续性注意的影响,结果发现学业情绪会影响学习不良青少年的选择性注意,具有积极低唤醒情绪的青少年选择性注意的反应时显著少于消极情绪的被试;对于持续性注意来说,消极高唤醒情绪能够增加虚报率,积极高唤醒情绪能够提高判断标准,降低虚报率(详见第四章)。

综合来看,学业情绪的认知-动机模型全面揭示了学业情绪对学生学习和成就的影响。首先,该模型在1992年提出之后,帕克让等人对学业情绪的作用进行了很多实证方面的检验。2002年,在这些实证研究基础上,帕克让在《教育心理学家》杂志上又重新梳理了学业情绪的作用[1]。在该文中,帕克让增加了学业情绪对自我调节学习和学业成就的影响。他发现积极学业情绪和自我调节学习具有显著的积极关系,消极的学业情绪和外部调节具有显著的积极关系。这些结果说明,积极情绪能够促使学生进行自我调节,消极情绪下学生学习更依赖于外部的指导。对于学业情绪与学业成就之间的关系,帕克让等人总结学业情绪与学生的学业成就在很多方面存在积极的相关。除了横向的研究,他们还进行纵向的研究,结果发现,大学生学期之初的情绪能够预测学期末的考试分数。这两方面的实证研究,进一步完善和补充了学业情绪的认知-动机

---

[1] R Pekrun, T Gortz, W Titz, & R P Perry. Academic emotions in students' self-regulatedlearning and achievement: A program of qualitative and quantitative research[J]. Educational Psychologist, 2002: 37, 91-105.

模型。其次，帕克让在提出该模型时一直强调学业情绪对学习和成就的影响具有循环关系。虽然有关学业情绪循环效应的实证研究很少，但是，在帕克让等人的纵向研究中，还是发现了焦虑和学业成就的这种循环关系。对于其他学业情绪与学业成就之间的循环关系还有待于进一步研究的证实。

三、整合的控制－价值理论

如前所述，学业情绪与自身的原因变量和结果变量之间的关系并不是一种简单的单向因果关系。因此，在学业情绪的社会－认知模型和认知－动机模型基础上，帕克让在2006年整合提出了成就情绪的控制－价值理论，用以解释教育领域中的成就情绪——学业情绪与其前因和后果之间的循环关系[①]。

（一）成就情绪的评价性前因（Appraisal antecedents）

按照最新的情绪心理学的观点，与自我相关的评价和对情境的评价被认为是人类情绪产生的重要决定性因素。从教育的观点来看，个体的评价对学习也很重要，它们是情境因素影响学业情绪的中介。因此，对个体的认知评价进行干预也是促进积极情绪发展的目标之一。

以往研究已经提出了许多评价维度用以描述人类的情绪，如前所述，成就情绪的控制－价值理论指出有两类与成就情绪特定相关的评价：(1)对成就行为和成就结果的主观控制(如期待学业成功的学习坚持性)；(2)对这些行为和结果的主观价值感(如对成功重要性的感知)。在这篇文章中，帕克让从期望和归因两个角度详细讨论了学业情绪的控制和价值前因，并具体分析了评价和成就情绪之间的关系，详见表2－1。在希望、焦虑或绝望等预期结果情绪中，是

[①] R Pekrun. The Control-Value theory of achievement emotions: Assumptions, corollaries, and implications for educational research and practice[J]. Education Psychology Review, 2006:1, 315－341.

否能够获得成功或者避免失败、什么是影响最终结果的可利用的方法这些是控制的关键问题。相比较,在回顾结果情绪中,对于控制的主要问题是,结果是自身的原因、他人的原因还是外部环境的原因。在与行为相关的情绪中,控制和价值是指向行动的。在这些情绪中,个体的注意力集中在行动上,而不是结果上。这意味着对结果控制和结果价值的评价对这类情绪不起关键的作用。例如,当一个学生在学习中体验到高兴情绪,是对学习行动本身的注意而不是对结果注意才产生的。

表 2-1 控制-价值理论:对控制、价值和成就情绪的基本假设

指向目标	评价		情绪
	价值	控制	
结果/预期	积极(成功)	高	预期高兴
		中	希望
		低	绝望
	消极(失败)	高	预期放松
		中	焦虑
		低	绝望
结果/回顾	积极(成功)	无关	高兴
		自我	骄傲
		他人	感激
	消极(失败)	无关	难过
		自我	羞愧
		他人	气愤
行为	积极	高	高兴
	消极	高	生气
	积极/消极	低	挫折
	无	高/低	厌倦

1. 预期结果情绪

研究者通常假设预期成就情绪是结果期望和结果价值的函数。情绪强度在这里也很重要,高情绪强度意味着对个体来说成功或失败很重要。同时,帕

克让认为期望和价值对于预期情绪都是必要的。

具体来说,帕克让假设主观内部控制和高成功期望能唤起预期的高兴情绪,当假设不会出现失败,则会期望放松情绪出现。例如,一个学生相信在未来重要的数学考试中他将获得 A+,他可能简单地希望再次成功。然而,如果他很关注自己是否会失败,并预期这次自己将能通过考试,那么他将感到放松。如果缺乏内部控制,并且不能获得成功或者失败是不可避免的,那么,这时个体成功的期望将接近 0,并且,这时对失败的期望是最高的。如果成功和失败对个体来说很重要,那么,如果具有成功的低期望和失败的高期望,个体则会体验到绝望情绪。这种假设意味着绝望会在缺乏成功(一种积极结果)和确定失败(一种消极结果)同时出现。例如,一个学生逐渐意识到如果他不能通过一个重要的大学启蒙考试,那么,他将不能实现他的职业目标。于是在参加考试时,他会经历越来越多的绝望。如果个体的注意力集中在成功上,由于缺乏部分的控制而带有中等期望的个体,将会产生希望(hope)。如果个体的注意力集中在失败上,这时个体还会体验到焦虑。可见,希望和焦虑是与结果的不确定性相关的。另外,情绪也与个体对成就的主观价值有关。例如,如果在一项重要的考试中失败了,但是看起来这种结果是可以控制的,那么个体会体验到焦虑。如果一个学生对考试没有成功或失败的期望,或者根本不关心它,则个体就不会有焦虑出现。按照中等的控制和结果的不确定性理论,在这种情况下成功和失败都有可能,因此,个体有可能体验到焦虑,也有可能体验到希望。帕克让认为,个体体验到的是希望还是焦虑,可能依赖于个体的成就目标。具有成绩接近目标的个体更容易产生希望,成绩避免目标的个体更容易产生焦虑情绪。

帕克让等人用下面的公式来解释他们上述的理论。同时,帕克让强调,这里的方程代表的是上述理论假设的简单形式。

预期成功情绪

预期高兴$=f[Es\times Vs]$

希望$=f[(Es\times(1-Es))\times Vs]$

绝望$=f[(1-Es)\times Vs]$

预期失败情绪

预期放松$=f[(1-EF)\times VF]$

焦虑$=f[(EF\times(1-EF))\times VF]$

绝望$=f[EF\times VF]$

(这里 $Es=$成功的总体期望,$0\leqslant Es\leqslant 1$;$EF=$失败总体期望,$0\leqslant EF\leqslant 1$;$Vs=$成功的价值;$VF=$失败的价值)

图2-8向我们展示了失败情境下,控制和价值评价与消极情绪之间的关系。

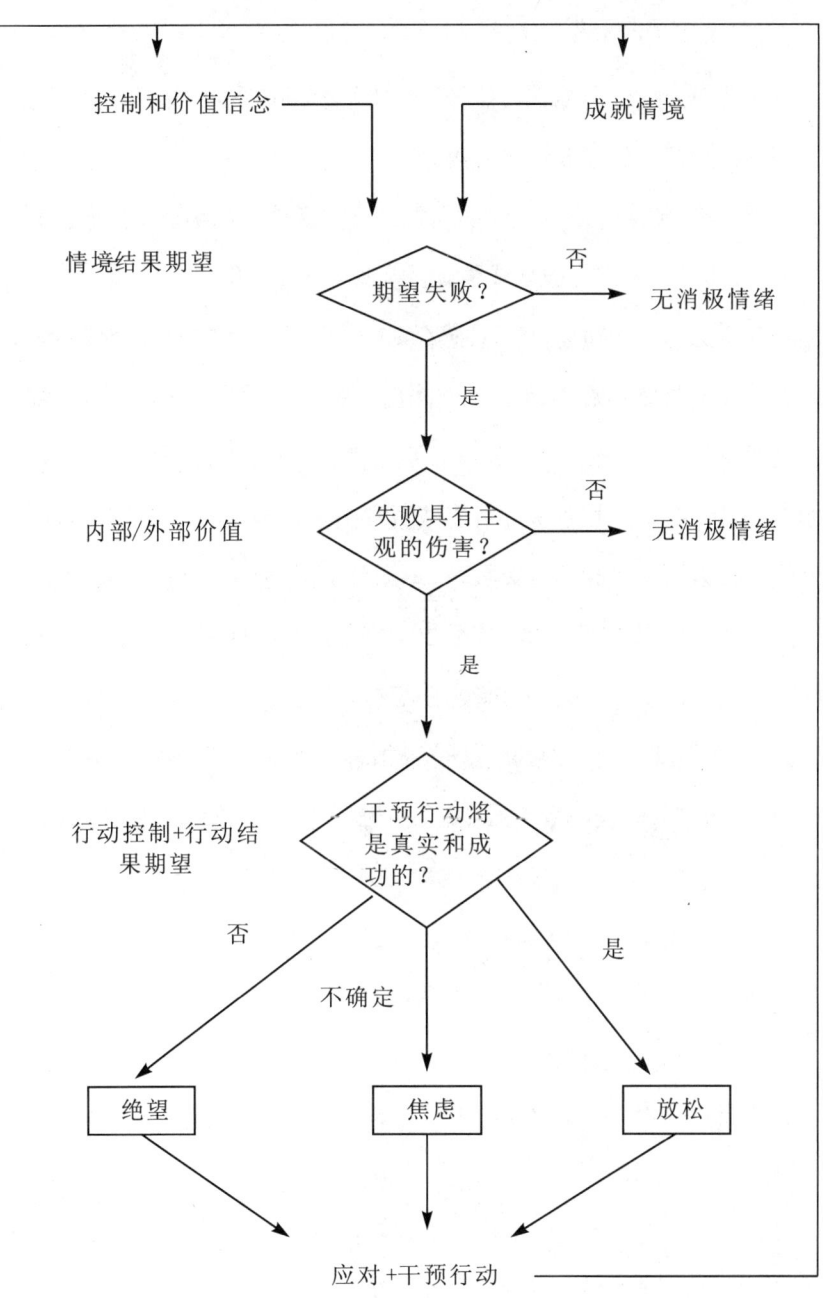

图 2-8 控制评价、价值评价和消极成就情绪的典型序列

2. 回顾性结果情绪

当成功或失败已经出现,这时发生的情绪是回顾性结果情绪。正如韦纳所说,成功会导致高兴,失败会导致难过和挫折。预期的成功没有出现会唤起人们的失望情绪,预期失败没有出现则人们会出现放松情绪。这些情绪是事件结果带来的,即对事件进行成功或失败的判断导致的,但是这些情绪可能是独立于控制性评价的。而骄傲、羞愧、感激和气愤则被假设为是控制依赖性情绪。如果成功或失败被判断为是由于个体自身引起的,那么骄傲和羞愧能够被诱发。这意味着,不管失败是由于内部可控(如缺乏努力)还是不可控因素(如缺乏能力)引起的,骄傲和羞愧都可能被激发出来。与韦纳的归因理论相一致,当由于他人的原因获得成功或失败时,感激或者生气情绪将被激发出来。当然,所有回顾性情绪都被假设为依赖于成功或失败的主观价值评价。也就是说,如果成功或失败越重要,那么,情绪的强度也越大。例如,如果一个学生不关心学业成就,那么他就不会体验到成就骄傲和羞愧。更具特异性的是,关于控制依赖性的回顾情绪,这些情绪的强度是受归因和个体对成就结果的主观价值影响的。如果有几种原因共同作用于成就结果,那么可能会出现混合的回顾性情绪。如诺贝尔奖获得者不仅有骄傲还有感激(对合作者的)。这时不同情绪的强度依赖于不同原因对结果贡献的相对大小。

3. 行为情绪

如果成就行为(如学习)和相关的材料(如学习材料)都被个体评价为是有积极价值的,并且个体认为行为是自己能够充分控制的,那么个体就会产生高兴情绪。行动时的高兴情绪是投入学习和创造性问题解决时流畅体验地核心,这包括面对挑战性任务的兴奋和当完成愉快的常规活动时的放松体验。如果行为是可控的,但是行为被评价为是有消极价值的(如行为所要求的努力被个体认为是一种痛苦体验时),那么愤怒情绪将被唤起。如果行为是不能充分控制的,个体将会体验到挫折。如果一个行为缺乏价值(积极或消极),那么厌倦情绪将被诱发。当活动的要求超出了能力范围,个体无法控制整个行动时,那么行动的价值将降低,个体将体验到厌倦。另外,如果没有充分的挑战,在高控制/低控制条件下,厌倦可能都会产生,这样也会减少行为的价值。

(二)成就情绪的个体和社会决定因素

1. 成就目标

成就目标对学生的认知和情感有广泛的影响。掌握目标能够使学生将注意集中在学习活动上,成绩目标能够使学生将注意集中在成绩结果上。成就目标能够调节与活动和结果相关的评价,影响学生的成就情绪。掌握接近目标会有利于个体产生积极的行为情绪(如学习的高兴情绪),减少消极行为情绪(如厌倦)。成绩接近目标有助于产生积极结果情绪(例如希望和骄傲),成绩避免目标有助于产生消极结果情绪(例如焦虑和绝望)。

2. 人格前因:控制和价值信念

关于成就情绪的人格前因中,除了像生理系统等非认知因素之外,个体的控制和价值信念也是十分重要的。而这种信念是反复暴露在成就情绪中形成的。如果对特定的情境(如数学考试)有真实的体验,个体将会发展出特定的情境信念(如关于数学考试的因果期望信念)。如果没有充分的体验,会在更一般期待水平上建立评价,这些评价包括与成就相关的乐观与悲观,更一般化的乐观与悲观。

3. 社会和文化前因

控制价值理论指出,社会的前因是被主观控制和价值评价所中介的。相应的,与主观控制相关的环境和学业评价对学业情绪来说是重要的。这些因素包括:教学的质量、价值的产生、自主支持、目标结构和重要他人对成就的期望以及成就的反馈和结果。班级总体的能力状况也会影响个体学业情绪的产生。比如,其他条件相等,在能力较低的班级中,学生会经历更少的积极情绪,更多的消极情绪。除了班级教学,学生的周围社会环境,成就的文化价值和重要性也是影响学业情绪的重要因素。

(三)成就情绪的功能

成就情绪会影响认知,动机和调节过程,这些是学业情绪影响学习和成就的中介。由于已在成就情绪的认知-动机理论中详细论述过相关内容,这里就不再赘述。

(四)成就情绪与其前因和后果之间的反馈环

按照帕克让的理论,成就情绪和其前因、后果之间是存在循环关系的(见图2-9)。也就是说,控制和价值评价是情绪的前因,但是情绪也能反过来影响这些评价;社会环境能够塑造情绪,但是情绪也可以通过学生对班级社会环境产生影响。

而且,情绪会影响学习和成就,但是学习上的成功和失败也同样会影响学生的评价和情绪。因此,情绪与其前因和它们的后果在时间上存在循环的因果关系。这个循环的因果关系能组成积极的反馈环(如学习中的高兴和学习掌握情况的相互强化)。然而,也可能有消极的反馈环存在(如测验焦虑产生避免失败的动机,从而导致测验焦虑的减少)。这种反馈环的动态性能在几秒(例如,多方向路径的评价和情绪在皮层和皮层下神经结构之间的反馈环)、几天、几周甚至几年内发生。

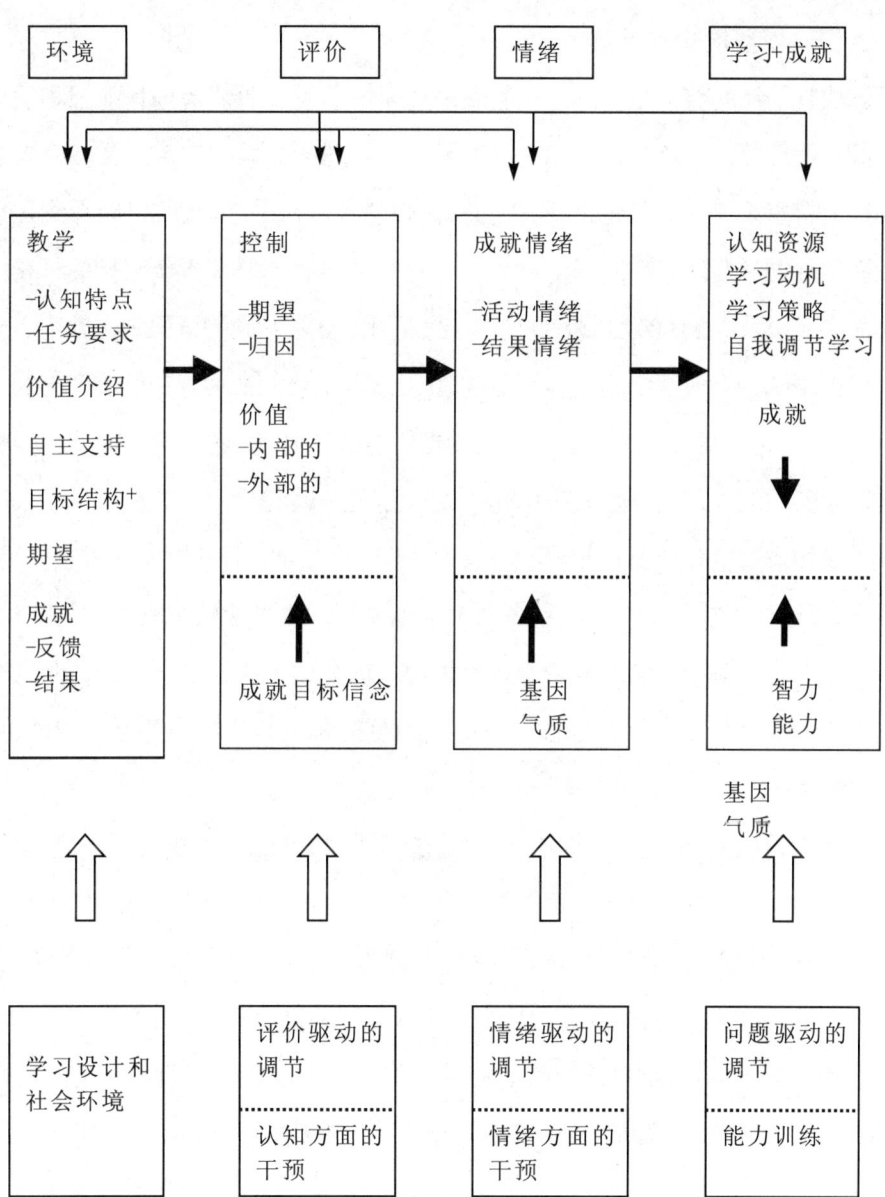

图 2-9 成就情绪的控制价值理论：前因、情绪和后果之间的循环关系

(五)模型检验与评价

成就情绪的整合性控制－价值理论全面揭示了学业情绪与其前因和后果之间的循环关系。这一模型的提出对于教育心理学体系的完善以及教育教学实践具有重大意义。首先,从现有的教育心理学教科书中,我们可以看到几乎没有单独把学业情绪作为一个章节来介绍的。实际上,随着近年来相关研究的不断丰富以及人们对学业情绪的重视,我们可以非常明确的认识到在教育心理学体系中缺少学业情绪的内容是不合适的。因此,我们认为控制价值理论的提出,对于完善教育心理学体系有重大的理论意义。其次,这一理论对于指导教育教学实践的作用也是显而易见的。实际上,这一理论中不仅关注学生本人的学业情绪发展变化,同时也涉及家长、教师等因素与学业情绪之间的相互作用。因此,通过这个模型我们可以更全面系统地了解学生学业情绪的发展和变化,从多个角度了解不良学业情绪产生的根源。这有助于我们从学校、家庭、个人三个方面有针对性的改善学生的不良学业情绪,从而提高学生的学业成就,真正让学生乐于学习,做一个快乐的学习者。

然而,我们也应该清醒地看到,对于该模型的全面检验目前还不多见,有待于更多的研究者来从事这项工作。同时,我们认为这一模型也存在一些不足之处。首先,目前大部分学者都认同情绪和动机不仅是两个不同的概念,同时也是两个不同的心理过程。但是,从帕克让等人对学业情绪的研究以及提出的相关理论来看,他们对学业情绪的研究很多都参考了动机和成就目标的研究范式[①]。比如,对于成就动机的研究中,一直都很重视期望和价值的作用,而对于学业情绪,帕克让也认为两者是学业情绪的直接前因。因此,我们在未来进行

---

① R Pekrun, A J Elliot, M A Maier. Achievement goals and discrete achievement emotions: a theoretical model and prospective test[J]. Journal of Educational Psychology, 2006, 98(3): 583−597.

学业情绪的相关研究时,不仅要考虑动机的研究范式,而更应该重视情绪本身的研究范式。这样才能从情绪的视角更深入、更全面地揭示学业情绪的本质。其次,帕克让提出的学业情绪的控制价值理论,并没有完全建立在实证研究的基础上。很多变量的相关关系特别是循环关系需要更多的实证研究的支持。

综上所述,学业情绪的控制－价值理论为学习理论及其相关研究提供了一个新的视角和方向,值得研究者遵循这一路线进行更深入更细致的探索。

第三章 学业情绪的研究方法

随着学业情绪研究的逐步深化,学业情绪领域中的研究方法也日益丰富。总体上,可以将学业情绪的研究方法分为定性和定量研究两类。定性研究可以用来开拓新的研究领域,获取大量信息。因此,在学业情绪领域内,定性研究主要是在学业情绪研究的早期,用于调查和了解学业情绪的类型与特征,使用的研究方法主要是访谈法。而定量研究适合对问题进行深入研究,在预测和控制研究方面具有优越性。目前学业情绪的大量研究采用的是定量研究的方法。学业情绪的定量研究方法主要包括问卷调查法、实验室实验法、现场实验法和认知神经科学研究方法。本章重点介绍学业情绪的定量研究方法及相关研究。

第一节 学业情绪的问卷调查法

问卷调查法通常是通过书面形式,以严格设计的心理测试项目或问题,向研究对象收集研究资料和数据的一种方法。学业情绪的问卷调查法是学业情绪领域研究中使用最普遍的一种方法,本节主要介绍几个有代表性的学业情问卷。

一、焦虑学业情绪量表

焦虑情绪尤其是考试焦虑情绪是学业情绪领域中研究最多的,因此,对于考试焦虑的测量也有较为系统和完善的工具。从定义上看,考试焦虑(test anxiety)是个体对考试过于紧张,担心自己考试失败有损自尊而形成的一种高度忧虑的负性情绪。也有学者认为考试焦虑是由考试带来的一种较为严重的心理问题,它具有很大的破坏性,威胁着个体的身心健康。长期的考试焦虑容易引起紧张、恐惧、烦躁、抑郁等负性情绪,对人的认知、情感、心理状态及人格都会造成损害[①]。

(一)考试焦虑量表(TAI)

考试焦虑量表(Test Anxiety Inventory,简称 TAI),由美国临床心理学家施皮尔伯格(Spielberger)于 1980 年编制完成,随后被各国学者修订和使用。目前,TAI 是国际使用最为广泛和有效的考试焦虑测评量表。TAI 属于自评量表,共 20 个项目,所测的考试焦虑是一种情境性的人格特征,包含忧虑性(worry)和情绪性(emotionality)两个维度。TAI 的中文版最早由我国心理学家宋维真和张瑶于 1987 年在大学生中进行了试用。最近,我国学者王才康重新检验了该量表的信度和效度[②]。结果发现,TAI 两个分量表和总量表的 Chronbach α 系数分别为 0.80、0.84 和 0.90,各项目与分量表或总量表的相关均达到了显著性水平。这说明 TAI 具有很好的内部一致性。在效度方面,他

---

① 宋飞,张建新. 考试焦虑量表(TAS)在北京市中学生中的适用性[J]. 中国临床心理学杂志, 2008, 16 (6): 623—624.

② 王才康. 考试焦虑量表(TAI)的信度和效度研究[J]. 中国临床心理学杂志, 2003, 11 (1): 69—70.

检验了 TAI 与其他两个考试焦虑量表的相关情况。结果发现,TAI 与 FTA (FRIEBEN 考试焦虑量表)和 TAS(考试焦虑量表)之间存在中等程度的相关。这说明,TAI 和其他考试焦虑量表在构建上具有一定程度的同质性,但是 TAI 和 TAS 及 FTA 之间也有不同之处。应用此量表的国内外研究均表明,女大学生在情绪性分量表上的得分显著高于男大学生。

(二)考试焦虑量表(TAS)

TAS 是另外一个著名的考试焦虑量表,由美国著名的临床心理学家萨拉森(I G Sarason)于 1978 年编制完成。该量表属于自评量表,操作简便,易于分析,一直是国外研究和诊断考试焦虑最常用的工具之一。我国学者王才康将其引入国内,并以广州地区大学生为被试对中文版的 TAS 进行了信度效度检验。结果表明,中文版的考试焦虑量表具有较高的信度和效度,达到了心理测量学上的要求。与美国相比,我国女大学生在考试焦虑上的得分显著小于美国女大学生,两国男生焦虑水平接近。宋飞、张建新(2008)最近又探讨了这一量表在北京市中学生中的适用情况。结果发现,TAS 总体的内部一致性系数为 0.87;重测信度为 0.59。验证性因素分析显示量表具有较好的结构效度。这进一步说明,TAS 考试焦虑量表在北京市中学生中是适用的[①]。

(三)第二语言学习焦虑量表(FLCAS)[②]

霍维茨(Horwitz,1986)认为,第二语言学习焦虑是产生于外语学习过程中,并且和课堂外语学习相联系的有关自我知觉、信念、情感和行为的独特综合体。霍维茨(1986,2001)对第二语言学习焦虑进行了明确的界定,并且编写了相关的第二语言学习焦虑量表(FLCAS,Foreign Language Classroom Anxiety

---

① 宋飞,张建新.考试焦虑量表(TAS)在北京市中学生中的适用性[J].中国临床心理学杂志,2008,16(6):623-624.
② 刘聪慧.外语学习焦虑影响第二语言产生的认知神经机制研究[D].北京师范大学,2006:8-9.

Scale)。这个量表包括 33 个项目,其中有 20 个项目和第二语言的听、说活动有关。测验有很高的内部信度和重测信度,α 系数为 0.93,八周后的重测信度为 0.83。霍维茨(1986)还认为,第二语言学习焦虑是在一种与学科和社会背景下的成绩估计有关的焦虑,它有三个部分:(1)交际忧虑(Communication apprehension),(2)考试焦虑(Test anxiety),(3)对消极评价的恐惧(Fear of negative evaluation)。其中,交际忧虑是当学生意识到不能用外语自由地表达,同时自己又不能理解别人说的外语时,就产生交际畏惧,即交际回避或交际退缩;考试焦虑是教师在对学生所学的语言知识进行考察评估时学生产生的焦虑;对消极评价的恐惧是学生害怕失败而产生的焦虑。否定评价恐惧来源于学生对自己的不自信,他们担心自己得不到教师和同学的认可,害怕听到别人对自己不好的评价。霍维茨通过自己设计的 FLCAS 量表对学生进行了测量和研究,这对第二语言学习焦虑的研究有很大启发。其他使用该量表的应用研究也发现,以上三种焦虑对外语学习的负面影响都很大。

二、学业情绪问卷(AEQ)

(一) AEQ 问卷的编制思路与过程[①]

AEQ 是由帕克让等人编制的学业情绪问卷。该问卷编制后,在学业情绪领域得到了广泛的使用,目前已有多个国家的语言版本。

首先,在正式编制问卷前,帕克让等人通过质化研究探索了学业情绪是如何出现的,以及学业情绪具有怎样的结构。他们采用自传体回忆和情境访谈的方法向被试调查了在班级环境中、在学习过程中以及在测验和考试时有哪些情

---

① R Pekrun, T Gortz, W Titz, & R P Perry. Academic emotions in students' self-regulated learning and achievement: A program of qualitative and quantitative research[J]. Educational Psychologist, 2002: 37, 91−105.

绪体验。同时,也向这些被试询问这些情绪体验的数量和成分,以及这些情绪的来源后果。此外,他们为了评估考试中会有哪些情绪,还使用了记录生理活动的方式。通过质化研究,他们发现,除了厌恶情绪之外,其他的人类情绪都有所报告。但总体上,还是学生的焦虑情绪最多。此外,被试报告他们的学业情绪体验中包含一系列情感、认知、生理和动机成分。情绪的不同成分之间是存在重叠的,因此,使用没有重叠的方式去测量不同的情绪也是十分困难的事情。尽管如此,帕克让等人还是试图以质化研究为基础,发展出一个多维度的工具以测量领域特异性的学业情绪。

其次,在编制 AEQ 时,帕克让等人在理论上主要有三个方面的重要考虑。第一个方面是情绪概念的操作定义方面。帕克让采用了与当代成分过程模型(Scherer,1984)相一致的定义。他们认为情绪是内部相关的一些心理过程的集合。这些重要的过程包括情感、认知、生理和动机成分(如对于焦虑来说,这四个成分可能分别是感到紧张、担忧激活的生理系统、想要从焦虑中逃避)。因为这样的定义考虑了情绪的动机成分,所以这样一个概念显然超出了测验焦虑的传统界定。在帕克让等人的研究中,以探索性因素分析为基础界定了各种情绪的不同成分内容。第二个方面,为了保证 AEQ 问卷所要测量的学业情绪在学业情绪领域中是最重要的,并且确实影响学生的学习、成就和健康,帕克让选择学业情绪时依据了以下三个标准。(1)根据他们探索性的结果,选取那些代表主要人类情绪的类型,并能在学业情境中起主要作用的,这包括高兴、生气、焦虑、羞愧和绝望等;(2)选取了那些在探索性研究中被报告频率处于前八位的主要学业情绪;(3)同时考虑到情绪具有效应和激活(唤醒度)两个维度,因此,AEQ 中要包括积极和消极情绪,也要包括激活和非激活的情绪。最终,AEQ 量表中的学业情绪包括高兴、希望和骄傲(积极激活的情绪);放松(积极非激活的情绪);生气、焦虑和羞愧(消极激活的情绪);绝望和厌倦(消极非激活的情绪)。第三个方面,AEQ问卷考虑了学业情绪的情境化因素以及时间特性。情境化因素中,帕克让主要考虑了学生在班级内、班级外、在测验和考试中三种主要的学业情境。由于不同的学业情境有不同的功能和社会结构,所以不同学业情境中的情绪也可能是不同的。例如,在课堂学习中具有的高兴情绪与在面对具有挑战性的考试中的高兴情绪很有可能是十分不同的。所以,帕克让决定分别编制班级相关的、学习相关的和测验相关的三种量表。对于学业情绪中的时间属性,他们编制AEQ时的考虑是,要测量特质学业情绪(如特质考试焦虑)、状态学业情绪(在单一的学业情境中经历的情绪,如状态测验焦虑)以及课程相关的情绪(在特定的班级和课程中的学业情绪,如物理课堂学业情绪)。帕克让认为特质和状态情绪代表连续体的两端,课程相关的情绪在两者中间。

AEQ问卷的完整版本我们并没有看到,只是从相关研究文献中得知,这一问卷已经在德国得到了应用。并且这个问卷可以转换成与单一课程相关的版本,状态和特质版本等。同时,该问卷还有八个项目的简版,简版AEQ的英文版也在一些地区使用过。

(二)AEQ问卷的项目举例[①]

AEQ问卷编制完成后,我们看到了其在数学、拉丁文、德文、物理、英文等学科中进行了应用。这里,我们介绍一下AEQ问卷在数学学科中的应用。AEQ-M(Pekrun et al., 2005)被用来评估与数学相关的高兴(9个项目)、骄傲(6个项目)、焦虑(6个项目)、愤怒(6个项目)和羞愧(8个项目)。对于每一种情绪,AEQ-M包括教学、作业/学习和测验三种不同情境,该问卷采用五点

---

① A C Frenzel, T M Thrash, R Pekrun, T Goetz. Achievement emotions in Germany and China a cross—cultural validation of the academic emotions questionnaire—mathematics[J]. Journal of Cross—Cultural Psychology, 2007, 38(3): 302—309.

评分,从完全不同意到完全同意。项目举例如下:

高兴:我喜欢我的数学课(I enjoy my math classes)。

自豪:完成数学作业后,我自己感到很自豪(After doing my math homework, I am proud of myself)。

焦虑:在数学考试过程中,我担心我会得到一个坏分数(During a math test, I worry that I will get a bad grade)。

愤怒:在数学课上我是如此愤怒,以至于想逃课(I am angry during my math classes that I'd like to quit)。

羞愧:我很惭愧不能回答好数学老师提出的问题(I am shamed that I cannot answer my math teacher's questions well)。

AEQ-M有中文、英文和德文版。其中中文版已经在国内进行过实测,并且研究者比较了德国和中国学生数学情绪问卷结构的跨文化一致性。发现学业情绪在不同文化间具有高度的测量不变性。

(三)AEQ问卷的评价

AEQ问卷是目前学业情绪领域内最为全面和系统的评估学业情绪的问卷。该问卷不仅可以应用到不同的学科领域中,也可以应用到不同的学业情境中,还可以测量不同时间特性的学业情绪(状态、特质和课程中的情绪),因此,该问卷自从编制完成后,就得到了广泛的使用,研究者发表了一系列使用该问卷所作的学业情绪方面的研究。但任何测量工具都不可能是完美无缺的,该问卷也是如此。首先,AEQ问卷在编制问卷过程中,帕克让等人强调他们对情绪的界定是按照当代情绪的成分过程模型进行的。这样,对于每种情绪来说,都应该涵盖至少情感、认知、生理和动机这四种成分。但是,从现有研究来看,帕克让等人并没有对每种情绪中是否涵盖了这四种成分进行检验。同时由于不同的情绪在这四种成分上会有相互的重叠,那么如何处理这种相同的成分就是一个十分重要的问题,对于这些问题帕克让等人并没有做出回答。其次,AEQ在施测过程中,有时每种情绪只采用 4 个项目①,那么,这四个项目是否涵盖了每种情绪的四种成分呢?他们的研究也没有给出相应的答案。最后,AEQ 是以德国大学生为被试编制的问卷,但是目前却被广泛的应用于德国以及其他国家(如中国和美国等)的中小学生中。由于中学小学生和大学生具有完全不同的教育模式、教育经历,因此,这种应用是否合适也是值得商榷的问题。

三、学业情绪问卷法的评价

问卷法是心理学、经济学、社会学、管理学和各种教育研究中的重要方法,特别是在心理学中得到了最为普遍的使用。因此,问卷法在学业情绪研究中具有重要的价值,它可以用来研究学生不同情境中学业情绪的体验,考察学业情绪的领域特异性。同时,采用问卷法也利于比较学业情绪的个体差异,比如,对于学业情绪的跨文化研究就充分证明了问卷法在学业情绪研究中的重要作用。总体上,学业情绪研究的问卷法具有很多优点,它比较客观统一,效率比较高,可以用于团体方式施测,在短时间内可以获得大量数据资料。同时,它的统计分析结果具有高度数量化、规范化的特点。但是,学业情绪的问卷法也存在一些不妥之处。首先,学业情绪研究的问卷法存在很多方法学上的问题。对于学业情绪的问卷测量通常都是发生在学业过程之后,一般并不在学业过程之中,那么,这种从记忆中再现的情绪体验与真实情境中的情绪体验,在内容和强度上都会有所差异,这必然会导致学业情绪测量上的偏差。其次,学业情绪的问

---

① T Goetz, A C Frenzel, R Penkrun, A C Hall. Between-and within-domain relations of student's academic emotions[J]. Journal of Educational Psychology, 2007, 99 (4): 715—733.

卷法在使用时也存在一定的问题,比如,我们在开展学业情绪方面的应用研究时,一般想了解学业成绩差的学生有哪些不良的学业情绪。然而,由于这部分学生文化基础差,他们可能对问卷中的项目并不能完全理解,可能会有比较高的自我保护动机,因此,在作答过程中,他们可能并不能或不愿准确回答出自己的真实体验。这样就会影响研究的质量,这是我们在使用问卷法研究学业情绪问题应注意的问题。

第二节 学业情绪研究的实验法

虽然问卷法是学业情绪研究中使用最多的,但是学业情绪研究还有其他的研究方法。实验法也是学业情绪研究中较为常用的方法之一。本节中学业情绪研究的实验法包括实验室实验法和现场实验。

一、学业情绪研究的实验室实验法

实验室实验法是心理学研究中最重要的方法之一,它可以在实验室进行,对自变量进行严格的操控,并能探讨变量间的因果关系。学业情绪研究的实验室实验,一般是在实验室环境中以情绪为自变量考察其对学业及学习的影响。

(一)学业情绪的诱发

学业情绪的实验室实验研究中情绪状态往往是自变量,因此学业情绪的诱发就显得尤为重要。但操纵情绪并不像操纵认知那样简单,效果也相对模糊。因此,诱发出真正的学业情绪在这类研究中就是一个首要的问题。

学业情绪的实验室研究中最常采用的情绪诱发主要有以下几种。第一种是让被试根据指导语积极地回忆自己那些愉快/不愉快的经历,让被试努力进入指定的情绪状态,比如,让被试努力回忆取得好成绩的喜悦或者因为考试成绩差受到老师批评时的难过经历。第二种在研究中诱发被试情绪时,不需要这种主观的努力,主试提供影片、音乐之类的材料,让被试努力进入某种情绪状态。第三种是通过一定的任务制造成功/挫败的情境,让被试"自然"产生实验所需情绪。比如我们在对学习不良儿童学业情绪影响注意的研究中,就采用了此种方法。我们首先告知被试完成一项与学习有关的注意任务,然后在任务完成中间阶段以指导语的方式呈现控制性反馈信息,引发出所需的学业情绪。在这项研究中一共有四种控制性反馈情绪,分别对应诱发出积极高唤醒、积极低唤醒、消极高唤醒、消极低唤醒四类学业情绪。诱发积极高唤醒学业情绪的反馈信息是:"恭喜你,与同龄人相比,你的测验成绩非常好!这说明你的注意能力很好,如果能够充分发挥你的这种注意能力,相信你能在各科的学习中都取得很大的进步!"诱发积极低唤醒学业情绪的反馈信息是:"同学你好,你的测验成绩稍好于同龄人。这说明你的学习能力处于一般水平,如果能够正常发挥你的这种学习能力,你就可能在某些课程的学习中取得较为理想的成绩。"诱发消极高唤醒学业情绪的反馈信息是:"十分抱歉,与同龄人相比,你的这次测验成绩非常差,这说明你在某些方面的学习能力很低,这在很大程度上会影响到你对各门课程的学习,最终导致你的考试很不理想!"诱发消极低唤醒学业情绪的反馈信息是:"同学你好,你的测验成绩稍差于同龄人。这说明你的学习能力处于一般水平,如果不能够正常发挥你的学习能力,你就可能在某些课程的学习中取得较不理想的成绩。"运用此种方法的具体研究详见第四章。与其他情绪研究不同,在学业情绪领域中,很少有研究利用生理变化带来的情绪变化的原理进行诱发,比如使用肾上腺素或者让被试做出哭或笑等面部表情来诱发情绪的。

学业情绪的研究者有时也不主动操纵被试的情绪状态,而是根据实验开始时的自然心境将被试分组。比如,在学校中对学生的学业情绪进行研究,首先调查被试当时的焦虑状态,然后分组考察不同考试焦虑者在某种课堂学习任务中的学习情况。这种做法,看起来好像正是考虑了被试正常状态下的学业情绪,而实际上,由于实验的介入,被试的情绪状态很可能已经受到了影响。所以,这种做法的缺陷在于自变量的可控程度低,混杂因素多,从而降低了研究的信度和效度。

(二)实验室实验法的学业情绪研究

埃利斯(Ellis,1997)等人以大学生为被试,通过三个实验,考察了实验室诱发的心境状态和动机对阅读中矛盾信息的识别以及理解程度的影响①。在心境诱发时,被试首先完成贝克抑郁问卷(Beck Depression Inventory,BDI),然后被试完成一个中性的或者抑郁状态的改编自沃尔顿的情绪诱发程序(Seibert & Ellis,1991)。这个程序包含25种与自我相关的状态,每次在单独的一张卡片上呈现一种,要求被试大声读出来。比如,抑郁状态的例子是:"我今天感到心情有点低落(I feel a little down today)",而中性状态的例子是:圣达菲是新墨西哥的首府。在读这些句子之前,会给每个被试提供诱发有关心境状态的指导语。这些指导语的目的是使诱发的心境有效性最大化。对于抑郁状态的诱发指导语是让被试在读句子时,自由联想出现在头脑中的想法,被试以20秒读一个句子的速度进行阅读。在研究1中,他们检验了抑郁状态对一篇文章中六个矛盾信息理解的影响。相比较中性心境的被试,无论是否告知他们文章中有

---

① H C Ellis, S C Ottaway, L J Varner, etal. Emotion, Motivation, and Text Comprehension: The Detection of Contradictions in Passages[J]. Journal of Experimental Psychology: General, 1997, 126(2):131—146.

矛盾信息,他们对这些信息的正确识别成绩都更差一些。另外,抑郁被试错误识别的数量也比中性心境被试多。研究 2 中引入了记忆负荷的阅读任务。这个研究的目的在于检验抑郁的缺陷是否可以被解释成抑郁被试记忆能力的问题,或者抑郁的缺陷是由于工作记忆的缺陷,加工速度慢,或者两者兼而有之造成的。但是,研究 2 的结果表明,抑郁的缺陷不能解释为工作记忆的缺陷或者更慢的阅读时间。这是因为研究发现,工作记忆负荷的减少并没有改善抑郁的缺陷,同时中性和抑郁心境的被试需要的阅读时间是相当的。在研究 3 中,他们使用了三篇不同的阅读文章,检验了研究 1 和研究 2 中所获得结果的普遍性。结果发现,在不同的文章中,抑郁在阅读理解中的缺陷仍然存在。这些结果与心境效应的资源分配模型相一致,即消极心境使被试在阅读中产生了无关思维,这些无关思维干扰了阅读。

(三)实验室实验法的评价

由于情绪本身的界定并不是很明确,用科学实验的方法来研究情绪,面临着一些与生俱来的困难。对于学业情绪的研究来说,更是如此。首先,从以上的介绍中,我们可以看到,很多与学习相关的情绪研究,多是采用与学习无关的活动来诱发情绪(如观看影片等),以考察情绪与学习的关系。这种利用与学习无关的活动来诱发情绪,其实得到的情绪通常都并不一定是学业情绪。所以,这样的研究缺乏一定的生态学效度和外部效度,研究结论并不一定能够体现出真正的学习状态下情绪与学习的关系。此外,即使我们可以诱发出一些像焦虑、生气等与学业情绪种类相同的情绪,但是对大多数其他种类的学业情绪来说还是很难诱发的。比如感激、骄傲、厌倦等就很难在实验室情境中进行诱发。对于采用自然心境分组的方式来研究学业情绪也存在同样的问题。其次,虽然实验室实验法力求通过操纵事件或变量来探讨变量之间的因果关系,但实验室实验本身具有的外部效度问题不可避免也在学业情绪的研究中有所体现。因此,目前实验室实验法在学业情绪研究中并不多见。

二、学业情绪研究的自然实验法

我国著名心理学家林崇德教授强调:"在儿童心理学与教育心理学的研究中,只有将儿童与青少年放到现实的社会环境中加以考察……只有走出实验室,到现实生活中去,在真实的社会环境、学校环境和家庭环境中研究儿童青少年心理的发展和变化,才能保证儿童心理学与教育心理学的研究结果有较高的生态化效度,即接近现实生活中儿童与青少年的实际,有较高的生态化价值[1]。"因此,由于采用实验室实验法研究学业情绪问题存在上述不足,所以相对于实验室实验法,学业情绪研究中自然实验法运用的则更多一些。

(一)主要研究形式

所谓自然实验(natural experiment),是指在被试日常生活活动(游戏、学习、劳动)的自然情况下,引起或改变影响他的某些条件来研究其心理特征的变化。许多研究,比如儿童的社会化发展的一些研究都只能在自然的情境中进行,而不是在特别创设的实验室中进行,否则就会使研究的问题失真[2]。在学业情绪研究领域中,自然实验的研究形式主要有两种。一种类似于现场研究,主要是在真实的教育情境下,通过一定的手段操纵学生的学业情绪(比如通过对学生成绩的虚假反馈),考察不同组学生学业情绪的产生、变化及其对学习和成就的影响。第二种是教育干预研究,主要是首先将被试匹配或随机后分成实验组与对照组进行前测,随后对实验组被试进行学业情绪的干预,干预后在对

---

[1] 林崇德. 学习与发展[M]. 北京:北京师范大学出版社,1999:95.
[2] 林崇德. 教育与发展[M]. 北京:北京师范大学出版社,2002:151.

两组被试进行后测以比较干预效果。下面通过我们介绍两个具体的学业情绪研究来加以说明。

(二) 自然实验法的学业情绪研究

1. 学业情绪对创造力的影响[①]

卢家楣(2002)等使用教师评价来诱发学生情绪的方法,研究了情绪和创造性水平的关系。本研究中的被试是上海师大附属第三中学初中二年级的学生。实验前,对四个班级中的学生进行创造性水平测试。然后,根据得分的多少,由高到低将四个班的学生在各自班级内排序编号,四个班的单号学生构成表扬组,而双号学生为批评组。使这两组学生的初测的创造性水平基本相同。过了3天,在四个班内实施数学素质测试,测试后,并不告知学生的真实成绩,而是根据研究者提供的表扬组和批评组名单,在第二次上数学课时向学生宣布数学测试"真实"结果。首先,教师说明该测验的重要性(谎称此成绩与期末成绩挂钩,并是随后学校进行分层教学中学生分层的依据等),以引起学生对此测验结果的重视。接着,说明这次评分标准与往日不同,结果也两极分化,一半学生发挥较好,达到或超过了自己平时水平,而另一半学生则不理想,不及自己原来水平,甚至不及格(具体成绩不公布)。最后,教师念出表扬组名单,并予以当众表扬;又念出批评组名单,并予以当众批评,以引发学生"愉快"和"难过"两种情绪状态。接着组织实施第二次创造性水平测试。结果发现,表扬组学生最后的创造性水平显著高于批评组的学生。研究者认为,这是表扬引起愉快情绪促进了创造性的发挥。

[①] 卢家楣,刘伟,贺雯,卢盛华. 情绪状态对学生创造性的影响[J]. 心理科学,2002,34(4):381−386.

2. 改善学生情绪和成绩的干预研究[①]

2005年《学习与教学》杂志上学习和情绪的专刊介绍了一篇学业情绪的干预研究。研究中的被试是德国37个8年级和9年级的学生。为了改善学生的情绪和成绩,研究者设计了以学生为中心的直接教学法,简称ECOLE(Emotional and Cognitive Aspects of Learning)教育干预方法。该方法包括10种教学策略(见表3-1)。ECOLE方法被应用到了生物、物理和德语三个学科的教学单元中。每个单元包括两个教学阶段。第一阶段的特征是:实行高度的以学生为中心的教学,没有分数(但有个体反馈),容许错误,并且没有成绩压力。在学生获得了一项练习成绩的个别反馈后,第二阶段的教学开始了。这一阶段是以教师为中心的教学。这一阶段的重点是通过不同类型的应用练习帮助学生改正错误,获得学习上的成功。结果表明,通过ECOLE教学,学生的情绪和成绩都得到了改善。另外,在该种教学方法中,为测验做准备的有效学习策略和应付焦虑的策略也要教给学生。研究者对ECOLE教学与传统教师教学进行了比较。在研究中,5位生物老师和7位物理老师先对控制班进行传统方法的教学,然后对对照班进行ECOLE方法教学。由于德语教师没有同时进行两个平行班的教学,所以6个德语老师教授控制组,9个老师应用ECOLE方法教授对照班。结果发现,采用ECOLE教学方法的班级,学生的情绪和所有成绩都得到了改善。

[①] G Z Michaela, F Stefan, L Matthias, etal. Promoting students' emotions and achievement—Instructional design and evaluation of the ECOLE—approach[J]. Learning and Instruction, 2005, 14: 481—495.

表 3-1 ECOLE 方法的教学设计

教育纲领	教学策略	期望和结果
自我调节	学生为中心的教学	提升幸福感
	学生的活跃性	高兴和满意
能力	要求的差异性和清晰性	提高兴趣
	个别反馈	
社会交往	合作性的活动	减少焦虑和厌倦
	游戏式(play-like)的活动	
结构	清晰的教学结构和教学材料	
价值	真实的任务	提高成就
	转化到日常生活中	

(三)自然实验法的评价

从上述研究中,我们可以看到学业情绪的自然实验兼备了观察法和实验室实验法的优点。它把实验研究和教育教学活动密切结合起来了,能够反映个体学业情绪发展、变化的真实情况,能够从不同情绪种类的被试样本中获得资料,从而获得更为广泛、可靠和真实的结论。但在学业情绪的自然实验中被试的选择、分配有时并非随机进行,往往以班级、小组、群体或个体为研究对象,这在某种程度上使学业情绪的研究控制显得不够严格。然而,学业情绪的自然实验越来越受到人们的重视和欢迎却是事实。究其原因,主要是因为自然实验把心理研究和教育实践研究结合起来,使其研究结果可以直接为教育实践服务。实际上,这种自然实验的教育研究已成为国际心理科学与教育科学研究的一种新趋势。

第三节 学业情绪的认知神经科学研究方法

近年来,随着脑认知成像技术的发展,使得心理学研究者能够应用这些技术去进一步揭示心理过程的生理机制,将心理学推向更深入的研究。特别是研究者对脑功能成像技术在认知过程、情绪过程中的应用产生了浓厚的兴趣,将它们迅速应用到认知神经科学以及心理学的各个领域中,并取得了许多突破性成果,促进了这些领域研究的深入化进程[①]。由于这些新技术和新方法的发展,在学业情绪领域中,一些古老的研究主题,比如第二言语焦虑的研究又重新引起了研究者的注意。

一、情绪研究的认知神经科学方法

虽然情绪研究近年来吸引了众多学者的兴趣,但是它的复杂性也给研究者造成了很多困难。然而,随着认知神经科学方法在情绪研究中的运用,使这一领域的研究得到了前所未有的突破和发展。

(一) 功能性核磁共振技术(fMRI)

fMRI 是以脑部神经活动产生的局部血流量变化为基础的造影技术,可以用以观察进行认知作业时活化的脑部区域。运用这一技术进行心理学实验,最明显的目的是为了将脑的结构与其功能联系起来。我们知道脑的许多功能都是定位于大脑的神经组织结构之中的,基于此,研究者开始试图成像出那些参与到不同脑结构激活中的基本过程。对于不同脑结构功能的详细成像可以为

---

① 郭秀艳. 实验心理学[M]. 北京:人民教育出版社,2004:604.

我们提供关于基本心理过程的可靠证据,同时也可以帮助我们分离不同的心理过程[1]。由于 fMRI 技术具有高空间分辨率的特点,这一技术也被情绪的脑机制研究广泛采用。

2002 年有学者采用元分析的方法总结了 fMRI 和 PET(正电子断层扫描技术)在情绪生理解剖学方面的应用[2]。他们回顾了 55 项 PET 和 fMRI 情绪的研究,分析了 20 个不重叠的脑区,并且每个脑区有相应的情绪(有积极和消极的情绪,也有高兴、恐惧、生气、难过、厌恶等具体情绪)和情绪诱发方法(视觉的,听觉的,回忆/想象)。在情绪任务中有的含有其他的认知任务,有的没有认知任务的要求。通过元分析,他们发现:(1)内侧前额叶皮层对情绪加工有一个总体的作用;(2)负责恐惧情绪的脑区主要在杏仁核区域;(3)难过与胼胝体下扣带回的活动相联系;(4)视觉刺激诱发的情绪会激活枕叶皮层和杏仁核;(5)情绪回忆/想象的诱发会激活前扣带回和脑岛;(6)带有认知要求的情绪任务也会激活前扣带回和脑岛。虽然采用 fMRI 技术已经探明了某些情绪的特定脑区,但是对于情绪的生理机制及其与认知的关系还有很多问题亟待澄清,因此,目前借用 fMRI 技术对情绪开展研究依然是认知神经科学领域中的一个研究热点。

(二)事件相关电位(ERP)

ERP 是指凡是外加一种特定的刺激,作用于感觉系统或脑的某一部位,在给予刺激或撤销刺激时,在脑区所引起的电位变化。目前这一技术在心理学及相关领域得到了广泛的应用。由于行为手段研究情绪的某些问题存在局限性,如对于情绪负性偏向的行为研究就不能明确负性情绪的这种作用发生在信息

---

[1] 郭秀艳.实验心理学[M].北京:人民教育出版社,2004:605.

[2] K L Phan, T Wager, S F Taylor, I Liberzon. Functional Neuroanatomy of emotion: A Meta—Analysis of Emotion Activation Studies in PET and Fmri[J]. NeuroImage, 2002, 16(2): 331—348.

加工的什么时间,什么样的心理过程导致了这种差异。而 ERP 因其高时间分辨率,对情绪加工的时间定位具有独特的优势。因此,ERP 技术目前普遍被认为是研究情绪问题的一种有效手段。ERP 情绪研究的实验对象包括正常被试以及心境障碍的病人。ERP 的情绪研究内容主要集中在情绪与注意[1]、情绪与记忆[2]、情绪与决策[3]以及情绪的单侧化等领域中。

情绪研究的 ERP 实验要求同质刺激的多次重复,因此对刺激材料的标准化提出了更高的要求。目前情绪研究的 ERP 实验主要从视、听两个通道给予刺激。在视觉材料中,情绪性面孔是最为常用的刺激形式。美国国立心理健康研究所(NIMH)情绪与注意研究中心从情绪分类的维度观出发编制了情绪图片、词汇和声音的情绪刺激系统,得到了较为广泛的认同和应用(Lang, et al, 2001)。我国学者黄宇霞、罗跃嘉检验了国际情绪图片系统(IAPS)在中国被试中的适用情况。结果发现,IAPS 具有较好的国际通用性,但由于文化、个性等因素,使用前仍需要修订以更好的适用于研究对象。此外,其图片数据库也有待进一步完善[4]。

ERP 技术在概念上被划分为一些不同的成分,每一成分可以反映一定的信息加工过程[5]。比如,P1 被认为是时间上最早的与注意有关的 ERP 成分,如果发现它受到情绪影响,那么情绪刺激辨别时间可以定位到刺激呈现后约

---

[1] E K Pérez, N A Fox. Individual differences in children's performance during an emotional Stroop task: A behavioral and electrophysiological study[J]. Brain and Cognition, 2003(52): 33—51.

[2] J M Leppanen. Emotional information processing in mood disorders: a review of behavioral and neuroimaging Indings[J]. Current Opinion in Psychiatry, 2006, 19: 34—39.

[3] 索涛,冯廷勇,贾世伟,李红. 决策失利后情绪的接近性效应与 ERP 证据[J]. 中国科学 C 辑: 生命科学, 2009, 39(6): 611—620.

[4] 黄宇霞,罗跃嘉. 国际情绪图片系统在中国的试用研究[J]. 中国心理卫生杂志, 2004, 18(9): 631—634.

[5] 黄宇霞. 情绪加工负性偏向的事件相关点位研究[D]. 中国科学院心理研究所,博士论文, 2005: 7.

100ms,说明此时的情绪带有相当的自动化色彩;P3 或 LPC 被认为与分析评价过程有关,它们的变化将表明刺激的情绪加工不仅发生在注意知觉选择阶段,也有评价过程参与。而 LRP(单侧化准备电位)可以将整个行为反应时划分为对刺激的心理加工阶段和获得按键所需信息后的反应组织准备阶段,从而可以观察情绪加工的启动效应。可见,脑电技术在情绪研究中的应用可以使我们更好地理解情绪的自动加工与控制加工问题以及探讨情绪控制性加工中的一些信息加工过程。

二、学业情绪的认知神经科学研究

学业情绪研究是近年来才刚刚兴起的一个领域,目前很多研究还处于行为层面,对于学业情绪的认知神经科学研究并不是太多,就连学业情绪的提出者帕克让等人也没有开展过这方面的研究。在学业情绪领域中对于焦虑情绪的研究最为成熟,而有关学业情绪的认知神经科学的研究主要是围绕第二语言焦虑这一问题展开的。在这里,我们介绍我国学者刘聪慧开展的有关第二语言焦虑的认知神经科学研究[①]。

(一)第二语言焦虑的认知神经科学研究

第二语言是人类交流思想的一个重要工具。目前,世界上几乎每个人都要学习第二语言,但是在学习第二语言的过程中经常会遇到很多阻碍,其中第二语言焦虑就是阻碍学习者熟练掌握第二语言的主要障碍之一,研究第二语言焦虑不仅可以更为深入的了解第二语言焦虑的本质,为解除第二语言焦虑、顺利掌握第二语言提供理论上的支持,同时还可以为修正和扩展目前的言语产生模

---

① 刘聪慧.外语学习焦虑影响第二语言产生的认知神经机制研究[D].北京师范大学,2006:1—2.

型提供数据支持。刘聪慧通过四个实验(两个行为实验,两个 fMRI 实验)考察了第二语言焦虑的行为表现、内部脑机制以及第二语言影响言语产生过程的神经机制。在前两项实验中,他考察了高低第二语言焦虑者在英语名词命名时行为、脑机制的差异,结果发现高焦虑组被试在英文任务中焦虑程度更高,在腹侧前扣带皮层的去激活更高,而且焦虑分数和去激活之间存在显著的线性相关,焦虑程度越高去激活越强。另外,高焦虑组被试在左颞上回和中央前回的激活比低焦虑组更高,可能表明高焦虑组被试需要更多语言产生相关脑区的参与,在相关分析中发现腹侧前扣带皮层的去激活和这两个脑区之间存在显著的相关,腹侧扣带回的去激活越高,左侧颞上回和中央前回的激活越强。第二语言焦虑是否是特异性的呢?为了探究这一问题,他在研究中还考察了汉语名词命名任务中两组被试在行为和脑功能方面的差异,结果发现:两组被试在完成汉语名词命名任务中,既没有在焦虑程度方面发现组间差异,也没有在焦虑程度和脑区以及脑区之间发现显著的相关。这些结果都说明了第二语言焦虑是一种第二语言特异性的焦虑类型。在后两项研究中,刘聪慧采用英语动词产生任务考察了第二语言焦虑是否影响言语产生过程中的语义搜索、语义选择过程。结果发现两组被试在英文动词产生任务中行为、脑机制都存在组间差异,高焦虑被试在完成英语动词任务时焦虑程度更高,在腹侧纹状体区域的激活更弱,而且这一区域的活动和焦虑程度表现出相关。这一结果表明,低焦虑组在完成动词产生任务更能够获得一种成就感,而高焦虑组没有形成这种奖励机制。高焦虑组被试在左侧颞上回、右侧额上回、右侧额中回和右侧楔叶激活更强,反映了高焦虑组被试在完成英语动词产生任务中不仅需要言语产生相关脑区更多的参与,还需要更多的注意相关脑区的活动。最重要的是在相关分析中发现腹侧纹状体和这些脑区之间存在显著的负性相关,说明情绪相关的脑区和言语产生脑区之间可能存在相互影响。这些行为和脑区的组间差异在汉语动词产生任务中没有发现,而且焦虑程度和脑区、脑区和脑区之间的关系没有达到显著水平,又一次说明了第二语言焦虑的特异性。

(二)认知神经科学研究方法的评价

近年来,情绪与脑认知神经科学研究逐渐出现交融的趋势,在情绪研究中大量采用了现代化的脑成像技术和生理测量技术,这些非侵入性的技术促进了情绪的深入研究。如前所述,学业情绪的认知神经科学研究目前还不为多见。但是,第二语言焦虑的 fMRI 研究为我们采用认知神经科学研究方法开展学业情绪研究提供了很好的思路。首先,采用认知神经科学研究方法开展学业情绪的相关研究可以帮助我们确认学业情绪是否是一种特异性的情绪。其次,开展学业情绪的认知神经科学研究,可以帮助我们认识和了解学业情绪的脑机制以及学业情绪的发生过程。这可以为对学业情绪不良被试进行干预提供理论基础。可以看出,现有学业情绪认知神经科学的研究已经初步显示了这些技术方法在开展学业情绪领域研究的优越性,我们有理由相信在未来会有更多的学者采用这些技术开展学业情绪的相应研究。

第四节 我国青少年学业情绪问卷的编制[①]

学业情绪是近年来研究者提出的一个概念,目前针对青少年学业情绪所开发的测评工具还不是很多。除了焦虑以外,以往对学业情绪的研究使用的多是一般情绪测验,但是这些测验有时并不适合于学业领域的研究(Pekrun,

---

① 董妍. 学习不良青少年学业情绪研究[D]. 中科院心理研究所,2006:25—37.

2002),排除学业领域的一般情绪测验其实很少能够预测学业成就。例如,很多研究都已经证明,一般特质焦虑与测验焦虑相比,与学生的成绩相关更低一些(Hembree,1988)。另外,一些学业情绪的测量工具仅是考察学业中的消极情绪。例如,克利福特(Clifford,1988)编制的 SFT (The School Failure Tolerance Scale)问卷中的消极情感(Negative Affect)分量表涉及了学业中的一些消极情绪的测评。现有的测量学业情绪的研究工具中,最为全面的可能是帕克让(2002)等人编制的学业情绪问卷,但是该问卷由于文化等多种原因,目前也没有得到全面应用。

本研究拟编制一个青少年学业情绪问卷并对其进行标准化,以便为青少年学业情绪的测评提供全面有效的工具。根据愉悦度与唤醒度进行划分,学业情绪相应的可以分为四类:积极高唤醒学业情绪、积极低唤醒学业情绪、消极高唤醒学业情绪、消极低唤醒学业情绪。因此,本研究编制的青少年学业情绪问卷分为四个分问卷,即积极高唤醒学业情绪问卷、积极低唤醒学业情绪问卷、消极高唤醒学业情绪问卷、消极低唤醒学业情绪问卷。

一、青少年学业情绪问卷的项目来源

(一)青少年学业情绪问卷的结构

为了解我们设想的青少年学业情绪问卷的理论构想与实际情况的适宜性,本研究首先对 9 名中学生进行了访谈(详见附录一)。其次分析了 39 名高中学生的作文《记忆深刻的一次学习体验》。通过访谈、对学生作文的分析以及文献,归纳出学业情绪有:高兴(快乐)、厌倦(厌烦)、无助、生气、难过、满意、憎恨、羡慕、痛苦、沮丧等。在此基础上,又结合文献编制了半开放式问卷(详见附录二),以进一步了解学生的各种学业情绪有哪些具体表现。半开放式问卷的调查结果如表 3-2 所示。

可以看出,正如帕克让等人所指出的那样,学业情绪几乎包括了所有的情绪种类。按照愉悦度与唤醒度的定义,根据半开放式问卷的调查,选取超过 40% 人数的具体情绪,并根据罗素(Mayne, et al., 2001)的情绪环状结构理论以及帕克让(2002)等人研究中对愉悦度与唤醒度的界定,我们认为积极高唤醒学业情绪分问卷可能包含的具体情绪有快乐、高兴、愉快、自豪、羡慕、希望等;积极低唤醒学业情绪分问卷可能包含的具体情绪有放松、满意、平静等;消极高唤醒学业情绪可能包含的具体情绪有生气、焦虑、羞愧等;消极低唤醒学业情绪可能包含的具体情绪有厌倦、无助、沮丧、难过等。另外,本研究根据半开放式问卷了解到了各种具体学业情绪的具体表现,得到了编制问卷的基础信息,结合文献进行问卷的初步编制。

表 3-2 青少年学业情绪的种类

情绪	人数	百分比	情绪	人数	百分比
嫉妒	195	39.3	厌倦	429	86.5
憎恨	91	18.3	快乐	462	93.1
痛苦	161	32.5	自豪	401	80.8
愉快	232	46.8	希望	276	55.6
感激	154	31	放松	410	82.8
羡慕	306	61.7	焦虑	453	91.3
轻视	97	19.6	无助	334	67.3
厌恶	151	30.5	羞愧	344	69.4
沮丧	253	51	生气	401	80.8
惊奇	173	34.9	满意	240	48.4
兴奋	253	51	其他	25	5
难过	310	62.5			

(二)青少年学业情绪问卷的项目形成

问卷项目的搜集和编写工作主要通过两种途径进行。一是文献回顾。检索国内外相关文献,收集国内外相关研究中与学业或学习有关的情绪问卷,主要参考问卷为文献综述中所列各类问卷的部分项目。这些问卷包括:SFT(The School Failure Tolerance Scale, Clifford, 1988)中的 Negative Affect 分量表;MSAI(Multidimensional school anger inventory, Smith, 1998)等;二是访谈和半开放性问卷调查。初步编制的四个分问卷的基本情况如下:积极高唤醒学业情绪分问卷 24 个项目;积极低唤醒学业情绪分问卷 16 个项目;消极高唤醒学业情绪分问卷 27 个项目;消极低唤醒学业情绪分问卷 37 个项目。问卷计分为 5 点量表形式,从完全不符合到完全符合,依次记 1~5 分。

二、青少年学业情绪问卷的编制方法

(一)研究对象

问卷编制与修订中先后进行三次取样测试,被试是来自浙江省杭州市萧山区、山东省烟台市、辽宁省鞍山市的普通初中和高中学生。被试群体一用于半开放式问卷的调查,被试的基本情况见表 3-3。被试群体二用于项目分析与探索性因素分析,被试的基本情况见表 3-4。被试群体三用于验证性因素分析,被试的基本情况见表 3-5。

表 3-3 被试群体一的基本情况 (n=496)

年级	年龄	男生	女生	总人数
初一	13.41±0.41	47	45	92
初二	14.43±1.00	71	55	126
初三	15.30±0.38	32	28	60
高一	16.37±1.07	52	53	105
高二	17.53±0.37	54	59	113
合计	15.36±1.64	256	240	496

表 3-4 被试群体二的基本情况 (n=346)

年级	年龄	男生	女生	总人数
初一	13.01±0.44	41	39	80
初二	14.12±0.63	36	42	78
初三	15.09±0.33	20	21	41
高一	16.79±1.13	36	38	74
高二	18.14±0.91	42	31	73
合计	15.56±2.05	175	171	346

表 3-5 被试群体三的基本情况 (n=889)

年级	年龄	男生	女生	总人数
初一	12.58±0.60	81	79	160
初二	13.70±0.45	78	68	146
初三	14.54±0.83	70	54	124
高一	15.65±0.63	76	84	160
高二	16.63±1.02	74	81	155
高三	17.65±1.09	76	68	144
合计	15.01±1.89	455	434	889

(二)研究程序

首先,根据确立的学业情绪问卷的理论构想,编制104个题目的问卷,以被试群体二为样本进行各个分问卷的项目分析和探索性因素分析,删减调整题目,形成正式的青少年学业情绪问卷。其次,对被试群体三施测青少年学业情绪正式问卷,用测查到的数据对问卷理论构想进行验证性因素分析,考察问卷的信效度指标。学生数据收集均以班级为单位进行集体施测。整个测验用时大约为30分钟,间隔2个月后又对部分学生进行了重测,以获取重测信度。

(三)材料与工具

(1)自编青少年学业情绪访谈提纲(附录一)

(2)自编青少年学业情绪半开放式问卷(附录二)

(3)自编青少年学业情绪问卷(附录三)

(4)正性负性情绪量表。采用陈文峰等(2004)以沃森(Watson,1988)等编制的PANAS量表原版基础修订的正性负性情绪量表。

(四)统计方法

主要运用SPSS11.5对数据进行项目分析、探索性因素分析和相关分析,运用Lisrel8.53进行验证性因素分析。

三、青少年学业情绪问卷的探索性因素分析

在探索性因素分析前,我们先对青少年学业情绪问卷进行了项目分析。以各个分问卷总分最高的27%和最低的27%作为高分组与低分组界限,求出两组被试每题得分的平均数差异,将没有达到显著水平的题目剔除。计算每个题目与总分之间的相关,将相关较低($R<0.3$)的题目剔除。项目分析后保留101个题目。其中,积极高唤醒学业情绪分问卷24个项目;积极低唤醒学业情绪分

问卷 16 个项目;消极高唤醒学业情绪分问卷 24 个项目;消极低唤醒学业情绪分问卷 37 个项目。

(一)积极高唤醒学业情绪分问卷的探索性因素分析

在积极高唤醒学业情绪分问卷中,对施测的 24 个题目进行球形 Bartlett 检验,结果显著($\chi^2=2747.38$,$p<0.001$,并且 KMO=0.887,表示适合进行因素分析。采用主成分分析法对问卷进行初步分析,发现特征值大于 1 的因素有 4 个,可解释项目总变异的 43.83%。通过观察碎石图发现,前三个因素的特征值有一个陡降,从第四个因素开始特征值分布变得比较平缓,每个因素对累积的解释总变异的百分比增加很少,分别抽取 3、4 个因子数进行结果比较,发现 3 因子量表的结构比较合理,故决定抽取 3 个因子。接着,将由这 3 个因子决定的负荷低于 0.4 的 8 个项目去掉,对剩余的 16 个项目再次进行因素分析,发现三个因子的特征根均大于 1,可解释的方差累积贡献率为 49.29%,进行极大方差旋转,旋转后的各项目负荷均在 0.47 以上,具体数值见表 3-6 与表 3-7。根据探索性因素分析的结果可以将积极高唤醒学业情绪分问卷分为三个维度,根据每个维度所包含的项目可对其命名如下:

因子一:自豪,包含 5 个项目;

因子二:高兴,包含 7 个项目;

因子三:希望,包含 4 个项目。

表 3-6 积极高唤醒学业情绪分问卷的特征根、方差贡献率和累积方差贡献率

	特征根	方差贡献率(%)	累积方差贡献率(%)
因子一	4.61	28.80	28.80
因子二	1.98	12.37	41.17
因子三	1.30	8.11	49.29

表3-7 积极高唤醒学业情绪分问卷的旋转因子负荷矩阵

因子一		因子二		因子三	
项目	负荷	项目	负荷	项目	负荷
T64	0.794	T77	0.712	T6	0.758
T55	0.783	T72	0.652	T24	0.716
T7	0.749	T82	0.649	T59	0.600
T100	0.654	T83	0.515	T58	0.493
T32	0.653	T81	0.498		
		T68	0.489		
		T41	0.486		

(二)积极低唤醒学业情绪分问卷探索性因素分析

在积极低唤醒学业情绪分问卷中,对施测的16个题目进行球形Bartlett检验,结果显著($\chi^2=937.12, p<0.001$),并且KMO=0.786,表示适合进行因素分析。采用主成分分析法对问卷进行初步分析,发现特征值大于1的因素有4个,可解释项目总变异的48.91%。但进行方差极大旋转后发现,第4个因子只有1个项目,故决定抽取3个因子。接着,将由这3个因子决定的负荷低于0.4的6个项目去掉,对剩余的10个项目再次进行因素分析,发现3个因子的特征根均大于1,可解释的方差累积贡献率为49.92%,进行极大方差旋转,旋转后的各项目负荷均在0.49以上,具体数值见表3-8与表3-9。根据探索性因素分析的结果可以将积极低唤醒学业情绪分问卷分为三个维度,根据每个维度所包含的项目可对其命名如下:

因子一:满足,包含4个项目;

因子二:平静,包含3个项目;

因子三:放松,包含3个项目。

表 3-8　积极低唤醒学业情绪分问卷的特征根、方差贡献率和累积方差贡献率

	特征根	方差贡献率(%)	累积方差贡献率(%)
因子一	2.592	19.033	19.033
因子二	1.282	16.646	35.679
因子三	1.119	14.244	49.923

表 3-9　积极低唤醒学业情绪分问卷的旋转因子负荷矩阵

因子一		因子二		因子三	
项目	负荷	项目	负荷	项目	负荷
T20	0.703	T56	0.748	T84	0.798
T76	0.692	T4	0.678	T96	0.707
T89	0.646	T17	0.668	T86	0.491
T98	0.641				

(三)消极高唤醒学业情绪分问卷探索性因素分析

在消极高唤醒学业情绪分问卷中,对施测的 24 个题目进行球形 Bartlett 检验,结果显著($\chi^2=1888.97$, $p<0.001$),并且 KMO=0.871,表示适合进行因素分析。采用主成分分析法对问卷进行初步分析,发现特征值大于 1 的因素有 4 个,可解释项目总变异的 48.83%。观察碎石图可见,前三个因素的特征值有一个陡降,从第四个因素开始特征值分布变得比较平缓,每个因素对累积的解释总变异的百分比增加很少,分别抽取 3、4、5 因子数进行结果比较,发现三因子量表的结构比较合理,故决定抽取 3 个因子。接着,将由这 3 个因子决定的负荷低于 0.4 的 7 个项目去掉,对剩余的 17 个项目再次进行因素分析,发现三个因子的特征根均大于 1,可解释的方差累积贡献率为 43.81%,进行极大方差旋转,旋转后的各项目负荷均在 0.41 以上,具体数值见表 3-10 与表 3-

11. 根据探索性因素分析的结果可以将消极高唤醒学业情绪分问卷分为三个维度,根据每个维度所包含的项目可对其命名如下:

因子一:焦虑,包含 7 个项目;

因子二:羞愧,包含 5 个项目;

因子三:生气,包含 5 个项目。

表 3-10 消极高唤醒学业情绪分问卷的特征根、方差贡献率和累积方差贡献率

	特征根	方差贡献率(%)	累积方差贡献率(%)
因子一	4.481	17.331	17.331
因子二	1.728	13.811	31.142
因子三	1.238	12.664	43.807

表 3-11 消极高唤醒学业情绪分问卷的旋转因子负荷矩阵

因子一		因子二		因子三	
项目	负荷	项目	负荷	项目	负荷
T45	0.696	T25	0.701	T14	0.715
T21	0.680	T101	0.638	T13	0.662
T62	0.645	T69	0.612	T9	0.618
T35	0.605	T88	0.609	T28	0.557
T44	0.588	T49	0.498	T78	0.409
T2	0.490				
T97	0.413				

(四)消极低唤醒学业情绪分问卷探索性因素分析

在消极低唤醒学业情绪分问卷中,对施测的 37 个题目进行球形 Bartlett 检验,结果显著($\chi^2 = 3620.57$,$p < 0.001$),并且 KMO=0.934,表示适合进行

因素分析。采用主成分分析法对问卷进行初步分析,发现特征值大于 1 的因素有 4 个,可解释项目总变异的 51.33%。接着,依次将由这 4 个因子决定的负荷低于 0.4 的 12 个项目去掉,对剩余的 25 个项目再次进行因素分析,发现 4 个因子的特征根均大于 1,可解释的方差累积贡献率为 53.54%,进行极大方差旋转,旋转后的各项目负荷均在 0.45 以上,具体数值见表 3-12 与表 3-13。根据探索性因素分析的结果可以将消极低唤醒学业情绪分问卷分为四个维度,根据每个维度所包含的项目可对其命名如下:

因子一:厌倦,包含 11 个项目;

因子二:无助,包含 5 个项目;

因子三:沮丧,包含 5 个项目;

因子四:疲乏—心烦,包含 4 个项目。

表 3-12 消极低唤醒学业情绪分问卷的特征根、方差贡献率和累积方差贡献率

	特征根	方差贡献率(%)	累积方差贡献率(%)
因子一	8.530	21.651	21.651
因子二	2.451	11.144	32.795
因子三	1.273	10.844	43.639
因子四	1.131	9.896	53.530

表 3-13 消极低唤醒学业情绪分问卷的旋转因子负荷矩阵

因子一		因子二		因子三		因子四	
项目	负荷	项目	负荷	项目	负荷	项目	负荷
T47	0.773	T74	0.659	T73	0.788	T94	0.699
T60	0.722	T57	0.632	T19	0.726	T65	0.652
T23	0.712	T48	0.604	T31	0.684	T99	0.607

(续表)

因子一		因子二		因子三		因子四	
项目	负荷	项目	负荷	项目	负荷	项目	负荷
T92	0.666	T70	0.574	T53	0.626	T85	0.550
T15	0.663	T80	0.574	T43	0.558		
T16	0.627						
T30	0.620						
T103	0.620						
T54	0.561						
T37	0.519						
T1	0.452						

四、青少年学业情绪问卷的验证性因素分析

经过探索性因素分析，剩余78个项目，根据与学生交流访谈反馈的信息，增加了6个项目，共84个项目，形成学业情绪的验证性因素分析用问卷，并进行验证性因素分析。

（一）积极高唤醒学业情绪分问卷的验证性因素分析结果

在探索性因素分析后，通过与学生的访谈，我们在积极高唤醒学业情绪分问卷中又加入了2道题目，1题为自豪维度的，1题为高兴维度的，这样进行验证性因素分析的积极高唤醒分问卷共18道题目，其中自豪5题，高兴9题，希望4题。首先采用极大似然估计，对构想三因素模型进行一阶验证性因素分析。从模型估计的结果中发现，73题具有小于0.3水平的负荷，同时，根据修正指数去掉交叉载荷较高的76题，对剩余的16个题目重新进行估计，得到最终模型，其拟合指数见表3-14，参数估计结果见表3-15，所有题目标准化载荷都达到0.3以上，并且达到显著水平。

表 3-14 积极高唤醒学业情绪验证性因素分析模型整体拟合指数

拟合指数	χ^2	df	χ^2/df	GFI	AGFI	SRMR	NNFI	CFI	IFI
修正前	695.29	132	5.27	0.92	0.90	0.059	0.91	0.93	0.93
修正后	441.11	101	4.37	0.94	0.92	0.056	0.93	0.94	0.94

表 3-15 积极高唤醒学业情绪因素标准化载荷估计结果

项目	自豪	项目	高兴	项目	希望
T12	0.33	T3	0.31	T9	0.33
T44	0.56	T20	0.51	T24	0.51
T56	0.37	T27	0.52	T26	0.64
T58	0.81	T36	0.55	T59	0.63
T72	0.74	T47	0.60		
		T57	0.39		
		T75	0.59		

(二)积极低唤醒学业情绪分问卷的验证性因素分析结果

在探索性因素分析后,通过与学生的访谈,我们在积极低唤醒学业情绪分问卷中又加入了4道题目,1题为满足维度的,1题为平静维度的,2题为放松维度的。这样进行验证性因素分析的积极低唤醒分问卷共14道题目,其中满足5题,平静4题,放松5题。首先采用极大似然估计,对构想三因素模型进行一阶验证性因素分析。得到最终模型,其拟合指数见表3-16,参数估计结果见表3-17,所有题目标准化载荷都达到0.3以上,并且达到显著水平。

表 3-16　积极低唤醒学业情绪验证性因素分析模型整体拟合指数

拟合指数	χ^2	df	χ^2/df	GFI	AGFI	SRMR	NNFI	CFI	IFI
数值	336.15	74	4.54	0.95	0.93	0.048	0.94	0.95	0.95

表 3-17　积极低唤醒学业情绪因素标准化载荷估计结果

项目	满足	项目	平静	项目	放松
T22	0.59	T41	0.56	T53	0.53
T23	0.59	T43	0.33	T68	0.64
T46	0.53	T45	0.47	T70	0.49
T8	0.37	T34	0.64	T51	0.74
T61	0.51			T52	0.57

(三) 消极高唤醒学业情绪分问卷的验证性因素分析结果

在探索性因素分析后,进行验证性因素分析的消极高唤醒分问卷共 17 道题目,其中焦虑 7 题,羞愧 5 题,生气 5 题。首先采用极大似然估计,对构想三因素模型进行一阶验证性因素分析。得到最终模型,其拟合指数见表 3-18,参数估计结果见表 3-19,所有题目标准化载荷都达到 0.3 以上,并且达到显著水平。

表 3-18　消极高唤醒学业情绪验证性因素分析模型整体拟合指数

拟合指数	χ^2	df	χ^2/df	GFI	AGFI	SRMR	NNFI	CFI	IFI
数值	456.80	116	3.94	0.94	0.92	0.049	0.95	0.96	0.96

表 3-19 消极高唤醒学业情绪因素标准化载荷估计结果

项目	焦虑	项目	羞愧	项目	生气
T5	0.49	T6	0.49	T2	0.52
T14	0.58	T15	0.61	T13	0.49
T16	0.59	T37	0.38	T18	0.40
T35	0.44	T55	0.65	T48	0.47
T40	0.68	T71	0.47	T54	0.36
T74	0.58				
T30	0.68				

(四) 消极低唤醒学业情绪分问卷的验证性因素分析结果

在探索性因素分析后,进行验证性因素分析的消极低唤醒分问卷共 25 道题目,其中厌倦 11 题,无助 5 题,沮丧 5 题,疲乏—心烦 4 题。首先采用极大似然估计,对构想四因素模型进行一阶验证性因素分析。得到最终模型,其拟合指数见表 3-20,参数估计结果见表 3-21,所有题目标准化载荷都达到 0.3 以上,并且达到显著水平。

表 3-20 消极低唤醒学业情绪验证性因素分析模型整体拟合指数

拟合指数	χ^2	df	χ^2/df	GFI	AGFI	SRMR	NNFI	CFI	IFI
数值	1129.82	269	4.20	0.91	0.89	0.059	0.97	0.97	0.97

表 3-21 消极低唤醒学业情绪因素标准化载荷估计结果

项目	厌倦	项目	无助	项目	沮丧	项目	心烦
T4	0.66	T7	0.55	T11	0.62	T29	0.63
T17	0.65	T10	0.62	T21	0.53	T78	0.38
T33	0.64	T50	0.56	T28	0.40	T42	0.69

(续表)

项目	厌倦	项目	无助	项目	沮丧	项目	心烦
T38	0.73	T62	0.67	T32	0.69	T25	0.74
T49	0.54	T69	0.69	T60	0.45		
T64	0.47						
T65	0.77						
T67	0.77						
T77	0.72						
T63	0.73						
T19	0.61						

五、青少年学业情绪问卷的信度与效度

(一)信度分析

学业情绪四个分问卷的克隆巴赫(Cronbach α)一致性系数分别为:0.785;0.815;0.833;0.915。分半信度分别为:0.71;0.78;0.79;0.82。两个月后的重测信度分别为:0.732;0.851;0.708;0.715,相关显著性均达到0.01水平。

2. 各个学业情绪分问卷各维度间、维度与总分之间的相关

各分问卷各维度间、维度与总分之间的相关如表3-22、3-23、3-24、3-25所示(PH表示积极高唤醒学业情绪;PL表示积极低唤醒学业情绪;NH表示消极高唤醒学业情绪;NL表示消极低唤醒学业情绪,以下同)。

表 3-22　PH 分问卷维度与维度、总分之间的相关

	自豪	高兴	希望	总分
自豪	1			
高兴	0.327	1		
希望	0.203	0.631	1	
总分	0.722	0.852	0.716	1

表 3-23　PL 分问卷维度与维度、总分之间的相关

	满足	平静	放松	总分
满足	1			
平静	0.408	1		
放松	0.552	0.484	1	
总分	0.810	0.746	0.866	1

表 3-24　NH 分问卷维度与维度、总分之间的相关

	焦虑	羞愧	生气	总分
焦虑	1			
羞愧	0.559	1		
生气	0.555	0.374	1	
总分	0.901	0.773	0.764	1

表 3-25 NL 分问卷维度与维度、总分之间的相关

	厌倦	无助	沮丧	心烦	总分
厌倦	1				
无助	0.675	1			
沮丧	0.344	0.541	1		
心烦	0.646	0.611	0.471	1	
总分	0.899	0.853	0.651	0.808	1

以上结果表明,各个分问卷中维度与维度之间有中等程度的相关,在 0.203～0.675 之间;各个维度与分问卷的总分之间有较高的相关,在 0.651～0.901 之间。表明不同分维度所测的内容既有共同之处,又相对独立地测查了学业情绪的不同方面。

(二)效度分析

由于缺乏同类学业情绪的测评工具,我们使用了以 Watson 等(1988)编制的 PANAS 量表原版基础修订的正性负性情绪量表,作为指标考察青少年学业情绪问卷的效度。结果发现,积极学业情绪与正性情绪呈显著正相关,与负性情绪呈显著负相关;消极学业情绪与正性情绪呈显著负相关,与负性情绪呈显著正相关,说明问卷具有较好的效标关联效度。

表 3-26 学业情绪与正性、负性情绪的相关

	PH	PL	NH	NL
正性情绪	0.364***	0.438***	−0.150**	−0.373***
负性情绪	−0.029	−0.317	0.455**	0.406**

a. ** $p<0.01$ b. *** $p<0.001$

六、青少年学业情绪问卷的维度与测量学指标分析

(一)学业情绪的维度结构

关于情绪的种类与维度一直是争论的热点问题,但是从学术的观点来看,采用自我报告的情绪测评方式中,已经发现情绪最好是按照两个维度进行分类,一个是唤醒度水平(arousal),可分为高、低两个水平;一个是愉悦度(hedonic value),可分为积极效价和消极效价。弗里德曼和罗素提出的情绪环结构就是按照这两个维度来进行构架的(Mayne, et al., 2001)。这种维度划分被许多情绪研究所采用,并验证了这种理论的效度(Feldman & Russell, 1999)。与此相一致,根据对学业情绪的理解,在对学业情绪研究工具进行深入考察的基础上,我们认为学业情绪也可以按照愉悦度和唤醒度分为四类,即积极高唤醒学业情绪、积极低唤醒学业情绪、消极高唤醒学业情绪和消极低唤醒学业情绪。从本研究的结果来看,证明了这种学业情绪二维度结构的存在,并且每类情绪具有不同的具体情绪种类。积极高唤醒学业情绪主要有高兴、骄傲、希望等具体情绪种类;积极低唤醒学业情绪主要有放松、平静和满足等具体情绪种类;消极高唤醒学业情绪包括焦虑、愤怒、羞愧等具体情绪种类;消极低唤醒学业情绪包括厌倦、无助、沮丧、疲乏－心烦等具体情绪种类,其中疲乏－心烦是指学业情绪的生理表现。可见,学业情绪包括了很多具体的情绪种类,这与帕克让(2002)等人的观点是一致的。他们认为学业情绪绝不仅仅是只包括焦虑等几种情绪,而是几乎包括了人类所有可能经历的情绪体验。这说明,青少年有丰富的学业情绪体验。

(二)青少年学业情绪问卷的测量学指标

在青少年学业情绪问卷的编制过程中,首先,我们从文献资料中设定青少

年学业情绪问卷的理论构建,然后又结合访谈和半开放式问卷的结果,确定了青少年学业情绪问卷。在项目来源上,不仅参考了同类研究的测量工具,而且也通过半开放式问卷收集了相关资料。这种理论与实际相结合的方式,使本问卷有很好的内容效度。通过探索性因素分析,对各个分量表进行了主成分分析,进一步确定了问卷的结构。然后我们根据交叉验证(cross-validation)的程序,重新取样,对青少年学业情绪问卷进行了验证性因素分析。通过检验,进一步验证了青少年学业情绪问卷的结构,同时,通过对个别题目的调整,确定了最终问卷。验证性因素分析结果表明,各个题目在各自潜变量上的负荷值都达到了显著水平,模型的拟合优度指数(GFI)、调整的拟合优度指数(AGFI)、近似误差方根(RMSEA)、标准拟合指数(NFI)、相对拟合指数(CFI)等都达到了可以接受的统计学标准。这说明数据拟合较好,各个分问卷均有较好的结构效度。另外,采用正性负性情绪量表检验了问卷的效标关联效度。结果也表明问卷的这一效度也很好。我们采用了Cronbach's alpha系数、分半信度与重测信度考察了各个分量表的信度情况。结果表明,各个分问卷的信度水平都达到可以接受的标准。这说明青少年学业情绪是一个信效度较好的测评工具。需要注意的是,本研究中取样为青少年,因此,该问卷的适用对象是青少年群体。跟其他学业情绪方面的问卷相比(如SFT中的Negative Affect),本问卷更全面、更具体,不仅可以考察青少年的消极学业情绪特点,还可以考察积极学业情绪特点。并且,本问卷各个分问卷还可以用来具体了解青少年具体学业情绪上有什么表现。

  本研究表明,《青少年学业情绪问卷》,具有较好的理论构想、良好的信效度指标,是研究青少年学业情绪问题的一个有效工具。

第四章 学业情绪影响认知过程的研究

情绪和认知之间存在密切联系已经得到了很多心理学研究者的关注。早期由于情绪问题的复杂性和特殊性,开展实证研究考察两者之间的关系颇为困难。近二十年来研究者针对情绪和认知开展了大量的实验研究,取得了一些引人注目的成果。首先,本章第一节根据最近的研究成果介绍情绪对认知的影响。学习不良儿童的注意问题很早就受到了很多研究者的关注。大量研究已经表明,注意缺陷也是学习不良儿童的特征之一(Richards et al., 1990; Taranowski, Prinz & Nay, 1986; Liach & Yehoshua, 2003; Einar & Kenneth, 2003; Sterr, 2004)。这些研究主要涉及选择性注意和持续性注意两个方面(Wong, 1998)。结果表明学习不良个体存在注意缺陷。与此同时,越来越多的研究证明,个体在学业成绩上的差异不能仅仅解释为一般能力的差异,而是认知、情感和动机变量交互作用的结果。从学习不良的定义来看,情绪困扰本身并不构成学习不良,然而,学习不良儿童情绪研究的丰富资料表明学习不良青少年存在较为严重的情绪和行为问题。由此可见,注意和情绪问题是学习不良青少年两个比较典型的心理问题。并且两者在学习和教学过程中的作用十分重要。情绪与注意的研究,多集中在情绪对情绪性材料的注意方面,有关情绪对非情绪性信息的注意的研究较少。而学习过程中多是非情绪性材料,情绪对学生加工这些非情绪性材料有什么样的影响,情绪是如何影响学生学习活动中的认知过程的,是否对学习不良青少年的注意有影响等问题就非常值得关注。因此,本章第二节和第三节主要考察学业情绪是否能够影响学习不良青少年的选择性注意和持续性注意。我们假设如果积极的学业情绪能够提高他们的注意能力,那么就可以考虑通过调动学习不良青少年自身积极情绪心理资源去改善他们的认知能力,从而提高他们的学业成绩,以进一步弥补和改善学习不良青少年与一般青少年之间的个体差异。

第一节 情绪对认知过程的影响

早期的研究将情绪看作认知的副现象,即把情绪归为其他心理活动的伴随现象、后现象或副产品,至于情绪本身有什么功能,情绪在整个认知过程中居什么地位、起什么作用均未涉及。随着对情绪与认知关系研究的逐渐深入,伊扎德(Izard)在探索情绪的性质时,从理论上推测情绪可作为一种独立的心理过程,在调节动机、认知和行为中起着重要作用[1]。鲍威尔(Bower,1992)也认为,情绪状态可能与动机、注意过程和其他认知过程有着复杂的关系。艾森(Isen,2000)则明确指出,快乐、兴趣、喜悦之类的中等强度积极情绪在促进思维、提高创造力、问题解决灵活性方面都具有促进作用,而悲哀、恐惧、愤怒之类的消极情绪会抑制或干扰认知操作活动,消极情绪的唤醒水平越高,操作效率越低。

---

[1] E Eich, J F Kihlstrom, G H Bower, et al. Cognition and emotion[M]. New York: Oxford University Press, 2000.

情绪与认知的研究可以分为两个方面,一方面是认知对情绪的影响,另一方面是情绪对认知的影响。本书重点介绍情绪对认知的影响。

目前,有关情绪对认知的影响的实验研究逐步增加,认知心理学家对该领域的研究兴趣也越来越浓。心理学家 Ellis(1999)总结出了如下几点原因:第一,人们发现情绪状态对认知过程的影响非常明显,而弄清这些影响是什么及这些影响是怎样产生的,这对于认知心理学家来说很重要。第二,对情绪状态进行引发和控制的技术有所发展,从而使情绪状态在研究中成为自变量。第三,越来越多的人认为,记忆与认知的理论必须解释情绪在认知中的作用,这样认知理论才完整。

一、情绪与推理和认知操作

情绪对思维影响的研究主要集中于推理及概念判断、事物分类、问题解决、决策等方面,目前大量关于情绪影响推理效果的探讨主要集中在认知因素范围内。正负情绪对推理影响的相关研究结果尚少,结论也不统一。如有些文献指出喜悦情绪在简单推理中起促进作用,在中等难度推理中起干扰作用,而悲伤情绪在任何难度任务中都起干扰作用,中等难度推理以中性情绪为佳。有研究表明(Jausovec,1998),正性情绪有助于完成类比推理,但对解决顿悟性问题没有多大促进作用。其他学者(Innes-Ker,2002)发现喜悦情绪会促进社会认知和事件推理,而悲伤情绪会干扰社会判断和事件。廖声立等(2004)探讨了三种情绪状态(喜悦、中性、悲伤)对13岁不同智力水平学生思维推理操作(简单、一般、复杂)的影响及相互关系。研究表明,在简单和中等难度推理中,喜悦情绪对优等、中等智力组的推理起更大的促进作用;在较高难度推理中,优等智力组会受喜悦情绪的干扰,悲伤对不同智力组都产生干扰作用。对优等智力组而言,情绪强度(由负到正的变化)与智能操作活动效果之间的关系符合耶克斯—道森定律,即优等智力组在完成较复杂推理中以中性情绪为最佳;中等智力组和中下等智力组的操作效果不符合该定律。

有研究表明,情绪能影响认知操作的效果,其影响效应取决于情绪的性质及强度。中等唤醒水平的愉快和兴趣情绪为认知活动提供最佳的情绪背景。愉快强度与操作效果曲线呈倒"U"型。过低或过高的愉快唤醒均不利于认知操作。这些研究结果符合不同唤醒水平的情绪对手工操作有不同效应的耶克斯—道森定律。而对消极情绪来说,痛苦、恐惧的强度与操作效果呈直线相关,情绪强度越大,操作效果越差。与痛苦、恐惧不同的是,由于愤怒情绪具有自信度较强的性质和指向于外的倾向,中等强度的愤怒一旦爆发出来,有可能组织个体倾向于面对任务,导致更好的操作效果(孟昭兰,1984,1988,2000)。这些研究结果补充了耶克斯—道森曲线。情绪对认知操作活动的影响,还反映在智能操作活动效果与任务强度相互作用上。耶克斯—道森定律认为操作困难的代数问题时的最佳状态,是情绪处于较低水平;操作难度适中的基本算术时的最佳状态,是情绪处于中等激动水平;操作简单反应时的最佳状态,则是处于较高的情绪激动水平。Ellis(1997)等人在一项选词组句任务中发现,当一个任务编码较大时,情绪干扰作用就会加大;在完成简单作业时,编码较少,不需要较大的努力,悲伤情绪对回忆成绩的影响会很小或无,随着任务的难度加大,悲伤情绪的影响作用也越大。

二、情绪与决策

近年来,情绪与决策的研究成为很多学者关注的一个新热点。其中,焦虑情绪影响决策的现象由于具有突出和普遍的现实意义,成为决策与情绪研究中的重点之一。研究发现,焦虑水平的提高会使决策者倾向于回避风险,做出保守的选择。近年来,国外研究者从不同角度分析了这一现象产生的原因,归纳出几种可能的因素包括认知资源因素、信息加工因素、概率偏向因素与情绪取向因素等[1]。我国学者高志强、马剑虹(2009)采用多轮群体两难投资决策任务,以大学生为被试,分析了情绪状态、结果反馈对决策行为中记忆效用的影响。结果发现:(1)情绪状态对个体的记忆效用具有显著影响,相对于中性情绪状态,消极情绪状态能够显著降低记忆效用,积极情绪状态不能显著提高记忆效用;(2)结果反馈对个体的记忆效用具有显著影响,相对于无结果反馈情境,消极结果反馈情境能够显著降低记忆效用,积极结果反馈情境不能显著提高记忆效用;(3)情绪状态和结果反馈的交互作用不显著。此外,也有学者考察了情绪在不同情境下对决策质量的影响。比如,情绪在危机情境下对决策质量的影响等[2]。

心理学界主要采用实验室情境实验法进行情绪与决策的研究[3]。为了提高实验的生态效度,心理学家们尽量把决策任务设置为与被试日常生活相关度高的,为被试所熟悉的任务。主要的研究范式可以概括为"诱发情绪——完成决策任务"。实验中,诱发情绪的材料主要是影片、阅读材料、音乐、催眠等;对所诱发情绪的有效性进行评估,则普遍采用被试自评情绪的方法,即实验前被试进行一次情绪自评,诱发情绪后或完成决策任务后再次进行情绪自评,然后对两次情绪进行统计检验;诱发的情绪主要有两种分类,一种是一般性地分为积极情绪和消极情绪,另一种是分为具体的某种情绪,如愉悦、后悔、悲伤等等;

---

[1] 古若雷,罗跃嘉. 焦虑情绪对决策的影响[J]. 心理科学进展,2008,16(4):518—523.
[2] 杨继平,郑建君. 情绪对危机决策质量的影响[J]. 心理学报,2009,41(6):481—491.
[3] 李爱梅,梁颖,田婕. 情绪与决策研究的心理学和经济学视角[J]. 经济问题探索,2009,7:87—92.

决策任务有风险决策、不确定情境下的决策、评估性判断等等。实验者主要观察在情绪的作用下,被试完成决策任务的加工方式、加工能力等。

对于情绪影响决策的原因有多种解释。一种解释是情绪、认知与决策三者之间,情绪的作用是通过一系列认知评估作为中介的。例如,梅拉士(Mellers, 1999)提出的主观预期愉悦理论假设某人需要在结果 A、B 和结果 C、D 的两个赌博间作出选择,个体首先要对两个赌博的总体情绪进行评估,在认知评估的基础上产生相应的情绪,从而影响决策。对情绪影响决策的另外一种解释是,认为情绪能够直接影响决策,而不需要认知评价的中介作用。如科洛尔和施瓦兹(Clore & Schwarz, 1994)的"情绪信息等价说"认为情绪可以作为一种信息线索直接影响判断。斯洛维克(Slovic, 2007)等人的情绪启发式也强调情绪直接对风险知觉和行为具有重要作用。

三、情绪与注意、记忆

(一)情绪与注意

一些情绪与注意的研究主要是源于情绪对认知成绩的影响机制的考察。情绪是如何影响认知成绩的,有两种主要观点:一种认为消极情绪通过减弱动机损害认知成绩;另一种观点是情绪通过注意过程影响认知成绩,并由此提出了情绪与注意的资源分配模型(resource—allocation model)。两种观点都得到了很多研究者的关注,并引起了很多争议。例如,埃利斯(1991)认为,抑郁和难过与注意资源有关,这两种消极情绪能够使注意分配给正在从事的认知活动更少的资源。为了证明这两个解释哪一个更加合理,1997 年埃利斯通过三个精巧的实验,考察了情绪对阅读中矛盾信息的识别情况。在他们的研究中,他们通过诱发情绪、指导语控制动机的方式,结果发现,虽然提高动机水平能够提高抑郁被试的认知成就,但是抑郁情绪对认知成绩的影响并没有因为动机水平的提高而得到完全弥补。由此,他们认为情绪对认知成就的影响不能仅仅认为是动机水平降低了,而是更符合情绪-注意的资源分配模型。此外,绝大多数关于心境对注意和知觉的研究都集中在焦虑和抑郁这两种情绪状态上。贝克的图式理论对这一领域的研究产生了显著影响(Eysenck,2000)。根据图式理论,在注意和知觉过程中,对图式一致信息的加工将得到促进。鲍威尔(1981)的网络理论也与此有密切联系(Dalgleish & Bower,1999)。根据网络理论,当相应的情绪结点被唤醒后,唤醒会扩散到所有相联系的结点。如果一个人很愉快,那么与愉快的个人经历相连的结点以及与快乐(happiness)类似的概念,如欢欣(euphoria)、喜悦(joy)、满意(contentment)等就会被唤醒。唤醒的扩散将促进与愉快相关的信息加工,提高完成任务的成绩。可见,这些较早的理论和范式重点解释了情绪与注意之间是如何相互作用的,两者存在怎样的关系。

近年来情绪与注意方面的研究者更加关注个体对情绪信息的知觉与注意,对此开展了大量的实证研究。综合以往研究,我国学者杨小冬和罗跃嘉(2004)总结了注意受情绪信息影响的实验范式[①]。目前,这方面的研究主要围绕着个体对负性情绪信息的注意增强和注意偏向展开的。比较有影响的实验范式主要有情绪 Stroop 范式、点探测范式、线索提示范式、情绪条件反射范式以及快速序列视觉呈现范式等。不同的实验范式考察了情绪信息加工对个体注意不同侧面的影响。

情绪 Stroop 实验通常向被试呈现不同颜色的词语(包括中性词和情绪词),要求他们忽视词语的语义,尽可能快地命名字词的墨色。研究表明,相对

---

① 杨小冬,罗跃嘉.注意受情绪信息影响的实验范式,心理科学进展,2004,12(6):833—841.

于正常被试而言,焦虑个体(包括焦虑病人和高焦虑个体)命名有威胁性含义词的墨色时间较中性词长。因此,研究者认为焦虑个体比正常个体更容易将注意投放至消极情绪信息,提出焦虑个体对负性情绪信息存在注意偏向。这一范式主要显示了情绪刺激信息的语义干扰效应较强。在与情绪信息有关的视觉点探测实验中,一种设计方法是两个词成对呈现在计算机屏幕上,两个词以上下位置排列。其中一个词是中性词,另一个词是消极情绪词。同时呈现约500ms,要求被试大声读出位于上方的词。词对消失时,一个探测点(星号)出现在其中一个词所在的位置,被试要尽快对探测点做出按键反应。点探测实验主要用于情绪障碍个体以及高焦虑特质个体,这一范式体现了情绪信息对注意资源空间分配的影响。有效提示范式的研究者基本上是以前人的研究为基础,用消极意义的和中性意义的情绪词作线索,探查情绪性线索对被试注意转移的影响。结果显示,词的情绪效价(负性、中性)和提示的有效性(有效、无效)间产生了显著的交互作用。这一范式主要考察了情绪信息对注意转移的影响。采用快速序列视觉呈现范式研究注意和情绪的关系,研究者主要基于快速序列呈现中特有的"注意瞬脱"现象。这一任务表明个体在注意资源有限时仍对情绪信息比较敏感。以上几种研究范式分别指向情绪信息对注意的干扰、对注意资源的空间分配和对注意资源的时间分配等问题。这些实验范式主要建立在经典的认知心理学实验范式基础上,有关个体对情绪信息加工特点的研究是近年来新兴的一个方向。

(二)情绪与记忆

在探讨情绪和记忆的关系时,人们常常思考情绪是怎样影响我们记忆的?哪些情绪会增强我们的记忆?哪些情绪又会削弱我们的记忆?早期对情绪与记忆的研究大多数集中在心境一致性效应(mood-congruent effects)和心境状态依存回忆(mood-state-dependent recall)的检验上。心境一致性是指当学习材料时,我们更容易记住那些与我们情绪状态一致的内容;心境状态依存回忆指当回忆的心境与学习时的心境匹配时,回忆效果最好(Eysenck,2000)。格雷(Gray,2001)指出,实际上许多情感因素,包括情绪状态、唤醒、心境、应激、特质情绪和情绪障碍能影响人类的操作和各种认知任务的完成。注意或认知资源模型预测,无论什么样的情绪状态都会占用认知资源,进而影响认知加工过程。但是,格雷认为,情绪状态对认知过程的影响并不都是一样的,而是具有选择效应(selective effects),即一些情绪增强认知过程,一些情绪阻碍认知过程。他们采用言语和视空工作记忆的two-back任务证实了这一点。他们发现,回避情绪状态(withdrawal emotion,例如anxious)提高了空间记忆成绩,接近情绪状态(approach emotion,例如amused)降低了空间记忆成绩;对于言语记忆则有相反的作用。对于那些错误多的被试来说,这种双分离现象更加明显。这个结果说明,接近-回避状态能够选择性的影响认知成分。他们支持并扩充了情绪-认知相互作用的理论。我国学者杜建政、高妍春(2008)通过音乐诱发情绪,并给予预警指导语的方式,检验了情绪对错误记忆的影响。结果发现积极情绪组较消极情绪组会产生更多的错误记忆,并且消极情绪组对各类词之间的辨别感受性均高于积极情绪组[1]。

情绪内容在长时记忆中的作用也有一些研究。最近,这方面的研究主要集中在事件的情绪内容是否能够影响我们对事件细节的记忆上[2]。肯辛尔(Kensinger)让被试学习包含中性物体(如气压计)和负性物体(如手榴弹)的两类图片,图片的学习时间有三种:250ms、500ms、1000ms。再认时,被试需要判

---

[1] 杜建政,高妍春. 情绪对错误记忆的影响[J]. 心理科学, 2008, 31(3): 571—574.
[2] 李雪冰,罗跃嘉. 情绪和记忆的相互作用[J]. 心理科学进展, 2007, 15(1): 3—7.

断图片是否"相同"、"相似"或"新的"。结果显示,被试能对负性图片比中性图片能更加准确地加以判断,并且当图片的学习时间足够长时,情绪内容对记忆的这种帮助就更为明显。就是说,一旦给予充分的加工时间,负性内容就能明显地提高对物体细节记忆的可能性。为了进一步探讨效价和唤醒度对记忆的作用,他们还采用 fMRI 和行为学方法,比较其效价和唤醒度,他们发现唤醒信息和非唤醒信息(两者效价相同)对于情绪记忆的增强效应有着截然不同的认知和神经基础。前者依赖于杏仁核－海马通路,后者依赖于前额皮层－海马通路,暗示了调控机制的参与。行为学研究也得出,在分心任务中,并存的任务降低了非唤醒词的记忆增强效应。然而对唤醒词的记忆增强是自动加工的,即使在编码资源被第二个任务所转移的情况下。对于情绪与长时记忆的研究,还有研究者调查了年龄在与情绪相关的自传体记忆中的作用。结果发现,在老年人和年轻人中,情绪对自传体记忆的影响是相似的,不同的是老年人倾向于采用更加积极的观点来重新评估负性情绪。在探讨情绪状态对记忆的影响时,考察情绪障碍特别是抑郁症的研究也很必要。这不仅有助于了解情绪障碍本身,同时又可以考察情绪与记忆相互作用的脑机制。现有研究发现,情绪障碍与情绪刺激的异常加工有关,并且这种异常加工会易化负性情绪的产生,促进情绪障碍者对抑郁事件的回忆。

除了情绪对长时记忆的影响受到关注之外,情绪与工作记忆研究也很受重视。情绪和工作记忆的典型研究方法是,先诱发被试产生某种情绪,然后再让被试完成工作记忆任务。研究发现,诱导的负性情绪对正常人的词语工作记忆和空间工作记忆的影响不同。来自于抑郁症患者的研究也证明了同样的结果。对参与情绪和记忆相互作用的脑结构的研究发现,杏仁核是情绪学习与记忆的重要脑结构,情绪对记忆的影响是通过两种方式在杏仁核上完成的。一是通过应激激素,当情绪唤醒时皮质醇等激素释放,作用于杏仁核;二是直接通过杏仁核和其他脑结构的联系,来改变这些脑结构的活动,特别是海马和前额皮层。有关情绪和记忆的研究发现情绪能够损害记忆成绩。但是有关情绪与记忆的相关研究很多都只涉及消极情绪,特别是对抑郁情绪的研究最多(Ellis,1997)。因此,正如凯尔斯壮(Kihlstrom,1989)所指出的那样,我们应该有效地检验兴高采烈(elation)和高兴(happy)对记忆的影响。虽然这一观点的提出已有十年,但是从目前的研究来看,积极情绪对记忆的研究依然很少。

从上述介绍中,我们可以看到随着情绪研究的逐步深入,越来越多的研究者认识到情绪在认知活动中的重要作用(Bower,1992)。目前,已经在情绪与记忆、情绪与决策等领域开展了大量研究。有关情绪的理论均认为,情绪具有通过集中注意和调整思维,对重要事件进行准备和维持反应的作用,并提供动机和生理能量,但是有关这方面的实证研究却很少。情绪与注意的研究,多集中在情绪对情绪性材料的注意方面,有关情绪对非情绪性信息的注意影响研究较少。分析这些研究,可能有以下两方面的原因造成。首先,临床心理学对情绪障碍者患病原因的关注,使很多研究集中在情绪与情绪性信息的加工上,例如,对抑郁和焦虑患者的研究,他们更关心的是哪些材料可以导致这些患者出现情绪障碍,出现怎样的注意偏向,因此,研究所使用的材料多是情绪性的。其次,认知心理学研究者通常把情绪作为认知的副产品,并且,随着认知神经科学的发展,人们更多关注的是情绪的生理机制的研究。然而,情绪在学习和教学过程中的作用是十分重要的,与学生的学习有着密切的联系。而学习过程中多是非情绪性材料,情绪对学生加工这些非情绪性材料有什么样的影响,情绪是如何影响学生学习活动中的认知过程的,就是十分重要的问题。学习的过程也是信息加工的过程,需要注意、记忆、思维等多种心理过程的参与。因此,学业情绪对学业成就的影响,一方面可能是学业情绪通过一定的中介因素影响了学业成就;另一方面很可能是学业情绪对认知加工过程有直接影响。

第二节　学业情绪对学习不良青少年选择性注意的影响①

注意是个体进行认知加工的重要条件,因此,很早以来学习不良儿童的注意问题就受到了诸多研究者的关注。目前,大量研究已经表明,注意缺陷是学习不良儿童的特征之一。对学习不良儿童注意的研究主要涉及选择性和持续性注意两个方面。

一、选择性注意的研究范式

选择性注意是个体在同时呈现的两种或两种以上的刺激中选择一种刺激进行注意,而忽略另外的刺激。对于选择性注意的研究,可以揭示人们如何有效地选择一类刺激而忽略另一类刺激,以及选择的具体过程等(彭聃龄,2001)。许多学习不良儿童的注意困难表现在选择性注意方面(Hallahan, et al, 2005)。但是很多研究在对学习不良儿童和一般儿童进行比较的时候,没有排除ADHD,而 ADHD 在学习不良儿童中占有很大的比例。因此,有研究者质疑这种结果是由 ADHD 儿童导致的。后来,一些研究剥离了 ADHD 和 LD 后发现,学习不良儿童仍然存在选择性注意的缺陷。学者(Taranowski, 1986)检验了 ADHD、LD、ADHD 和 LD 联合型以及控制组儿童的注意力问题。结果发现,学习不良组比控制组有更多的选择性注意任务上的困难,LD 儿童得分比

---

① 董妍. 学习不良青少年学业情绪研究[D]. 中科院心理研究所, 2006: 82—90.

ADHD儿童更低。理查兹等(Richards, 1990)用flanker任务测量了选择性注意任务。结果表明,ADHD和LD儿童都比控制组在选择性注意上有更多的困难。最近的神经影像研究也表明,阅读障碍个体也有功能型的选择性注意缺陷(Hari, Renvall & Tanskanen, 2001)。其他研究者(Sterr, 2004)发现,在学习不良内部,视觉选择性注意在所有的学习不良个体中都受到了损害。他们对在复杂的视觉序列中忽视无关信息、选择靶信息有困难。结果,复杂的视觉信息加工对学习不良儿童来说比一般儿童更困难。

在实验室情境中研究情绪问题,通常都涉及情绪诱发。情绪研究的发展在很大程度上取决于实验条件下诱发、观察和研究所需要的情绪的可能性。一般以情绪的主观感受报告、表情行为和生理反应作为对所诱发情绪的主要指标,其中情绪主观感受报告是比较常用的情绪指标。在诱发实验中,被诱发情绪的可预测性和分化效果也是很重要的一方面。预测性是指诱发程序可以诱发出研究者需要研究情绪的可能性。分化效果指诱发材料可以诱发出比较单一和具体的情绪的可能性(黄敏儿,2001)。情绪诱发有多种方法,常见的有影片、成绩反馈、图片刺激呈现等方法。本研究中采用成绩反馈法,诱发被试产生学业情绪。即在被试完成一个学业能力测验后,给予一定(好的或者坏的)评价反馈,使被试产生积极情绪或消极情绪。

本研究的目的是通过诱发学习不良青少年的学业情绪,考察学业情绪对学习不良青少年选择性注意的影响。本研究的假设是不同的学业情绪对学习不良青少年的选择性注意的反应时和正确率有不同的影响,积极学业情绪下的成绩好于消极学业情绪。

二、实验设计与情绪诱发结果

(一)被试

浙江省杭州市萧山区某普通高中学生 85 名,去掉学业情绪诱发不成功的被试之后,剩余有效被试 70 名,男生 36 人,女生 34 人,平均年龄 16.33 岁,矫正视力均在 1.0 以上。其中 PH 组 16 人,PL 组 17 人,NH 组 17 人,NL 组 20 人。

(二)实验仪器

实验采用计算机呈现刺激和键盘反应的方式,数据收集均在实验学校计算机机房进行。计算机的配置如下:显示器为联想 LX-GJ556D,17 寸彩显,分辨率为 1024×768,颜色为真彩色,刷新率为 85Hz。实验程序由 VC++编制运行,包括刺激呈现时间、反应时记录均由计算机自动记录。反应键为键盘上的"V"和"M"键,分别贴上"有"和"无"键,或者"无"和"有"键(一半被试为"有"键在左手边,一半被试"有"键在右手边)。

(三)实验设计

本实验采用 4×2×4×2 混合实验设计。一个被试间变量:学业情绪(积极高唤醒、积极低唤醒、消极高唤醒、消极低唤醒)。三个被试内变量:①字符串类型(字母串、字母-数字混合串);②串长(4、6、8、10);③靶刺激(有、无)。因变量为反应时和正确率。

(四)实验任务和实验材料

1. 实验任务

实验任务由字母或字母-数字混合两种字符串组成。刺激在电脑屏幕中央呈现,背景为白色,刺激为黑色。字母串是由 26 个英文字母随机组成,字母-数字混合串由英文字母"V"和 1-9 数字随机组成,靶子的出现概率是

50%,被试距离屏幕大约 75 cm。

2. 实验材料

(1)情绪自主评定量表。包括愉悦度和唤醒度两个维度的 9 点自评量表,如下所示。

你现在觉得愉快还是不愉快,愉快程度越高,评分越接近 9,越不愉快,评分越接近 0。

最不愉快　　　　　　　　　　　　　　　　　最愉快

1 —— 2 —— 3 —— 4 —— 5 —— 6 —— 7 —— 8 —— 9

你现在觉得兴奋还是不兴奋,兴奋程度越高,评分越接近 9,越不兴奋(越平静),评分越接近 0。

最不兴奋　　　　　　　　　　　　　　　　　最兴奋

1 —— 2 —— 3 —— 4 —— 5 —— 6 —— 7 —— 8 —— 9

(2)10 个文字材料的幽默笑话。用于实验结束后,消除被试的不良情绪反应。

(五)实验程序

实验分为 4 个组(block),前两组之间、后两组之间被试可以休息 1 分钟,前两组与后两组之间给以控制性反馈信息,以引起被试的学业情绪。一共有 4 种控制性反馈信息(详见第三章第二节),分别对应诱发四种学业情绪。每个组内由 64 个试验(trial)组成,每种试验条件下有 8 个试验。此外,还有一个练习程序。

每次实验开始时,要求被试在实验前做好准备,左手和右手分别放在 2 个贴着标签的反应键来对电脑屏幕上呈现的字符串做反应,判断字符串中是否含有大写字母"V",要求尽量做到又快又准。被试按键反应后立刻呈现下一个字符串,每个串最多呈现 2000ms,如果被试在这期间还没有做出反应,字符串会自动消失,然后呈现下一个字符串。反应键的左右位置对被试进行了平衡,一半被试"有"键在左边,一半被试"有"键在右边。

整个实验过程为:①练习阶段;②学业情绪评定;③前测;④信息反馈;⑤学业情绪评定;⑥后测;⑦向被试解释实验意图;⑧给被试看 10 个文字材料的笑话;⑨感谢被试。

被试完成整个实验大约需要 30 分钟,其中每组实验大约为 3 分钟。

(六)学业情绪诱发结果

在研究中,如果被试第二次评定的情绪状态与学业情绪诱发的方向相反,就删除该被试(例如,诱发类型为积极高唤醒学业情绪,但是被试第二次评价的愉悦度小于第一次评价的愉悦度;或者第二次评定的唤醒程度小于第一次评价的唤醒度)。被试两次报告的情绪状态如表 4-1 所示。采用 2(被试内变量:情绪评定时间)×4(被试间变量:诱发情绪类型)重复测量方差分析对学业情绪结果进行统计分析。结果表明,在愉悦度上,情绪评定时间主效应不显著($F_{(1,66)}=0.760, p>0.05$),诱发情绪类型主效应显著($F_{(3,66)}=4.076, p<0.01$),情绪评定时间与诱发情绪类型之间存在显著交互作用($F_{(3,66)}=11.905, p<0.01$)。通过简单效应分析发现,在第一次评定情绪时,不同情绪类型的愉悦度没有差异($F_{(3,66)}=0.95, p>0.05$),在第二次评定情绪时,不同情绪类型的愉悦度之间存在显著差异($F_{(3,66)}=9.00, p<0.01$),通过事后比较发现,PH、PL 诱发学业情绪类型的愉悦度均显著高于 NH、NL 诱发学业情绪类型($p<0.05$)。在唤醒度上,情绪评定时间主效应不显著($F_{(1,66)}=0.064, p>0.05$),诱发情绪类型主效应显著($F_{(3,66)}=6.180, p<0.01$),情绪评定时间与诱发情绪类型之间存在显著交互作用($F_{(3,66)}=5.675, p<0.01$)。通过简单效应分析

发现,在第一次评定情绪时,不同情绪类型的唤醒度没有差异($F_{(3,66)}=0.36$,$p>0.05$),在第二次评定情绪时,不同情绪类型的唤醒度之间存在显著差异($F_{(3,66)}=13.06$,$p<0.01$),通过事后比较发现,PH、NH 诱发学业情绪类型的唤醒度均显著高于 PL、NL 诱发学业情绪类型($p<0.05$)。这说明诱发的四类学业情绪有效。

表 4-1 不同反馈组被试的学业情绪评价

	PH 学业情绪 (n=16)	PL 学业情绪 (n=17)	NH 学业情绪 (n=17)	NL 学业情绪 (n=20)
一评愉悦度	6.00 (1.26)	5.24 (1.44)	5.58 (1.58)	5.90 (1.52)
一评唤醒度	5.88 (1.89)	5.47 (2.03)	5.88 (1.65)	5.35 (2.13)
二评愉悦度	7.19 (1.52)	6.06 (1.75)	4.65 (2.71)	4.10 (1.59)
二评唤醒度	7.31 (1.40)	4.71 (1.99)	6.29 (2.28)	4.00 (1.12)

注:括号内为标准差

三、学习不良青少年基线水平的选择性注意能力

表 4-2 学习不良青少年基线水平选择性注意的反应时与正确率

	PH 学业情绪组	PL 学业情绪组	NH 学业情绪组	NL 学业情绪组
反应时(ms)	791.47 (47.97)	772.93 (81.88)	809.18 (79.56)	809.53 (81.97)
正确率(%)	96.04 (2.14)	96.19 (1.74)	96.83 (1.55)	95.55 (3.03)

方差分析结果表明(表 6-2),学习不良青少年基线水平选择性注意的反应时不存在显著差异($F_{(3,66)}=0.948$,$p>0.05$);正确率不存在显著差异($F_{(3,66)}=1.016$,$p>0.05$)。

四、学业情绪对学习不良青少年选择性注意反应时的影响

在每种实验条件下,将反应时小于200ms的数据剔除。表4-3给出了平均反应时。

在无靶条件下,对学习不良青少年选择性注意反应时进行重复测量方差分析,即4(学业情绪类型PH、PL、NH、NL)×4(串长:4、6、8、10)×2(字符串类型:混合串、字母串)的方差分析。统计结果表明,字符串长度主效应显著($F_{(3,198)}=273.99, p<0.01$);字符串类型主效应显著($F_{(1,66)}=785.72, p<0.01$);字符串长度与字符串类型交互作用显著($F_{(3,198)}=232.775, p<0.01$)。学业情绪类型主效应、字符串类型与学业情绪类型交互作用、字符串长度与学业情绪类型交互作用以及三者之间交互作用都不显著。对字符串长度与字符串类型进行简单效应分析,结果表明字符串类型在字符串长度为4、6、8、10时均有显著差异,在各种字符串长度下对字母串的反应时显著长于混和合。

在有靶条件下,对学习不良青少年选择性注意反应时进行重复测量方差分析,即4(学业情绪类型PH、PL、NH、NL)×4(串长:4、6、8、10)×2(字符串类型:混合串、字母串)的方差分析。统计结果表明,字符串长度主效应显著($F_{(3,198)}=53.531, p<0.01$);字符串类型主效应显著($F_{(1,66)}=1215.059, p<0.01$);字符串长度与字符串类型主效应显著($F_{(3,198)}=72.262, p<0.01$)。学业情绪类型与字符串类型交互作用显著($F_{(3,66)}=5.148, p<0.01$)。学业情绪类型主效应、学业情绪类型×字符串长度两者交互作用,以及学业情绪类型×字符串长度×字符串类型三者交互作用不显著。对字符串长度与字符串类型之间进行简单效应分析,结果表明字符串类型在字符串长度为4、6、8、10时均有显著差异,在各种字符串长度下对字母串的反应时显著长于混合串。对字符

串类型与学业情绪类型交互作用进行简单效应分析,发现字符串为混合串时,不同学业情绪类型学生的反应时之间没有差异($F_{(3,66)}=0.70, p>0.05$),当字符串为字母串时,不同学业情绪类型学生的反应时有显著差异($F_{(3,66)}=4.71$, $p<0.01$)。事后比较发现,PL 学业情绪下的反应时显著小于 NH 和 NL 学业情绪下的反应时。结果如图 4-1 所示。

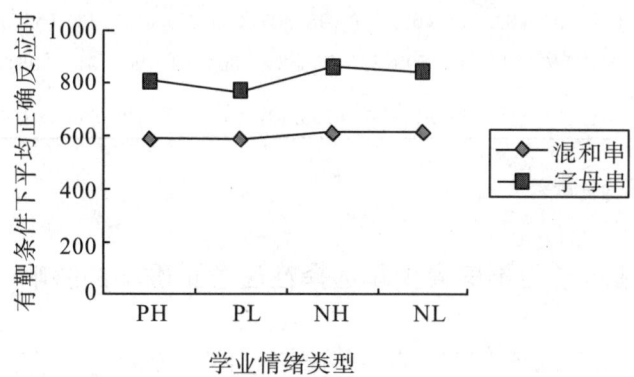

图 4-1 在有靶条件下不同诱发情绪状态下选择性

表 4-3 各种条件下视觉选择性注意反应时(ms)

		4 个字符		6 个字符		8 个字符		10 个字符	
		混合串	字母串	混合串	字母串	混合串	字母串	混合串	字母串
无靶刺激	PH	643.98 (77.28)	764.23 (746.51)	586.04 (59.54)	903.58 (104.85)	650.12 (54.71)	1126.48 (143.94)	717.99 (75.47)	1224.51 (162.30)
	PL	622.83 (92.25)	746.51 (100.60)	593.30 (111.07)	885.72 (110.73)	626.19 (71.87)	1040.17 (170.89)	699.78 (88.97)	1149.84 (175.37)
	NH	65.71 (66.30)	811.88 (102.55)	618.55 (73.73)	965.59 (181.45)	699.45 (115.98)	1182.22 (211.41)	711.23 (74.95)	1271.88 (184.39)
	NL	672.38 (75.85)	801.34 (123.55)	604.66 (66.23)	955.17 (149.61)	648.84 (72.41)	1140.90 (165.98)	731.66 (82.35)	1248.38 (177.64)

(续表)

		4		6		8		10	
有靶刺激	PH	610.26 (64.40)	717.07 (78.93)	606.27 (71.65)	746.88 (83.22)	599.67 (80.43)	882.60 (101.17)	588.95 (74.51)	894.69 (113.56)
	PL	590.15 (68.75)	696.01 (92.67)	581.50 (51.64)	720.47 (112.74)	602.46 (91.06)	838.72 (135.35)	569.29 (71.04)	820.85 (96.85)
	NH	623.53 (81.50)	758.96 (83.24)	566.85 (62.30)	796.85 (98.80)	564.60 (78.21)	954.71 (131.73)	602.09 (52.58)	943.62 (105.10)
	NL	616.56 (64.40)	744.58 (98.13)	590.39 (79.76)	793.51 (793.51)	609.89 (98.37)	901.01 (129.01)	606.71 (83.64)	948.39 (119.05)

注:括号里为标准差

五、学业情绪对学习不良青少年选择性注意正确率的影响

在无靶条件下,对学习不良青少年选择性注意正确率进行重复测量方差分析,即4(学业情绪类型:PH、PL、NH、NL)×4(串长:4、6、8、10)×2(字符串类型:混合串、字母串)的方差分析。统计结果表明,字符串长度主效应、字符串类型主效应、学业情绪类型主效应、字符串长度×字符串类型交互作用、字符串长度×字符串类型×学业情绪类型交互作用均不显著。

在有靶条件下,对学习不良青少年选择性注意正确率进行重复测量的方差分析,即4(学业情绪类型:PH、PL、NH、NL)×4(串长:4、6、8、10)×2(字符串类型:混合串、字母串)的方差分析。统计结果表明,字符串类型主效应显著($F_{(1,66)}=60.285, p<0.01$);字符串长度与字符串类型之间交互作用显著($F_{(3,198)}=7.074, p<0.01$)。对字符串长度与字符串类型进行简单效应分析,发现当字符串长度为6、8、10的时候,不同字符串类型下的反应时存在显著差异,并且对字母串的反应时显著长于混合串。字符串长度主效应、学业情绪类

型主效应、字符串长度×字符串类型交互作用、字符串长度×字符串类型×学业情绪类型交互作用均不显著(见表4-4)。

表4-4 各种条件下视觉选择性注意准确率(%)

		4个字符		6个字符		8个字符		10个字符	
		混合串	字母串	混合串	字母串	混合串	字母串	混合串	字母串
无靶刺激	PH	98.09 (7.52)	96.87 (5.59)	99.22 (3.13)	97.66 (5.04)	96.88 (5.59)	97.66 (5.04)	98.44 (4.28)	99.22 (3.13)
	PL	94.85 (7.73)	97.79 (6.61)	97.79 (4.91)	99.26 (3.03)	99.26 (3.03)	97.79 (6.61)	100 (0.00)	98.53 (4.15)
	NH	97.06 (5.47)	96.32 (7.35)	98.53 (6.06)	99.26 (3.03)	98.53 (4.15)	95.59 (7.58)	98.53 (4.15)	99.26 (3.03)
	NL	97.50 (5.13)	97.50 (6.54)	95.00 (8.51)	96.25 (7.14)	99.38 (2.80)	97.50 (5.13)	97.50 (5.13)	98.13 (4.58)
有靶刺激	PH	98.44 (6.25)	94.53 (10.17)	99.22 (3.13)	92.19 (11.06)	98.44 (4.27)	90.62 (11.64)	98.44 (4.27)	90.63 (14.07)
	PL	95.59 (6.16)	94.85 (7.73)	98.53 (4.15)	88.97 (11.59)	98.53 (4.15)	91.18 (13.08)	98.53 (4.15)	88.24 (11.24)
	NH	97.06 (5.47)	97.06 (5.47)	99.26 (3.03)	93.38 (7.80)	97.06 (7.03)	91.91 (10.77)	98.53 (4.15)	91.18 (8.58)
	NL	98.13 (4.58)	96.25 (7.14)	98.75 (3.85)	90.00 (9.60)	98.75 (3.85)	93.13 (9.49)	99.38 (2.80)	91.25 (8.21)

注:括号里为标准差

六、学业情绪影响学习不良青少年选择性注意的原因

本研究采用了字母搜索任务来考察学习不良青少年的学业情绪是否对选择性注意成绩有影响。首先从学习不良青少年的选择性注意反应时来看,在有

靶和无靶条件下,学习不良青少年的选择性注意受靶子类型和字符串长度的影响。并且,对字母串的反应时长于混合串。本研究中为了减少工作记忆的负荷(Dickman,2000),在混合串中只有一个靶刺激为字母,其余都为数字,因此,混合串中,靶刺激和干扰刺激特征相似性更小一些。可见,当靶子特征与非靶子特征相似的时候,被试的反应时要更长一些。在正确率上,有靶和无靶条件有所不同。当没有靶刺激时,在各种实验条件下都没有显著差异。当有靶刺激时,当串长为6、8、10的实验条件下,对混合串的正确率高于字母串。这也表明,被试成绩受到搜索特征的影响,即在干扰刺激与靶刺激有更多相同特征的时候,搜索的正确率要低。但是在本研究中字符串长度为4的时候,被试的正确率没有这种差异,说明当任务特别简单的时候,正确率可能就不受刺激特征的影响。

本研究的结果发现,学业情绪对学习不良青少年的选择性注意有一定影响。在有靶条件下,诱发为积极低唤醒学业情绪的被试对字母串的反应时显著小于消极学业情绪的被试。这说明,积极学业情绪对认知活动有促进作用,消极学业情绪可能对青少年的认知活动有阻碍作用。这与埃利斯(1998)等人的观点一致。他们认为消极情绪,例如抑郁等能够减少对认知活动的注意。

另外,学业情绪对学习不良青少年选择性注意的正确率没有显著影响,其原因可能是实验任务比较简单。

综上所述,本研究的结果表明,学业情绪会影响学习不良青少年的选择性注意,这种影响主要表现为,具有积极低唤醒学习不良青少年的选择性注意的反应时成绩优于消极学业情绪下的反应时成绩。

第三节 学业情绪对学习不良青少年持续性注意的影响[①]

学习不良儿童的注意能力缺陷,一方面表现在选择性注意上,另一方面表现在持续性注意上。本研究采用与第二节相同的情绪诱发方式,考察学业情绪对学习不良青少年持续性注意的影响。

一、持续性注意的研究范式

持续性注意常见的实验范式是持续操作测验(continuous performance test, CPT)。在这个任务的一般版本中,要求被试监控视觉或者听觉呈现的单个字母或数字,在出现某个靶刺激时做出反应。例如,当在字母 A 后面出现 X 的时候按键(Wong,1998)。指标为 β 和 d',感受性的降低和判断标准的提高被认为是反映了持续注意的消耗和认知资源的耗竭。最早有学者在 1956 年使用了这一范式(Rosvold),他们的实验是要求被试对屏幕上出现的某一字母作出反应,而对其他字母不作反应,项目间的间隔是 920ms,此即 X 型 CPT。CPT-AX 范式则要求被试在屏幕上某一字母出现在另一个字母后(如 X 出现在 A 之后)时按键反应,或是要求对某一字母出现在同一字母之后作出反应(XX 型)。还有些测试加入了双侧或单侧干扰的因素。关于学习不良儿童在持续性注意任务上的成绩并没有得出一致的结论。理查兹等(1990)发现学习不良儿童和控制组之间没有差异。斯旺森(Swanson,1983)发现,学习不良儿童与一般儿童在 CPT 成绩上有显著差异。而罗宾(Robin,1992)等人发现 LD

[①] 董妍. 学习不良青少年学业情绪研究[D]. 中科院心理研究所,2006:90-95.

儿童和 ADHD 儿童在 CPT 成绩上没有差异，但是他们的成绩都比一般儿童要差。

本研究的目的在于通过诱发学业不良青少年的各种学业情绪，考察学业情绪对持续性注意的影响。本研究的假设为，学业情绪对学习不良青少年的持续性注意的影响表现为积极学业情绪能够提高成绩，消极学业情绪能够降低成绩。

二、研究设计与学业情绪诱发结果

（一）被试

浙江省杭州市萧山区某普通高中学生 85 人，删除诱发学业情绪不成功的被试，剩余有效被试 69 名，男生 33 人，女生 36 人，平均年龄 17.35 岁，其中 PH 组 22 人，PL 组 13 人，NH 组 13 人，NL 组 21 人。

（二）实验仪器

实验采用计算机呈现刺激和键盘反应的方式，数据收集均在实验学校计算机机房进行。计算机的配置同本章第一节。实验程序由 VC++ 编制运行，刺激呈现时间、反应时记录均由计算机自动记录，反应键为键盘上空格键。

（三）实验设计

实验为单因素实验设计，自变量为学业情绪（积极高唤醒、积极低唤醒、消极高唤醒、消极低唤醒），因变量为反应时和正确率。

（四）实验任务和实验材料

1. 实验任务

实验任务为 CPT－AX 任务。选用的刺激为大写字母 A、B、C、D、E、F、G、H、J、L、X，其中包括 40 个 A 和 X，其余字母各 20 个，其中有 20 个 X 呈现在 A 后面，其余的 X、A 和其他字母随机出现。靶子为大写字母 A 后面呈现的大写字母 X。干扰项为非 A 后 X。实验任务与基线任务相同,但重新随机呈现刺激。

2. 实验材料

(1)情绪自主评定量表(同第二节)。包括愉悦度和唤醒度两个维度的 9 点自评量表。

(2)10 个文字材料的幽默笑话。用于实验结束后,消除被试的不良情绪反应。

(五)实验程序

实验分为 2 个组,前两组、后两组之间给以控制性反馈信息,以引起被试的学业情绪。每个组内呈现 260 个刺激。此外,还有一个练习程序。

每次实验开始时,要求被试在实验前做好准备,将手放在空格键上来对电脑屏幕上呈现的字符串做反应,判断 A 后面是否呈现了 X,如果出现按反应键,否则不按键,要求尽量做到又准又快。被试按键反应后立刻呈现下一个字符串,每个串最多呈现 200ms,如果被试没有按空格键,字符串会自动消失,空屏 1500ms,然后呈现下一个字符串。

整个实验过程为:①练习阶段;②学业情绪评定;③前测;④信息反馈;⑤学业情绪评定;⑥后测;⑦向被试解释实验意图;⑧给被试看 10 个文字材料的笑话;⑨感谢被试。

被试完成整个实验大约持续 30 分钟,其中每组实验大约为 4 分钟。

(六)学业情绪诱发结果

在研究中,如果被试第二次评定的情绪状态与学业情绪诱发的方向相反,就删除该被试(例如,诱发类型为积极高唤醒学业情绪,但是被试第二次评价的愉悦度小于第一次评价的愉悦度;或者第二次评定的唤醒程度小于第一次评价的唤醒度)。被试两次报告的情绪状态如表 4-5 所示。采用 2(被试内变量:

情绪评定时间)×4(被试间变量:诱发情绪类型)重复测量方差分析对学业情绪结果进行统计分析。结果表明,在愉悦度上,诱发情绪类型主效应显著($F_{(3,65)}=4.550, p<0.01$),情绪评定时间与诱发情绪类型之间存在显著交互作用($F_{(3,65)}=25.518, p<0.01$)。情绪评定时间主效应不显著($F_{(1,65)}=0.627, p>0.05$),通过简单效应分析发现,在第一次评定情绪时,不同情绪类型的愉悦度没有差异($F_{(3,65)}=0.90, p>0.05$),在第二次评定情绪时,不同情绪类型的愉悦度之间存在显著差异($F_{(3,65)}=15.61, p<0.01$),PH、PL 诱发学业情绪类型的愉悦度均显著高于 NH、NL 诱发学业情绪类型($p<0.05$)。在唤醒度上,情绪评定时间与诱发情绪类型之间存在显著交互作用($F_{(3,65)}=12.060, p<0.01$)。通过简单效应分析发现,在第一次评定情绪时,不同情绪类型的唤醒度没有差异($F_{(3,65)}=1.94, p>0.05$),在第二次评定情绪时,不同情绪类型的唤醒度之间存在显著差异($F_{(3,65)}=6.95, p<0.01$),PH、NH 诱发学业情绪类型的唤醒度均显著高于 PL、NL 诱发学业情绪类型($p<0.05$)。这说明诱发的四类学业情绪有效。

表 4-5 学业情绪诱发情况

	PH 学业情 (n=23)	PL 学业情绪 (n=13)	NH 学业情绪 (n=13)	NL 学业情绪 (n=21)
一评愉悦度	5.45(1.44)	5.15(1.95)	6.08(0.64)	5.62(1.56)
一评唤醒度	5.00(1.54)	5.85(1.77)	4.54(1.45)	5.52(1.50)
二评愉悦度	7.50(1.34)	6.38(1.90)	4.77(2.05)	4.24(1.64)
二评唤醒度	6.32(1.73)	4.85(1.21)	6.15(1.99)	4.29(1.84)

注:括号内为标准差

三、学习不良青少年基线水平的持续注意能力

本研究中,因变量的指标为击中率、虚报率、击中平均反应时(RT-M)、击中反应时的标准差(RT-SD),以及判断标准 β 和感受性 d'。当击中率是 100% 和虚报率是 0% 的时候,采用 $2_{-1/s}$ 和 $1-2_{-1/n}$ 来替代,其中 S 为信号出现的次数,N 为噪音出现的次数(Lin, et al, 1999)。学习不良青少年基线水平的持续注意能力的各项指标如表 4-6 所示。方差分析表明,不同学业情绪组别的学习不良青少年基线水平的持续注意能力各项指标之间均不存在显著差异。

表 4-6 学习不良青少年基线水平的持续注意能力各项指标得分

	击中率	虚报率	RT-M	RT-SD	β	d'
PH	.9795(.0333)	.0023(.011)	358.653(111.86)	73.651(39.82)	9.421(2.89)	4.450(.186)
PL	.9808(.0253)	.0077(.019)	337.666(69.85)	68.686(43.53)	8.572(1.86)	4.448(.168)
NH	.9731(.0330)	.0077(.019)	345.500(98.76)	80.313(43.95)	9.266(2.56)	4.408(.215)
NL	.9952(.0218)	.0071(.024)	357.401(82.95)	67.895(31.72)	8.197(3.04)	4.493(.138)
F 值	1.918	0.394	0.181	0.315	0.874	0.651
p 值	0.135	0.758	0.909	0.815	0.459	0.585

四、学业情绪对学习不良青少年的持续注意的影响

学习不良青少年实验水平的持续注意能力的各项指标如表 4-7 所示。单因素方差分析表明,不同学业情绪组别的学习不良青少年在虚报率上有显著差异,多重比较表明,消极高唤醒学业情绪组虚报率显著高于积极高唤醒和消极低唤醒学业情绪组($p<0.01$;$p<0.05$)。不同学业情绪组别的学习不良青少

年在判断标准上也有显著差异,积极高唤醒学业情绪组的判断标准显著高于积极低唤醒和消极高唤醒学业情绪组($p<0.05$; $p<0.01$)。各组被试在击中率、击中平均反应时、击中反应时标准差以及感受性上没有显著差异。

表 4-7　学习不良青少年实验水平的持续注意能力各项指标得分

	击中率	虚报率	RT—M	RT—SD	β	d'
PH	.9795(.0295)	.00038(.0012)	361.281(97.41)	69.721(47.46)	9.809(2.62)	4.481(.141)
PL	.9923(.0188)	.00128(.0020)	331.725(93.62)	69.883(36.25)	8.276(1.46)	4.479(.093)
NH	.9923(.0188)	.00224(.0022)	334.910(73.76)	92.446(52.52)	7.729(1.69)	4.507(.088)
NL	.9905(.0233)	.00079(.0017)	330.198(55.32)	72.589(32.36)	8.790(1.53)	4.515(.087)
F值	1.353	3.440	0.658	0.931	3.561	0.498
p值	0.265	0.022*	0.581	0.431	0.019*	0.685

本研究的结果表明,学业情绪对学习不良青少年的持续注意能力有影响,这种影响主要表现在虚报成绩和判断标准上。当被试处于消极高唤醒学业情绪状态时,会显著增加虚报率。虚报反应了被试对无关刺激的抑制能力(Bekker,2004),因此,这说明当学习不良青少年处于消极高唤醒学业情绪的时候,会降低被试的抑制能力,使被试出现更多的错误反应。勃凯斯(Boekaerts,1993)发现,消极的情绪可以使被试产生一种适应性模型,使注意力从学习上偏离,这样可以保持自我的良好状态或保护学生的自我价值。本研究的结果并不支持这一观点,当被试处于消极高唤醒学业情绪时,注意力其实并没有从当前的任务上脱离,他们的击中率与其他学业情绪的被试没有显著差异。本研究的结果表明,当被试处于积极高唤醒学业情绪时,会提高判断标准。判断标准的提高说明被试消耗了更多的认知资源。因此,可以说,积极高唤醒学业情绪状态消耗了被试更多的心理资源。

本研究发现学业情绪对反应时、正确率、击中率和感受性没有显著影响。这说明,学业情绪对被试持续性注意力的影响是表现在某些方面的,并不是全或无的情况。另外,这一结果与前一研究的结果也有相似之处,就是学业情绪对正确率可能确实没有显著影响。这样的结论似乎跟一般情绪与认知的研究有所不同,但是,在本研究中,我们所使用的材料均为非情绪性材料。

综上所述,本研究的结果表明,学习不良青少年的学业情绪会影响到他们的持续性注意能力,但这种影响不是以全或无的形式,而是表现在某些方面。消极高唤醒的学业情绪能够增加虚报率,而积极高唤醒的学业情绪能够提高判断标准,占用更多的心理资源。

第五章 学业情绪在学习和成就中的作用

综合近年来心理学和神经科学研究的成果,我们可以看到情绪对于学习、记忆、动机、个体心理发展和心理健康以及神经免疫都有不可忽视的作用。由此可见,情绪对于不同年龄、不同性别和不同文化背景的个体都很重要。而情绪对教育情境的影响也是广泛存在的。例如,情绪研究已经发现,可以通过改变大脑多巴胺水平(通过改变人体的生化水平来改变情绪状态)影响长时记忆进而影响学生的学习和成绩(Ashby, Isen, & Turken, 1999),情绪还能够直接影响注意过程和认知资源的使用(Meinhardt & Pekrun, 2003)。同时,情绪也可以通过引导和保持学生在学习材料上的兴趣(Ainley, Corrigan, & Richardson, 2005; Krapp, 2005)、通过激发不同的信息加工和问题解决模式(Isen, 1999)、通过有利于或阻碍学生自我调节学习和成绩(Pekrun, Goetz, Titz, & Perry, 2002)进而影响学生的学习。实际上,学业情绪这一概念就是基于其对于学习和成就的特殊作用而提出的。本章首先总结了学业情绪在学业中的作用,其次通过两个实证研究考察了学业情绪影响学业和成就的机制。

第一节 学业情绪在学业中的作用

学业情绪对学习和成就的影响是近年来教育心理中备受学者关注的一个问题。帕克让在他的控制价值理论中,假设情绪对学习和成就的影响是通过一系列中介机制实现的,这些中介机制可能包括学习动机、学习策略、认知资源以及自我调节学习等。目前,现有研究已经表明学业情绪与成就目标、自我效能感、学习策略有着密切联系,并开展了相应的实证研究。

一、学业情绪与动机

很多研究者认为,除了认知因素外,其他的情绪例如期望、无助、快乐、厌倦、骄傲和失望都可能影响动机和意志过程(Hmbree, 1988; Volet, 1997)。学业情绪与动机的研究中,最具代表性的是 Linnenbrink 和 Pintrich(2002)提出的学业情绪与成就目标的双向不对称模型理论。

(一)学业情绪与两类成就目标的关系

成就目标理论是成就动机中的一个重要理论。根据这个理论,通常人们认为有两类目标取向:掌握目标取向和成绩目标取向。掌握目标是指个体过度关注于通过努力的学习来培养能力、增加知识和加深理解,而成绩目标则是关注于获得对自身能力的积极评价和避免消极评价。这两类目标与不同的认知、情感和行为的结果有关。早期对成就目标和一般情感的大多数研究都是用这种二维的目标模型,并且假设掌握目标是有利于学生情感体验的,成绩目标是有害于学生情感体验的。而情感也通常被分为积极和消极两类。一些相关研究证明了情绪与目标之间的关系,例如有研究发现,接近目标与难过、高兴等情绪相关,而回避目标与放松和焦虑等情绪相关(Carver, Scheier, 1998)。在这些研究中比较的一致性结论是,掌握目标一致的与高年级小学生、初中和高中学生的数学(Linnenbrink, 2005)、科学(Meece, Blumenfeld, & Hoyle, 1988; Nolen & Haladyna, 1990)或者总体学业成就的积极情感相关。皮特里查(Pintrich, 2001)还发现高掌握目标和高成绩目标的初中生对他们的数学成绩有最高水平的积极情感。而消极情感与掌握目标则很少有一致性(Kinnbrink, 2005),对于成绩目标和情绪之间的关系没有一致性的结果。在一些研究中,成绩目标是和消极情绪相联系的,但是也有很多研究发现,两者是没有关系的。对于成绩目标与积极情绪的关系也同样存在不一致的结果。

(二)学业目标与情绪的双向不对称模型

2001年,艾略特和皮特里查(Elliot & Pintrich)将成就目标分为掌握接近目标、掌握回避目标、成绩接近目标与成绩回避目标四类。具有掌握接近目标的学生主要将目标集中于学习和理解;而掌握回避目标的学生则主要关心自己是不是最好的,尽力避免自己没有全面理解材料,或者避免不能实现自己设定的掌握标准。也就是说,一个掌握回避目标的学生,主要是试图避免没有理解知识,而掌握接近目标的学生则主要是努力使自己去理解所学的知识。具有成绩接近目标的学生通常使用比较的方法来看自己是否超过了别人,而成绩回避目标的学生通常是试图在比较中避免别人认为自己太笨或者没有竞争力。在此基础上,有学者提出了一个双向不对称模型(Linnenbrink & Pintrich, 2002)来说明成就目标与学业情绪的关系(如图5-1所示)。他们认为情绪会影响学生对班级目标的知觉以及个人目标的取向,同时个人目标又会影响以后学习活动中的情绪,他们的理论得到了一些实证研究的支持。但是,应该看到,目前多数研究都是考察目标对情绪的影响,而较少考察情绪对目标取向的影响,另外,他们对情绪的划分采用单一的愉悦度维度,似乎并不能真正揭示情绪与目标之间的复杂关系。而已有研究证明,四类不同目标与焦虑有不同的关系(Elliot & Gregor,2001;Pintrich,2000),因此,更需要用多维目标观点研究目标与情绪的关系。

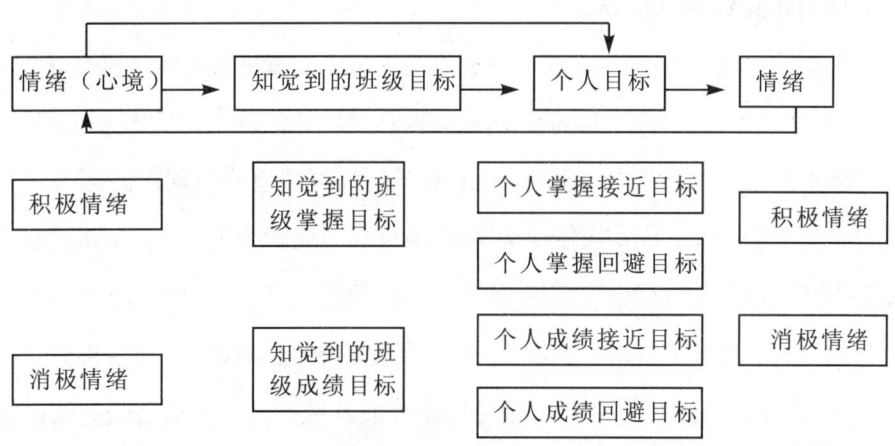

图 5-1　成就目标与情绪的双向不对称模型(Linnenbrink,Pintrich,2002)

(三)学业情绪对成就目标的预测作用

除上述模型之外,其他一些研究者也考察了学业情绪与动机之间的关系。通常人们认为目标取向对情绪情感具有预测性(Sideridis,2005),但是也有研究发现发挥预测作用的是情绪而不是目标取向。还有学者(Serfert,Timothy,1995)也考察了动机目标能够预测学业情绪还是学业情绪能够预测动机目标取向的问题。结果发现情绪能够预测目标取向,而不是目标能够预测情绪,不仅胜任感、归属感对目标取向具有预测性,负性情绪对成绩目标也有一定的预测性,对于学习目标(掌握目标)则没有预测性,积极情绪对掌握目标和成绩目标均无预测作用。但是也有不同的研究结果,有学者认为情绪更可能预测掌握目标,而与成绩目标无关,特别是消极情绪能够消极预测掌握接近目标(Linnenbrink,2002)。克龙(Cron,2002)通过成绩反馈诱发被试产生负性情绪,也考察了目标和情绪之间的关系,发现负性情绪反应会导致对目标取向水平的降低,特别是成绩回避目标取向与负性情绪有强相关,随着时间的推移,学习目标(掌握目标)对负性情绪具有削弱作用,说明学习目标对负性情绪具有缓冲作用。

(四)帕克让等人的研究

早期帕克让(1992,2002)虽然没有直接探讨学业情绪与目标之间的直接关系,但是他认为积极高唤醒的情绪可能会提升学习动机,与内在动机、外在动机和总体动机水平都呈积极高相关。而消极的低唤醒情绪可能会降低学习动机,与动机呈消极相关。而积极低唤醒情绪、消极高唤醒情绪与动机的关系可能更复杂一些。动机与目标是密切相关的,已有的研究已经表明(Elliot,1997),掌握目标有利于提升内在动机,成绩回避目标能够降低内在动机,成绩接近目标与内在动机没有关系。2006 年,帕克让认为成就目标与学业情绪研究结论的不一致,除了学科领域的差异和被试年龄的差异之外,主要由于研究者通常对目标和情绪采用了不同的分类。因此,在 2006 年的研究中,帕克让等人对学业情绪按照目标关注点和价值进行了分类(见表 5-1),考察了德国和美国大学生学业情绪与目标之间的关系。他们在开学 3 周时测量了被试的成就目标(掌握目标、成绩接近目标、成绩回避目标),在开学 12 周时测量了学生的学业情绪。结果发现,掌握目标能够积极预测高兴、希望、骄傲情绪,消极预测厌倦和愤怒情绪;成绩接近目标能够积极预测羞愧情绪;成绩回避积极预测焦虑情绪。同时,他们发现男生比女生有更多的高兴、希望和骄傲情绪,更少的愤怒和绝望情绪。

表 5-1　成就情绪的 2×2 分类

客体关注点		效价	
		积极	消极
行为		快乐	厌倦
结果	预期	希望	愤怒 焦虑
	回顾	骄傲	无助 羞愧

二、学业情绪与学习效能感

　　自我效能感是班杜拉社会认知理论中的核心概念。近年来,班杜拉把自我效能感看做是动机过程中的一种重要的中介认知因素,并用它解释人类复杂的动机行为。自我效能感对行为的影响类似于动机的作用,它可以影响个体对任务的选择、付出努力的多少、遇到困难时的坚持性和信息加工的策略等。高自我效能促使人在活动中选择更有挑战性的任务,在困难面前会付出较多努力,并能坚持更长的时间,还会选用更丰富的信息加工策略。而过低的自我效能感则不利于个体的学习。自我效能的研究揭示人们会由于焦虑和恐惧而相信他们不能产生有效的反应,不能重新面对挑战(Bandura,1986)。自我效能感与学业情绪之间的研究目前还不多见。但是有研究已经表明情绪与自我效能之间具有一定的关系。班杜拉(Bandura,1977,1986)发现烦躁不安的个体知觉到的自我效能要低于正常个体,也低于他们自己能接受的最低标准。情感状态能够引发人们积极或消极的评价自我信息,因此,会产生心境一致性而影响自我效能。有学者(Kavanagh & Bower,1985)通过诱发学生产生积极或消极的心境,发现难过的心境能够降低在人际和身体任务方面的效能知觉,也能够影响病人获得提高健康和缓解病痛方面的自我效能(Salovey & Birnbaum,1989)。积极的情绪也能使在先前考试中没有成功的个体提高对考试成绩的自我效能感(Forgas,Bower,& Moylan,1990)。特纳(J C Turner,1998)等人的研究也表明,消极情绪对自我效能有负面的影响。但是另一位名为特纳(J E Turner,2002)的研究认为消极高唤醒的学业情绪,例如在一部分学生中,羞愧与自我效能可能存在显著高相关。勃凯斯(1993)表明,具有乐观情绪可能是形成有目的的学习和获得人际资源的关键机制。乐观的学生即使失败了,他们也会保持积极的自我效能。但是也有研究发现,情绪对自我效能并无影响。瑟沃恩(Cervone,1994)等人,检验了诱发的情绪对个人成绩目标的标准和个人成绩能力的判断以及自我效能判断的影响。结果发现,诱发的积极、消极和中性情绪对学业任务的自我效能的感知并无影响。坎宁安(Cunningham,1988)也报告情绪对自我能力的判断没有影响。卡瓦纳等人(Kavangh,1986)在同一个研究中的结果也不尽相同,第一个分研究发现积极情绪对自我效能没有影响,在第二个分研究中又报告积极和消极情绪在一、二个领域中对自我效能有影响,但是在第三个研究中却不能重复他们在1985年所得到的结果。由此可见,情绪对自我效能的影响没有一致的结论,这些不一致的结果表明,需要进一步的研究来澄清情绪对自我效能的影响。

三、学业情绪与学习策略

有关学业情绪的相关研究已经表明,积极的学业情绪能够有利于灵活地、有创造性地使用学习策略。例如,精加工、组织信息和评价、元认知监控策略的使用。消极的学业情绪则使学生使用刻板的策略,例如简单的复述和算法。高唤醒的情绪比非唤醒的情绪更强烈。放松和厌倦意味着生理和认知上的非唤醒，这会导致减少注意和更多的狭窄的、肤浅的信息加工。帕克让(2002)研究表明，积极的情绪有利于自我调节学习，而消极的情绪则使学生只依靠外部的指导。罗泽尔(Rozell, 2000)等人认为，情绪会影响到学生学习的努力程度。实际上，也可以看到努力程度在正常情况下也的确取决于人们是高兴、难过、兴奋、抑郁、愉快还是气愤。特纳(1998)研究的结果表明，消极情绪对深层策略的使用有直接的负面影响。另一位名为特纳(2002)的研究者认为能够从羞愧等消极高唤醒的学业情绪中获得积极学习效果的学生不仅要有明确的目标、较高的自我效能感，还需要有学习策略。米凯拉(Michaela, 2005)等人研究表明，积极的学业情绪有助于自我调节学习，自我调节学习能力与积极的情绪呈正相关，外部的调节与消极情绪相关。可以看出，研究者比较倾向于认为积极情绪更有利于灵活的学习策略的使用，消极情绪则更容易使人采用僵化的学习策略。

从总体上看，将自我效能感、学习策略纳入学业情绪视野的研究并不多见，尚有待于我们展开该领域的研究。

四、学业情绪与学业成就

从上述的介绍中，可以看出研究者比较关注学业情绪与学习动机、学业效能与学习策略之间的关系，但在这些关系的探讨中很多研究者却忽视了学业情绪对学业成就的影响。实际上，学业成就是评价一个学生学习好坏的最重要的指标之一。并且，成就目标、自我效能、学习策略均是影响学生学习成效的重要因素(Volet, 1997)。帕克让(2002)就发现除了放松之外，其余积极情绪如愉快、希望、骄傲能够预测高成就，消极的情绪预测低成就，并且，消极的情绪能够预测大学生的不及格和退学的情况。有研究者(Gumora & Arsenio, 2002)发现,学业情感对学生学业分数的预测也是有贡献的。埃利斯等人(1997)考察了情绪对阅读理解中矛盾信息识别情况的影响。他们通过实验诱发了情绪状态,发现情绪能够损害对不同文章的理解,例如抑郁阻碍了对矛盾信息的识别,使被试对矛盾信息识别的错误更多一些。但是很多学者认为,消极情绪与成绩的关系很不明确(Lane,2005)。实际上,可能不同的情绪影响学业成就的机制是以不同的方式进行的。特纳(Turner,2002)通过对羞愧学业情绪的研究表明,对一部分学生而言,羞愧能使他们变得对学习更加丧失信心,降低对自己的期望和自我效能,这部分学生没有明确的目标,不能把课程学习与未来联系起来,没有自我调节学习策略;而对另外一部分学生而言,他们可能会增加动机,并获得更高的学业成绩。这部分学生要想使学业获得进步,必须具备合适的目标、自我效能、意志与学习策略。

第二节　学业情绪影响学业成就的中介模型[①]

通过文献回顾,我们发现学业情绪对学业成就的影响可能存在一定的中介变量。学业情绪可以影响人们的注意和记忆等认知过程,因此,它对学习过程有直接的影响。同时学业情绪可以通过成就目标、学习策略和自我效能感等对学业产生间接的影响。我国学者田宝(2004)等人研究发现,不同类型的考试焦虑对考试成绩的影响中就存在一定的中介变量。研究结果发现:考试自我效能感、成绩接近目标、认知干扰是受考试焦虑影响和影响考试成绩比较一致的中介变量,成绩回避目标定向、担忧、学习和考试技能变量属于"非一致性"的中介

---

① 董妍.学习不良青少年学业情绪研究[D].中科院心理研究所,2006:61—78.

变量。掌握目标定向、情绪性和应付反应作为中介变量不具有实际意义。通过文献回顾,我们发现,学业情绪与成就目标、学业效能、学习策略等有着密切的关系,那么,学业情绪对这些因素有什么影响呢?学业情绪又是怎样通过这些变量影响了学业成就呢?目前的研究很少,并且结论并不一致,因此,需要研究者进一步进行探讨。

一、学业情绪影响学业成就的假设模型

学业情绪对学业成就的影响是近年来备受学者关注的一个研究热点问题。随着学业动机领域的研究不断深入,研究者们已经不再单纯认为情绪只是动机的一个副产品,而是将情绪纳入到动机的研究范围中,力求探索学业情绪对学生学业成就所产生的复杂影响。帕克让(1992)和特纳(2002)等人都认为学业情绪与成就目标、学习策略、自我效能有着密切的关系,这些因素能够影响学业情绪对学业成就的作用。

目前已有学者提出了学业情绪与成就目标、自我效能、学习策略等有着密切的关系,并进行了相关研究。大部分研究者关注的是学业情绪与这几个变量之间有怎样的关系,但在这些关系的探讨中却忽视了学业成就。帕克让(2002)认为积极高唤醒的情绪能够促进成绩,消极低唤醒的情绪可能会降低成绩。消极高唤醒能够降低成绩,然而当人们学习不需要太多策略的任务时,可能这种情绪也会有助于成绩的提高。但是很多学者认为,消极情绪与成绩的关系很不明确(Lane,2005)。埃利斯(1997)等人的研究也表明情绪对成绩的影响不仅仅存在动机的作用,还能够通过影响认知活动直接影响成绩。因此,在有关学业情绪的研究中,有必要纳入目标设定、学习策略、自我效能等已被证实对学业成就有影响的变量,深入研究学业情绪是如何通过这些变量影响学生学业成

就的。

本研究根据前人研究提出一个概念模型,认为学业情绪对学业成就除具有直接影响外,还有通过目标设定、自我效能、学习策略等变量实现对学业成就的间接影响,见图5-2。在模型中,我们也不能排除存在学业情绪与各个变量的循环关系,例如学业成就对学业情绪可能也具有预测作用(虚线部分)。但是本研究关注的是把学业情绪作为各个变量前因的情况,至于各个变量对学业情绪的作用将是我们今后要关注的问题。

因此,本研究的主要目的是对这个概念模式图进行验证与理论分析。具体要检验3个假设:(1)学业情绪对学业成就的影响有直接效应;(2)学业情绪对学业成就的影响可以通过目标设定、自我效能、学习策略等一些变量来间接实现;(3)不同的学业情绪对学业成就的直接影响和间接影响不同。

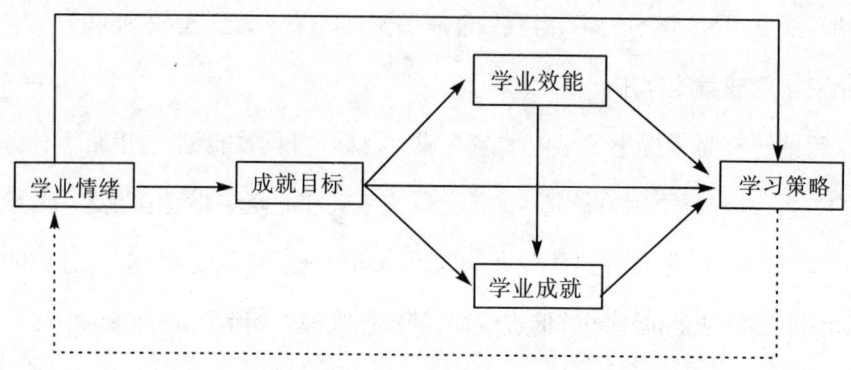

图5-2 学业情绪影响学业成就的概念图

二、学业情绪影响学业成就的检验方法

(一)被试

本研究的被试来自浙江省杭州市萧山区某普通初中和某普通高中学生。被试群体一用于探索性模型的检验,被试群体二用于验证性模型的检验。被试的基本情况见表5-2,表5-3。

表5-2 被试群体一的基本情况(n=602)

年级	年龄	男生	女生	总人数
初一	12.61±0.37	53	50	103
初二	13.73±0.45	42	44	86
初三	14.72±0.41	62	54	116
高一	15.75±0.37	50	56	106
高二	16.75±0.45	40	62	102
高三	17.75±0.50	40	49	89
合计	15.10±1.73	287	315	602

表5-3 被试群体二的基本情况(n=607)

年级	年龄	男生	女生	总人数
初一	12.65±0.44	55	49	104
初二	13.63±0.44	51	44	95
初三	14.63±0.35	59	51	110
高一	15.68±0.44	48	57	105
高二	16.72±0.64	43	62	105
高三	17.80±0.47	61	27	88
合计	15.10±1.79	317	290	607

(二) 测量工具

1. 青少年学业情绪问卷

问卷的具体维度与信度效度指标详见本书第三章(问卷见附录三)。

2. 成就目标问卷

该问卷由艾略特和麦格雷戈(Elliot & Mcgregor,2001)编制而成(附录四)。包括12个题目,四个维度(掌握接近目标、掌握回避目标、成绩接近目标、成绩回避目标)。他们的研究显示问卷有较高的信度和效度,验证性因素分析显示量表有良好的结构。在本研究中,计算 Cronbach 信度系数得到同质性信度,$\alpha=0.732$。对成就目标问卷进行验证性因素分析,结果发现,各拟合指数基本达到可以接受的水平,所有题目标准化载荷都达到 0.33 以上,并且达到显著水平。

3. 学业效能感问卷

学业效能感问卷来自 PALS 中的学业效能感分量表(Academic Efficacy,5个项目),为 5 点评估(附录五),用于测量学生对克服困难、完成课程要求的自信程度。原手册中报告的 α 系数为 0.78。在本研究中,计算 Cronbach 信度系数得到同质性信度,$\alpha=0.788$。对学业效能问卷进行验证性因素分析,结果发现,原量表的结构良好,各拟合指数达到可以接受的水平,所有题目标准化载荷都达到 0.53 以上,并且达到显著水平。

4. 学习策略问卷

该问卷由自我调节学习能力问卷与元认知问卷组成(附录六)。(1)自我调节学习能力问卷。根据顺克(Schunk,1999)采用的自我调节学习能力问卷修订而成,包括 16 个题目,涵盖齐默曼(Zimmerman,1994)所提出的四个自我调节的维度。每个维度有 4 个项目。这四个维度是动机、方法、行为表现、社会环境来源。(2)元认知问卷。该问卷由《低年级元认知意识问卷 B 版》(Jr. MAI Version B)翻译修订而成。分为元认知知识、元认知调节两个维度。

在本研究中,根据验证性因素分析的结果,自我调节问卷中的社会环境维度有 2 道题目的负荷值过低(小于 0.3),因此决定删除社会环境维度,同时分别删除了 1 道元认知知识和元认知调节维度中负荷值过低的题目。修正后的学习策略问卷由 28 道题目组成,包括元认知知识、元认知调节、动机、方法、成绩结果五个维度。计算 Cronbach 信度系数得到同质性信度,$\alpha=0.909$。对问卷重新进行验证性因素分析,结果发现,各拟合指数基本接近可以接受的水平,所有题目标准化载荷都达到 0.31 以上,并且达到显著水平。

5. 学业成就测验

根据学生最近一次期中考试成绩,按照各年级成绩,转化成 T 分数后,取语文、数学和外语的 T 分数总分,作为学业成就测验的指标。

(三)研究过程

实验前统一培训主试,对指导语、施测时间,以及可能出现的与问卷有关的问题进行讲解。在教室内进行集体施测。施测结束后,回收问卷并输入计算机进行管理。

(四)数据处理方法

1. 录入数据并进行整理,删除不完整问卷及异常问卷。

2. 使用 spss11.5 与 Lisrel8.53 软件进行数据分析。

三、学业情绪影响学业成就的结构方程模型分析

本研究采用 Lisrel8.53 对学业情绪、成就目标、学习策略、自我效能与学业成就之间的关系进行了结构方程模型分析。

通过文献回顾,发现学业情绪、成就目标、自我效能、学习策略之间有着密切关系。然而对于这些因素在学业成就中的结构关系,以及这些因素之间的相互关系,研究结果还不一致。为了考察这四个因素与学业成就的关系,以及这四个因素之间的相互关系,建立模型进行比较。通过本研究的相关分析以及Elliot(2001)等人的研究都发现,目标之间有稳定的相关关系,因此,我们在各模型中,都假设掌握接近目标与掌握回避目标的误差项相关;掌握接近目标与成绩接近目标的误差项相关;掌握回避目标与成绩回避目标的误差项相关;成绩接近目标与成绩回避目标的误差项相关;以及掌握回避目标与成绩接近目标的误差项相关。在本研究数据的预处理中,我们考察了成就目标通过自我效能、学习策略影响学业成就的模型,结果表明拟合指数较好,因此,我们在所有的模型设定中都假设掌握接近目标(ZJMB)、掌握回避目标(ZHMB)、成绩接近目标(CJMB)、成绩回避目标(CHMB)、学业效能(XYXN)、学习策略(XXCL)对学业成就均有直接预测作用;掌握接近目标、掌握回避目标、成绩接近目标、成绩回避目标对学业效能和学习策略有直接预测作用。

本研究采用极大似然法,通过Lisrel软件进行结构模型估计。考虑到本研究涉及的变量比较多,将各类学业情绪分维度的得分作为各个学业情绪的外源变量,将学习策略问卷的各维度得分作为学习策略问卷的外源变量,成就目标、学业效能、学业成绩由于项目较少,因此,我们直接采用这些问卷的项目作为各自的观察变量。首先,我们以大约一半数据进行了探索性的结构方程模型分析。根据理论背景和研究框架,建立了每种学业情绪影响学业成就的可能模型。然后,进行了结构方程模型的探索分析,并在分析过程中选择一个各项拟合指数较好的模型。最后,我们利用另外一半数据对四个最优模型进行验证性的结构方程模型分析。

(一)测量模型的参数估计结果

在分析结构模型之前,我们先对测量模型进行了分析,即先检验各个潜变量的测量是否理想和有效,结果如表 5-4 所示。

表 5-4 测量模型的参数估计

项目	潜变量	参数	非标准化 估计值	非标准化 标准误	标准化
T1	掌握接近目标	2			0.67
T2	掌握接近目标		1.03***	0.08	0.69
T3	掌握接近目标		0.94***	0.08	0.63
T4	掌握回避目标	2			0.62
T5	掌握回避目标		1.14***	0.09	0.71
T6	掌握回避目标		1.12***	0.09	0.70
T7	成绩接近目标	2			0.65
T8	成绩接近目标		0.87***	0.09	0.56
T9	成绩接近目标		1.07***	0.10	0.69
T10	成绩回避目标	2			0.71
T11	成绩回避目标		0.96***	0.10	0.68
T12	成绩回避目标		0.51***	0.07	0.36
T13	学业效能	4			0.62
T14	学业效能		1.08***	0.08	0.67
T15	学业效能		0.96***	0.08	0.60
T16	学业效能		1.20***	0.08	0.74
T17	学业效能		1.09***	0.08	0.67
T18	学习策略	4			0.76
T19	学习策略		1.00***	0.05	0.76
T20	学习策略		0.92***	0.05	0.70

（续表）

项目	潜变量	参数	非标准化 估计值	非标准化 标准误	标准化
T21	学习策略		1.11***	0.05	0.85
T22	学习策略		0.94***	0.05	0.71
T23	学业成就	2			0.67
T24	学业成就		0.90***	0.08	0.60
T25	学业成就		1.10***	0.10	0.74
T26	积极高唤醒	2			0.35
T27	积极高唤醒		2.68***	0.33	0.93
T28	积极高唤醒		1.93***	0.24	0.67
T29	积极低唤醒	2			0.70
T30	积极低唤醒		0.95***	0.06	0.67
T31	积极低唤醒		1.05***	0.07	0.74
T32	消极高唤醒	2			0.78
T33	消极高唤醒		0.93***	0.05	0.72
T34	消极高唤醒		0.79***	0.05	0.62
T35	消极低唤醒	3			0.76
T36	消极低唤醒		1.13***	0.05	0.86
T37	消极低唤醒		0.87***	0.05	0.66
T38	消极低唤醒		0.99***	0.05	0.75

注：*** $p<0.001$

从表5-4的结果可以看出，测量模型的非标准化参数估计和标准化参数均比较理想，说明本研究的测量模型是有效的。

(二) 积极高唤醒学业情绪对学业成就影响的模型建构与比较

根据文献和以往研究分析，我们假设积极高唤醒学业情绪对学业成就的影

响模式可能有以下三种:

模型一:积极高唤醒学业情绪对掌握接近目标、掌握回避目标、学业效能、学习策略以及学业成就有预测作用;

模型二:积极高唤醒学业情绪对掌握接近目标、掌握回避目标、成绩接近目标、学业效能、学习策略以及学业成就有预测作用;

模型三:由于积极高唤醒学业情绪可能通过多种目标以及学业效能、学习策略等因素间接影响学业成就,因此,积极高唤醒学业情绪很可能对学业成就没有直接预测作用。故我们设定积极高唤醒学业情绪对掌握接近目标、掌握回避目标、成绩接近目标、学业效能、学习策略有预测作用。

表 5-5 中列出了使用极大似然法进行估计得到的各个模型以及验证性模型的拟合指数。

表 5-5　PH 学业情绪模型的各项拟合指标

模型	χ^2	df	χ^2/df	GFI	IFI	NNFI	CFI	RMSEA
模型 1	892.32	325	2.746	0.90	0.95	0.95	0.94	0.054
模型 2	862.99	324	2.664	0.91	0.95	0.95	0.95	0.053
模型 3	863.12	325	2.656	0.91	0.95	0.95	0.95	0.053
验证模型	801.26	325	2.465	0.91	0.96	0.95	0.96	0.0049

根据模型比较的原理,如果增加自由参数后,卡方非常显著地减少,说明增加自由参数是值得的。如果减少自由参数后,卡方没有显著地增加,说明减少自由参数是值得的(侯杰泰等,2002)。从表 5-5 可以看出,3 个假设模型拟合指标都达到了统计学标准,但是根据简洁原则以及模型比较的原理,我们选择模型 3。除 χ^2/df 较小以外,模型 3 的各项拟合指数也比其他模型要好。同时通过交叉验证也证明该模型合理有效。验证性的结构模型如图 5-3 所示。验

证模型的外源变量与内源变量的效应分析见表5-6。

从图5-3和表5-6可以看出积极高唤醒的学业情绪对掌握接近目标、掌握回避目标、成绩接近目标以及学业效能和学习策略均有显著积极预测作用；但对学业成就没有显著预测作用。掌握接近目标对学业效能、学习策略均有显著消极预测作用，但对学业成就没有显著预测作用。掌握回避目标对学业效能和学习策略有显著消极预测作用，但对学业成就没有显著预测作用。成绩接近目标对学业效能、学习策略都没有显著预测作用，但对学习成就有直接的积极预测作用；成绩回避目标对学业效能、学习策略有显著积极预测作用，但是对学业成就有显著消极预测作用。在整个模型中学业效能和学习策略对学业成就均没有显著预测作用，但学业效能对学习策略有积极的预测作用。积极高唤醒的学业情绪、成绩接近目标、成绩回避目标对学业成就的总效应是显著的，但成绩回避目标对学业成就的总效应是消极的。

表5-6 外源变量与内源变量的效应分析

		PH	ZJMB	ZHMB	CJMB	CHMB	XYXN	XXCL
ZJMB	直接效应	0.41***						
	间接效应							
	总效应	0.41***						
ZHMB	直接效应	0.19***						
	间接效应							
	总效应	0.19***						
CJMB	直接效应	0.20***						
	间接效应							
	总效应	0.20***						

（续表）

		PH	ZJMB	ZHMB	CJMB	CHMB	XYXN	XXCL
CHMB	直接效应							
	间接效应							
	总效应							
XYXN	直接效应	0.51***	0.39***	−0.37***	−0.05	0.12*		
	间接效应	0.08*						
	总效应	0.59***	0.39***	−0.37***	−0.05	0.12*		
XXCL	直接效应	0.12*	0.30***	−0.16**	−0.05	0.11*	0.56***	
	间接效应	0.41***	0.22***	−0.21***	−0.03	0.07*		
	总效应	0.54***	0.52***	−0.37***	−0.08	0.18	0.56***	
XYCJ	直接效应		0.10	−0.09	0.30***	−0.31***	0.12	0.00
	间接效应	0.15***	0.04	−0.04	−0.01	0.01	0.00	
	总效应	0.15***	0.14	−0.13	0.29***	−0.30***	0.12	0.00

注：1：*** $p<0.001$；** $p<0.01$；* $p<0.05$。ZJMB 表示掌握接近目标；ZHMB 表示掌握回避目标；CJMB 表示成绩接近目标；CHMB 表示成绩回避目标；XYXN 表示学业效能；XXCL 表示学习策略；XYCJ 表示学业成就（以下同）。

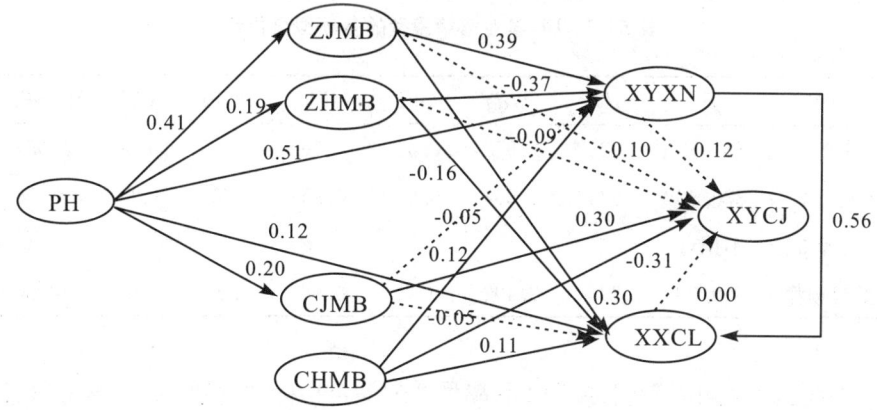

图5-3 经过验证得到的积极高唤醒学业情绪对学业成就影响的模型

注：——表示路径系数显著，$p<0.05$；……表示路径系数不显著（以下同）。

(三) 积极低唤醒学业情绪对学业成就影响的模型建构与比较

根据前人研究,我们假设积极低唤醒学业情绪对学业成就的影响模式可能有以下三种:

模型一:积极低唤醒学业情绪对掌握接近目标、掌握回避目标、学业效能、学习策略以及学业成就有预测作用;

模型二:积极低唤醒的学业情绪对掌握接近目标、掌握回避目标、成绩接近目标、学业效能、学习策略以及学业成就有预测作用;

模型三:由于积极低唤醒学业情绪可能通过多种目标以及学业效能、学习策略影响学业成就,因此,积极低唤醒学业情绪很可能对学业成就没有直接预测作用,因此,我们设定积极低唤醒学业情绪对掌握接近目标、掌握回避目标、成绩接近目标、学业效能、学习策略有预测作用。

表5-7中列出了使用极大似然法进行估计得到的各个模型以及验证性模型的拟合指数。

表5-7 PL学业情绪模型的各项拟合指示

模型	χ^2	df	χ^2/df	GFI	IFI	NNFI	CFI	RMSEA
模型1	831.48	325	2.558	0.91	0.96	0.95	0.96	0.051
模型2	830.82	324	2.564	0.91	0.96	0.95	0.96	0.051
模型3	不拟合							
验证模型	809.98	325	2.492	0.91	0.96	0.96	0.96	.0050

从表5-7可以看出,模型1和模型2的拟合指标都达到了统计学标准,但是根据简洁原则以及模型比较的原理,我们选择模型1。同时采用另外一半数据进行验证性结构方程模型分析,也验证模型1合理有效。验证性的结构模型

如图 5-4 所示。验证模型的外源变量与内源变量的效应分析见表 5-8。

表 5-8 外源变量与内源变量的效应分析

		PH	ZJMB	ZHMB	CJMB	CHMB	XYXN	XXCL
ZJMB	直接效应	0.32***						
	间接效应							
	总效应	0.32***						
ZHMB	直接效应	−0.25***						
	间接效应							
	总效应	−0.25***						
CJMB	直接效应							
	间接效应							
	总效应							
CHMB	直接效应							
	间接效应							
	总效应							
XYXN	直接效应	0.65***	0.24**	−0.05	0.07	0.01		
	间接效应	0.09*						
	总效应	0.74***	0.24**	−0.05	0.07	0.01		
XXCL	直接效应	0.31***	0.26***	−0.06	0.00	0.08	0.43***	
	间接效应	0.41***	0.10*	−0.02	0.03	0.01		
	总效应	0.72***	0.36***	−0.08	0.02	0.09	0.43***	
XYCJ	直接效应	0.30**	0.10	−0.06	0.33***	−0.30***	−0.01	−0.12
	间接效应	−0.05	−0.05	0.01	0.00	−0.01	−0.05	
	总效应	0.25***	0.06	−0.05	0.32***	−0.31***	−0.06	−0.12

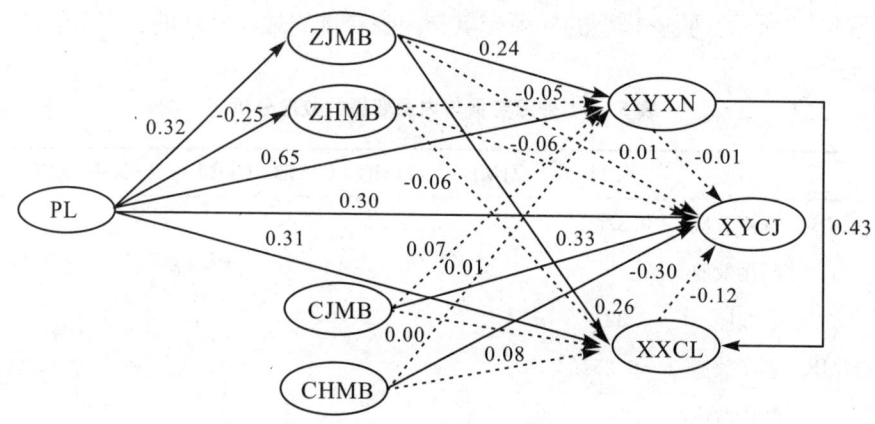

图 5-4　经过验证得到的积极低唤醒学业情绪对学业成就影响的模型

从图 5-4 和表 5-7 可以看出积极低唤醒的学业情绪对掌握接近目标、学业效能、学习策略、学业成就均有显著积极预测作用，对掌握避免目标有消极的预测作用。掌握接近目标对学业效能和学习策略均有显著积极预测作用，掌握回避目标对学业效能、学习策略和学业成就没有显著预测作用。成绩接近目标对学业效能、学习策略都没有显著预测作用，但对学习成就有直接的积极预测作用；成绩回避目标对学业效能、学习策略没有预测作用，但是对学业成就有显著消极预测作用。在整个模型中学业效能和学习策略对学业成就均没有显著预测作用，但学业效能对学习策略有积极的预测作用。积极低唤醒的学业情绪、成绩接近目标、成绩回避目标对学业成就的总效应是显著的，但成绩回避目标对学业成就的总效应是消极的。

（四）消极高唤醒学业情绪对学业成就影响的模型建构与比较

根据前人研究，我们假设消极高唤醒学业情绪对学业成就的影响模式可能有以下三种：

模型一：消极高唤醒学业情绪对掌握回避目标、成绩回避目标、学业效能、

学习策略以及学业成就有预测作用;

模型二:消极高唤醒的学业情绪对掌握回避目标、成绩接近目标、成绩回避目标、学业效能、学习策略以及学业成就有预测作用;

模型三:由于消极高唤醒学业情绪可能通过多种目标以及学业效能、学习策略影响学业成就,因此,消极高唤醒学业情绪很可能对学业成就没有直接预测作用。因此,我们设定消极高唤醒学业情绪对掌握回避目标、成绩接近目标、成绩回避目标、学业效能、学习策略有预测作用。

表5-9中列出了使用极大似然法进行估计得到的各个模型以及验证性模型的拟合指数。

表5-9 NH 学业情绪模型的各项拟合指标

模型	χ^2	df	χ^2/df	GFI	IFI	NNFI	CFI	RMSEA
模型1	975.20	325	3.000	0.90	0.94	0.93	0.94	0.058
模型2	913.36	324	2.819	0.90	0.95			0.055
模型3	917.23	325	2.822	0.90	0.95	0.94	0.95	0.055
验证模型	893.36	324	2.757	0.90	0.95	0.94	0.95	.0054

从表5-9可以看出,3个假设模型拟合指标都达到了统计学标准,但是根据简洁原则以及模型比较的原理,我们选择模型2。同时采用验证数据进行结构模型分析,也验证模型2合理有效。验证性的结构模型如图5-5所示。验证模型的外源变量与内源变量的效应分析见表5-10。

表 5‑10 外源变量与内源变量的效应分析

		PH	ZJMB	ZHMB	CJMB	CHMB	XYXN	XXCL
ZJMB	直接效应							
	间接效应							
	总效应							
ZHMB	直接效应	0.70***						
	间接效应							
	总效应	0.70***						
CJMB	直接效应	0.32***						
	间接效应							
	总效应	0.32***						
CHMB	直接效应	0.32***						
	间接效应							
	总效应	0.32***						
XYXN	直接效应	−0.23*	0.50***	−0.15	0.01	0.05		
	间接效应	−0.09						
	总效应	−0.32***	0.50***	−0.15	0.01	0.05		
XXCL	直接效应	−0.06	0.29***	−0.08	−0.04	0.09	0.63***	
	间接效应	−0.24***	0.31***	−0.10	0.01	0.03		
	总效应	−0.30***	0.60***	−0.18	−0.03	0.12	0.63***	
XYCJ	直接效应	−0.25*	0.05	0.07	0.35***	−0.31***	0.08	−0.02
	间接效应	−0.03	0.03	−0.01	0.00	0.00	−0.01	
	总效应	−0.21***	0.08	0.06	0.35***	−0.31***	0.07	−0.02

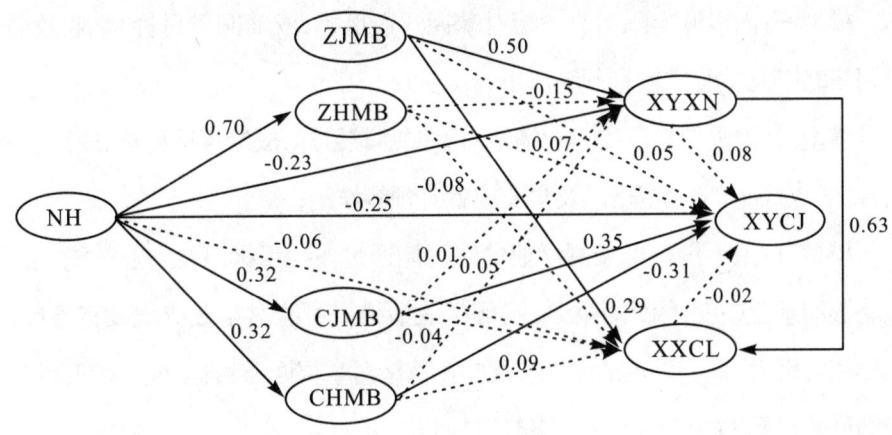

图 5-5 经过验证得到的消极高唤醒学业情绪对学业成就影响的模型

从图 5-5 和表 5-9 可以看出消极高唤醒的学业情绪对掌握回避目标、成绩接近目标、成绩回避目标均有显著积极预测作用，对学业效能、学业成就有消极的预测作用，对学习策略没有显著预测作用。掌握接近目标对学业效能和学习策略均有显著积极预测作用，但对学业成就没有显著预测作用；掌握回避目标对学业效能、学习策略和学业成就没有显著预测作用。成绩接近目标对学业效能、学习策略都没有显著预测作用，但对学习成就有直接的积极预测作用；成绩回避目标对学业效能、学习策略没有预测作用，但是对学业成就有显著消极预测作用。在整个模型中学业效能和学习策略对学业成就均没有显著预测作用，但学业效能对学习策略有积极的预测作用。消极高唤醒的学业情绪、成绩接近目标、成绩回避目标对学业成就的总效应是显著的，但消极高唤醒学业情绪与成绩回避目标对学业成就的总效应是消极的。

（五）消极低唤醒学业情绪对学业成就影响的模型建构与比较

根据前人研究，我们假设消极低唤醒学业情绪对学业成就的影响模式可能有以下三种：

模型一:消极低唤醒学业情绪对掌握回避目标、成绩回避目标、学业效能、学习策略以及学业成就有预测作用;

模型二:消极低唤醒的学业情绪对掌握回避目标、成绩接近目标、成绩回避目标、学业效能、学习策略以及学业成就有预测作用;

模型三:由于消极低唤醒学业情绪可能通过多种目标以及学业效能、学习策略影响学业成就,因此,消极低唤醒学业情绪很可能对学业成就没有直接预测作用。因此,我们设定消极低唤醒学业情绪对掌握回避目标、成绩接近目标、成绩回避目标、学业效能、学习策略有预测作用。

表 5-11 各个模型以及验证性模型的拟合指标

模型	χ^2	df	χ^2/df	GFI	IFI	NNFI	CFI	RMSEA
模型 1	1125.20	352	3.197	0.89	0.94	0.93	0.94	0.060
模型 2	1116.51	351	3.181	0.89	0.94	0.93	0.94	0.060
模型 3	1128.66	352	3.206	0.89	0.94	0.93	0.94	0.061
验证模型	1069.68	351	3.048	0.89	0.95	0.95	0.95	0.0058

从表 5-11 可以看出,3 个假设模型拟合指标都基本达到了统计学标准,但是根据简洁原则以及模型比较的原理,我们选择模型 2。同时采用验证数据进行结构模型分析,也验证模型 2 合理有效。验证性的结构模型如图 5-6 所示。验证模型的外源变量与内源变量的效应分析见表 5-12。

表 5-12　外源变量与内源变量的效应分析

		PH	ZJMB	ZHMB	CJMB	CHMB	XYXN	XXCL
ZJMB	直接效应							
	间接效应							
	总效应							
ZHMB	直接效应	0.44***						
	间接效应							
	总效应	0.44***						
CJMB	直接效应	0.23***						
	间接效应							
	总效应	0.23***						
CHMB	直接效应	0.34***						
	间接效应							
	总效应	0.34***						
XYXN	直接效应	−0.59***	0.30***	−0.11	0.06	0.13*		
	间接效应	0.01						
	总效应	−0.58***	0.30***	0.11	0.06	0.13*		
XXCL	直接效应	−0.27***	0.26***	−0.06	−0.02	0.14*	0.53***	
	间接效应	−0.29***	0.16***	−0.06	0.03	0.07*		
	总效应	−0.57***	0.42***	−0.12	0.01	0.20**	0.53***	
XYCJ	直接效应	−0.19*	0.08	−0.07	0.32***	−0.27**	0.05	−0.06
	间接效应	−0.05	−0.01	0.00	0.00	−0.01	−0.03	
	总效应	−0.23***	0.07	−0.07	0.32***	−0.28***	0.02	−0.06

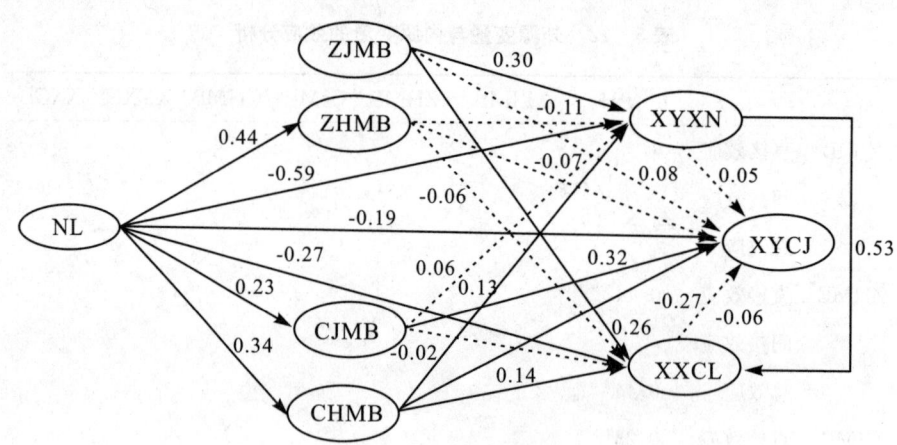

图 5-6　经过验证得到的消极低唤醒学业情绪对学业成就影响的模型

从图 5-6 和表 5-11 可以看出消极低唤醒的学业情绪对掌握回避目标、成绩接近目标、成绩回避目标均有显著积极预测作用,对学业效能、学习策略、学业成有显著消极预测作用。掌握接近目标对学业效能和学习策略均有显著积极预测作用,但对学业成就没有显著预测作用;掌握回避目标对学业效能、学习策略和学业成就没有显著预测作用。成绩接近目标对学习成就有直接的积极预测作用;成绩回避目标对学业效能、学习策略有积极预测作用,但是对学业成就有显著消极预测作用。在整个模型中学业效能和学习策略对学业成就均没有显著预测作用,但学业效能对学习策略有积极的预测作用。消极低唤醒的学业情绪、成绩接近目标、成绩回避目标对学业成就的总效应是显著的,但消极低唤醒学业情绪与成绩回避目标对学业成就的总效应是消极的。

四、学业情绪影响学业成就的途径

(一)学业情绪对学业成就的影响

本研究通过探索性结构方程模式和验证性结构方程模式考察了学业情绪

对学业成就的影响。结果发现,学业情绪对学业成就的影响十分明显,并且不同的学业情绪影响学业成就的模式不同。除了积极高唤醒学业情绪需要通过目标设定、学业效能和学习策略影响学业成就外,其余学业情绪均对学业成就有显著的直接影响。并且积极学业情绪对学业成就的影响是积极的,而消极学业情绪对学业成就的影响是消极的。大多数研究者都认为学业情绪与学业成就是有关系的,这一观念也得到了许多实证研究的证实。例如,这与其他研究的结果相一致(Gumora, Arsenio, 2002)。他们在研究中发现,学生的情绪调节、一般情感定向和学业情感是彼此相关的,并且它们对学生的学业分数都有各自的贡献。埃利斯等人(1997)研究发现抑郁会降低阅读理解的成绩。但帕克让(2002)的研究与本研究的结果有不同之处。在对消极学业情绪的作用上,他们的观点与本研究一致,他们认为消极学业情绪能够预测低成就和大学生中不及格、退学的情况。但是对于积极学业情绪他们认为,积极高唤醒情绪(如愉快、希望、骄傲)能够预测高成就,但是放松不能直接预测学业成就。造成这种不一致的结果,可能有几方面的原因。首先,帕克让等人的研究和本研究采用的测评学业情绪的工具不同;其次,情绪受文化因素的影响,在不同的文化背景下,可能学业情绪的作用也会有所差异。

(二)学业情绪对成就目标的影响

自从人格心理学家提出了动机的层级模型之后,目标被认为是抽象的动机定向的具体表征(Elliot, 1997)。人们比较一致的看法是目标处于整体动机定向与特定行为之间。因此,目标设定对特定行为有直接的影响。在成就目标理论中有两种主要观点:一种是目标的标准模型(normative models),掌握目标的学生致力于学习和掌握任务内容,能够使用更多的认知、元认知策略并有更好的成绩,与高水平的效能、任务价值、兴趣、积极情绪、努力和坚持性等适应性结果有关。而成绩目标似乎没有动机、情感、策略使用以及成绩等适应性结果(Pintrich 2000); 另外一种是目标的修正模型(revised models), 这种观点将成绩目标分为成绩接近目标和成绩回避目标, 认为只有成绩回避目标是非适应性的(Elliot,1997;Wolters, Yu, & Pintrich, 1996; Linnenbrink, 2002; Harackiewicz, 1997, 1998; Elliot, 1996, 1997), 成绩接近目标则可以更好的影响成绩和成就, 而掌握目标仅仅与内在兴趣相关。艾略特(1999,2001)的研究也得出了支持目标修正理论的结果。

从本研究结果中还可以发现, 具有积极学业情绪的学生更容易设定掌握目标, 并且具有积极高唤醒学业情绪也可能导致学生设定成绩接近目标, 而具有消极学业情绪的学生更容易设定回避目标和成绩目标。这一结果说明, 学生在积极的情绪下, 可能知觉到他们有有效的资源去接近一个确定的结果, 使他们更可能关注理解学习内容的目标, 或者能说明他们能力的目标。相比较, 在消极情绪下, 学生可能感觉到他们没有资源去接近一个特定目标, 他们很可能只是在尽力避免不想要的结果。这一研究结果与其他人的观点有不一致的地方(Linnenbrink, 2002)。他们认为情绪更可能预测掌握目标, 而与成绩目标无关, 特别是消极情绪能够消极预测掌握接近目标。但是, 如前所述, 本研究的结果与帕克让等人的研究具有一致性。同时, 已有的研究表明, 掌握目标的学生集中在学习和掌握任务内容上, 与许多适应性的结果有关, 包括高水平的效能、任务价值、兴趣、积极情绪、努力和坚持性、使用更多的认知、元认知策略和有更好的成绩。因此, 可以推测积极学业情绪应该能够预测适应性的掌握目标, 这与我们的研究结论相一致。

同时本研究结果也发现, 不论是在哪种学业情绪下, 掌握接近目标都对学业效能、学习策略有显著积极预测作用, 但掌握接近目标和掌握回避目标对学业成就则没有直接的预测作用,成绩接近目标对成绩具有显著积极预测作用,成绩回避目标对成绩具有显著消极预测作用。这一研究结果支持了成就目标的修订理论。同时也说明,掌握接近目标对学业效能和学习策略的作用、成绩接近目标和成绩回避目标对成绩的影响是稳定的,在不同的学业情绪状态下都表现出了相同的模式。

(三)学业情绪对学业效能和学习策略的影响

本研究发现积极学业情绪能够积极预测学业效能和学习策略,消极学业情绪能够消极预测学业效能,消极低唤醒学业情绪还能消极预测学习策略。而学业效能和学习策略是提高学业成就的重要因素(Volet, 1997)。对学业成绩的个体差异研究也表明,学生投入自我调节学习活动、合理使用认知和元认知学习策略是教育效果的一个重要方面,也是一般儿童与学习不良儿童存在成绩差异的原因之一。这进一步证明,积极学业情绪是与学习的适应性结果相关的,而消极学业情绪是与非适应性的学业结果相关。但同时本研究也发现,在考虑了学业情绪、成就目标因素之后,学业效能和学习策略对学业成就则没有显著预测作用。这一结果与以往对学习效能和学习策略的研究结果不一致,也跟我们的预期有所不同。在研究数据的过程中,我们发现,不考虑学业情绪的因素,学业效能和学习策略对学业成就均有显著的直接影响。从这一结果可以看出,由于学业情绪的作用,本来应该对学习起显著预测作用的因素却被学业情绪的作用所掩盖了,这更凸显了学业情绪对学业成就的作用。但是,这样的结果也可能与我们测评学业效能和学习策略的内容和工具有关,其稳定性还有待于进一步研究和深入探讨。此外,最近的研究表明,学业情绪与学生的父母期望、成功或失败的归因有密切关系。但是,本研究没有纳入这些变量,这可能也是影响本研究结果的因素,因此,在未来的研究中,我们会考虑更多的有关影响学业成就的重要变量,同时会开展一些对学业情绪进行干预的研究。

因此,从学业情绪对学业成就、目标定向、学业效能、学习策略的影响来看,积极的学业情绪对学业具有促进作用,而消极的学业情绪对学业具有阻碍作用。

综上所述,本研究发现:(1)不同的学业情绪影响学业成就的模式不同。积极高唤醒学业情绪对学业成就没有直接影响,它可以通过积极预测掌握接近目标、掌握回避目标、成绩接近目标、学业效能和学习策略来间接对学业成就产生显著的影响;积极低唤醒学业情绪能够显著积极预测学业成就;消极高唤醒学业情绪能够显著消极预测学业成就;消极低唤醒学业情绪能够显著消极预测学业成就;(2)从学业情绪对学业成就、目标定向、学业效能、学习策略的影响来看,积极的学业情绪对学业具有促进作用,而消极的学业情绪对学业具有阻碍作用;(3)学业情绪会影响目标设定、自我效能和学习策略对学业成就的影响。但是掌握接近目标、成绩接近目标和成绩回避目标在不同的学业情绪下对学业的影响都有相同的模式。当考虑学业情绪因素时,学业效能和学习策略对学业成就的预测作用不再显著。

第三节 学习不良青少年学业情绪影响学业成就的模式[①]

学习不良个体在听、说、读、写、推理、计算等单一或多方面成绩落后,同时可能伴随一种或多种心理行为问题(如情绪、认知、社会知觉以及社会交往等方面的障碍)。学习不良个体的学业成就低下是由多种消极因素造成的,可能会

---

① 董妍. 学习不良青少年学业情绪研究[D]. 中科院心理研究所,2006:78-82.

贯穿于一生,这给他们的生活和工作带来了很多困难。正常青少年的学业情绪对学业成就是有显著影响的,那么,学习不良儿童学业情绪影响学业成就的机制是否与正常青少年一样呢?

一、学习不良青少年学业情绪影响学业成就机制的检验方法

我们的研究结果表明,学习不良青少年的学业情绪与一般青少年有所区别。那么,他们的学业情绪是否对他们的学业成就有影响呢?如果有影响,其中影响的途径又有哪些?与一般青少年是否有所区别呢?为了了解学习不良青少年与一般青少年在学业情绪影响学业成就的模式上是否有差异,我们进行了结构方程模型的多组比较研究,以考察学业情绪影响学习不良青少年学业成就的模式。首先,我们检验了一般青少年与学习不良青少年的数据拟合情况。根据侯杰泰等人(2003)的建议,我们将按照下面的顺序进行两组被试模型的比较:(1)模型形态相同;(2)负荷;(3)潜变量之间的方差和协方差;(4)结构方程的路径系数;(5)测量误差的方差和协方差,回归残差的方差和协方差。并且根据模型比较的原理,当有一个假设被拒绝时,后面的检验就不再进行。

本研究假设,学业情绪对学习不良青少年学业成就的影响模式可能与一般青少年不同。

被试选取了浙江萧山某普通初中与某高中学生1034人,其中学习不良学生506人,一般青少年528人,被试的基本情况见表5-13。

表 5-13 被试的基本情况(n=1034)

组别 年级	学习不良青少年				一般青少年			
	年龄	男生	女生	总人数	年龄	男生	女生	总人数
初一	12.69±0.44	67	31	98	12.63±0.37	50	51	101
初二	13.77±0.49	54	24	78	13.71±0.44	39	41	80
初三	14.81±0.51	22	8	30	14.70±0.34	16	16	32
高一	15.81±0.39	54	59	113	15.73±0.42	58	58	116
高二	16.90±0.51	60	46	106	16.69±0.50	56	56	112
高三	17.85±0.48	53	28	81	17.85±0.37	41	46	87
合计	15.33±1.87	310	196	506	15.27±1.86	261	267	528

二、学习不良青少年与一般青少年学业情绪影响学业成就的模式比较

(一)两组青少年在积极高唤醒学业情绪影响学业成就上的模式比较

通过检验发现,一般青少年与学习不良青少年在积极高唤醒学业情绪影响学业成就的模式上有相同的表现(结果见表 5-14 M_1 的拟合指数),并且当限定两组被试的数据有相同的负荷时,结果显示,M_2 的 $\chi^2 = 1772.19$,$\Delta\chi^2 = 7.38$($p > 0.05$,不显著),ΔRMSEA$=0.001$,ΔNNFI$=0.00$,ΔCFI$=0.00$,所以可以认为一般青少年组与学习不良青少年组负荷相同。但是在限定两组青少年的潜变量之间的方差和协方差等同后,结果显示,M_3 的 $\chi^2 = 1807.15$,$\Delta\chi^2 = 34.96$($p < 0.01$,显著),所以可以认为一般青少年组与学习不良青少年组潜变量之间存在显著差异。

表 5-14 两组青少年结构方程模式比较的拟合指数(PH 学业情绪对学业成就的影响)

模型		χ^2	df	χ^2/df	NNFI	CFI	RMSEA
M_{nid}	一般青少年单独估计	860.76	325	2.558	0.93	0.94	0.056
M_{ld}	学习不良青少年单独估计	904.06	325	2.781	0.92	0.93	0.059
M_1	模型形态相同	1764.81	650	2.715	0.93	0.94	0.058
M_2	负荷等同	1772.19	670	2.570	0.93	0.94	0.057
M_3	潜变量之间的方差和协方差等同	1807.15	683	2.646	0.93	0.94	0.057

(二)两组青少年在积极低唤醒学业情绪影响学业成就上的模式比较

通过检验发现,一般青少年与学习不良青少年在积极低唤醒学业情绪影响学业成就的模式上有相同的表现(结果见表 5-15 M_1 的拟合指数),并且当限定两组被试的数据有相同的负荷时,结果显示,M_2 的 $\chi^2=1760.32$,$\Delta\chi^2=25.65(p>0.05,不显著)$,$\Delta$RMSEA$=0.001$,$\Delta$NNFI$=0.00$,$\Delta$CFI$=0.00$,所以可以认为一般青少年组与学习不良青少年组负荷相同。但是在限定两组青少年的潜变量之间的方差和协方差等同后,结果显示,M_3 的 $\chi^2=1791.71$,$\Delta\chi^2=31.39(p<0.01,显著)$,所以可以认为一般青少年组与学习不良青少年组潜变量之间存在显著差异。

表 5-15 两组青少年结构方程模式比较的拟合指数(PL 学业情绪对学业成就的影响)

模型		χ^2	df	χ^2/df	NNFI	CFI	RMSEA
M_{nid}	一般青少年单独估计	841.93	325	2.591	0.94	0.95	0.055
M_{ld}	学习不良青少年单独估计	892.74	325	2.747	0.92	0.93	0.059
M_1	模型形态相同	1734.67	650	2.669	0.93	0.94	0.057
M_2	负荷等同	1760.32	670	2.627	0.94	0.94	0.056
M_3	潜变量之间的方差和协方差等同	1791.71	683	2.623	0.94	0.94	0.056

(三)两组青少年在消极高唤醒学业情绪影响学业成就上的模式比较

通过检验发现,一般青少年与学习不良青少年在消极高唤醒学业情绪影响学业成就的模式上有相同的表现(结果见表 5-16 M_1 的拟合指数),但是当限定两组被试的数据有相同的负荷时,结果显示,M_2 的 $\chi^2=1845.94$,$\Delta\chi^2=40.54(p<0.01,显著)$,$\Delta\text{RMSEA}=0.000$,$\Delta\text{NNFI}=0.00$,$\Delta\text{CFI}=0.00$,所以可以认为一般青少年组与学习不良青少年组负荷有所不同。

表 5-16 两组青少年结构方程模式比较的拟合指数(NH 学业情绪对学业成就的影响)

模型		χ^2	df	χ^2/df	NNFI	CFI	RMSEA
M_{nid}	一般青少年单独估计	831.48	324	2.566	0.94	0.95	0.055
M_{ld}	学习不良青少年单独估计	973.92	324	3.006	0.90	0.92	0.063
M_1	模型形态相同	1805.40	648	2.786	0.92	0.93	0.059
M_2	负荷等同	1845.94	668	2.763	0.92	0.93	0.059

(四)两组青少年在消极低唤醒学业情绪影响学业成就上的模式比较

通过检验发现,一般青少年与学习不良青少年在消极低唤醒学业情绪影响学业成就的模式上有相同的表现(结果见表 5-17 M_1 的拟合指数),并且当限定两组被试的数据有相同的负荷时,结果显示,M_2 的 $\chi^2=2225.02$,$\Delta\chi^2=22.01(p>0.05,不显著)$,$\Delta\text{RMSEA}=0.000$,$\Delta\text{NNFI}=0.00$,$\Delta\text{CFI}=0.00$,所以可以认为一般青少年与学习不良青少年组负荷相同。但是在限定两组青少年的潜变量之间的方差和协方差等同后,结果显示,M_3 的 $\chi^2=2251.74$,$\Delta\chi^2=26.72(p<0.05,显著)$,所以可以认为一般青少年组与学习不良青少年组潜变量之间存在显著差异。

表 5-17　两组青少年结构方程模式比较的拟合指数（NL 学业情绪对学业成就的影响）

模型		χ^2	df	χ^2/df	NNFI	CFI	RMSEA
M_{nld}	一般青少年单独估计	1055.13	351	3.006	0.93	0.94	0.062
M_{ld}	学习不良青少年单独估计	1147.88	351	2.703	0.90	0.91	0.067
M_1	模型形态相同	2203.01	702	3.138	0.92	0.93	0.064
M_2	负荷等同	2225.02	723	3.077	0.92	0.93	0.064
M_3	潜变量之间的方差和协方差等同	2251.74	736	3.059	0.92	0.93	0.063

三、学习不良青少年学业情绪影响学业成就的模式分析

通过一般青少年与学习不良青少年学业情绪影响学业成就的模式比较，我们发现，不同类型的学业情绪对学习不良青少年与一般青少年的影响模式都是一样的。这说明，学习不良青少年与一般青少年在学业情绪影响学业成就的模式形态上没有本质区别。也就是说，虽然学习不良青少年是一个特殊群体，但是，学习不良青少年的学业情绪对学业成就的影响模式与一般青少年是相同的。其实在有关学习不良青少年的抑郁研究中，也得出了类似的结论。研究者(Maag & Reid,2006)发现，虽然学习不良青少年比一般青少年获得了更高的抑郁分数，但是差异的程度不能充分的把学习不良青少年视为临床的情感障碍的范围。那么，这在某种程度上，也说明学习不良青少年的情绪问题跟一般青少年仅仅在程度上有差异，但是还没有达到本质的差异。但是，本研究和Maag等人的研究仅仅是学业情绪研究的某几个方面，学习不良青少年与一般青少年学业情绪上的差异还需要进一步的多方面研究来揭示。然而，不容忽视是，学业情绪影响学业成就的模式中，当设定负荷等同或者潜变量之间的方差和协方差等同的时候，学习不良青少年与一般青少年的模式将不再拟合，这说明，在学

业情绪影响学业成就的模式中,学习不良青少年与一般青少年可能存在量上的差异。前面的研究已经表明,学习不良青少年与一般青少年在学业情绪得分上有差异,因此,这种差异可能是导致模型不再拟合的原因,也有可能是学习不良青少年在成就目标、学业效能、学习策略或者学业成就上与一般青少年的差异导致的,这提示我们需要进一步通过干预措施来改善学习不良青少年的学业情绪,使之能够发挥出更佳的作用,才能提高学习不良青少年的学业成就。

第六章 学习不良学生的学业情绪研究

19世纪50年代末,美国研究者席兰德(Thelander)首次提出了学习不良(learning disabilities)这一概念(俞国良,1995)。学习不良也被称为学习障碍,但是"学习不良"起初仅针对小部分怀疑有中枢神经系统问题的儿童,他们常常表现出异常的发展模式,通常被认为是异质群体,随后,美国成立了学习不良儿童协会(Association for Children with Learning Disabilities, ACLD),由柯克(Kirk,1962)等人首次对学习不良进行了定义。在柯克等人的定义中,学习不良指口语、阅读、写作、数学以及其他科目上的落后、障碍或发展迟滞,这可能是由脑功能障碍或情感、行为失调造成的,而不是智力落后、感觉剥夺或文化教育因素的结果。近年来随着学习不良研究内容的不断丰富和完善,对学习不良的定义也不断变化与更新。美国残障者教育法(IDEA)、美国学习不良国家联合委员会(NJCLD)等都对学习不良重新进行了界定。虽然各种学习不良的界定上存在着一定的差异,但是学者们对学习不良形成了以下基本认识(张雅明、俞国良,2003):(1)学习不良是一个集合性概念,包括学业、心理发展等诸方面的落后和困难。从心理学的角度看,它本质上是一种或多种心理过程障碍,主要表现在听、说、读、写、思考、数学计算等学业方面及心理发展方面的落后和困难,这一状况是多种消极因素相互作用的结果;(2)学习不良儿童属于"异质"群体。这里的"异质"既指与普通儿童相比,学习不良儿童的学业成绩明显落后,有着独特的心理特点,需要特殊的教育和帮助,也指学习不良现象,不论外在特征,还是内部原因都是复杂多样的,存在各种亚类型;(3)学习不良儿童表现出两方面的特点:一是"学习差",在某一或某些学科上学业成绩低,或者在学习的某些方面存在困难,这是本质特征;二是伴随有社会性发展不良或心理行为问题;(4)学习不良是可逆的,依靠合适的教育训练可以加以改变,它与智力落后、感官损伤造成的学习问题有着根本不同;(5)学习不良可以贯穿于人的一生发展过程中,不仅在儿童中存在,成人学习不良者同样存在;(6)学习不良是多学科的研究对象,心理学、教育学、神经学、医学等学科应进行跨领域的合作研究。

本章首先概要介绍学习不良学生的情绪问题,接下来分别通过三个实证研究来考察学习不良学生的学业情绪特点、影响因素以及教育干预情况。

第一节 学习不良学生的情绪问题[①]

情绪对人们的生活具有重要的影响,但是,学习不良儿童的情绪研究却被忽视了。实际上,学习不良儿童比一般儿童具有更多的情绪问题。有关学习不良儿童焦虑与抑郁情绪的研究,揭示了学习不良与情绪困扰之间的关系,我们应采取有效措施改善学习不良儿童的情绪问题。

从学习不良的相关研究中可以看到,学习不良个体往往存在学业困难,同时伴随着一系列的心理行为问题。各个国家都有一定比例的学习不良儿童,美

---

① 董妍. 学习不良儿童的情绪问题[J]. 世界教育信息,2007:5,12—15.

国联邦教育部 1991 年的统计表明,学习不良儿童约占学生总数的 5%。上世纪 90 年代以后,美国每年学习不良儿童的增长率在 17% 或者更高的水平上。到 1997 年,奥克兰和菲力浦(Oakland & Phillips)估计全世界约有 1.5 亿学习不良儿童。目前,我国学习不良儿童的比例也日益增多。从学习不良的定义来看,情绪困扰本身并不构成学习不良,但是许多研究证明,学习不良儿童和学习不良青少年都存在较为严重的情绪和行为问题。如本德和沃尔(Bender & Wall)就曾指出学习不良异质群体比一般儿童可能更易有情绪和社会性问题。同时,越来越多的研究也证明,个体在学业成绩上的差异不能仅仅解释为一般能力的差异,而是认知、情感和动机变量交互作用的结果。因此,了解学习不良儿童的情绪问题对我们理解学习不良儿童的学习和生活具有重要的理论与现实意义。

一、学习不良儿童的情绪研究

临床观察表明,学习不良儿童经受了长期低水平的焦虑和抑郁,关于学习不良儿童的情绪研究也主要集中在焦虑和抑郁两个方面。

(一) 学习不良儿童的焦虑研究

当个体预感到有潜在的危险或不幸时,会产生强烈的负性情绪和紧张的生理反应,这就是焦虑。焦虑是一种类似于担忧的心理反应,一个高度焦虑的人通常是一个容易激动紧张、唤醒程度高的人。人们在经历重大事件前,如重要的考试、面试等,常常会感到焦虑。适度的焦虑会使我们行动和思考变得更为迅速。例如,如果在考试之前有一定程度的焦虑会使我们对考试准备得更加充分。从这种意义上说,焦虑是一种适应性行为,使儿童从生理和心理上都更好地应对可能危及他们安全或安宁的人、事或物。但过度的焦虑则会对儿童的生活造成危害,过度、不可控制的焦虑将削弱身体的机能。儿童如果因为焦虑不能在考试中集中精力,或花太多的时间去思考考试不及格带来的可怕后果,就会影响到他的答题情况,从而使他不能通过考试。

关于学习不良儿童焦虑的研究得出了比较一致的结论,即认为学习不良儿童会比一般儿童产生更多的焦虑。我国研究者也得出了类似的结论,杨心德发现,与学习优秀学生相比,学习不良学生的平均焦虑水平与学习优秀学生无显著差异,但学习困难学生中高焦虑者和低焦虑者明显多于学习优秀学生。李艳红的研究也发现,学习不良儿童存在一定的焦虑情绪,造成这些儿童焦虑的主要原因有人格因素、负性生活事件、社会支持以及应对方式等。同时,从个体水平来看,坎特威尔和贝克(Cantewell & Baker)估计有25%的学习不良儿童达到了焦虑的程度。为什么学习不良儿童会产生高焦虑的心理问题呢?很多研究表明,其原因在于学习不良儿童倾向于比非学习不良儿童有更低的自我概念、更高的外部控制点及更少的社会接纳性。

除了一般焦虑的研究之外,另外一些学者专门探讨了学习不良儿童的测验焦虑(test anxiety)问题。结果发现,学习不良和行为失常的儿童比一般儿童有更高水平的测验焦虑。斯旺森和豪厄尔(Swanson & Howell)的研究表明,学习不良儿童高水平的测验焦虑会妨碍他们的学习动机和学习策略。这可能会增加对学习不良儿童学习和成绩的干扰,这些不适当的学习策略也可能导致测验焦虑的进一步增加。同时,他们的研究发现,学习不良儿童的测验焦虑与认知干扰冲突有积极正相关,而测验焦虑与学习习惯、学业成就和学业自我概念有消极的关系。这样的结果表明,认知冲突和学习习惯会影响测验焦虑,接下来测验焦虑又会影响学业测验的成绩。2001年史蒂文(Stevens)也发现,学习不良学生与一般学生相比,有更高水平的测验焦虑,这些差异主要表现在与任务无关的思维上。

(二)学习不良儿童的抑郁研究

抑郁是一种弥漫性的不愉快的情绪,当人们长期处于低落的情绪状态时,就有可能变得抑郁。抑郁可从心境、行为、态度的变化,思维、生理的变化等多方面来影响儿童和青少年的身心健康。

学习不良领域中对抑郁的研究已有30多年的历史。所有研究几乎一致认为,学习不良学生中存在抑郁现象。戈尔曼(Gorman)认为,学习不良儿童的抑郁发生率在14%～36%之间。马格和里德(Maag & Reid)指出,五个学习不良男生或者三个学习不良女生中都会有一个严重的抑郁者。然而,这些研究都是建立在临床和特殊样本的基础上得出的结论。斯韦特兹(Svetaz)研究发现,在非临床学习不良样本中,四个学习不良男生或者三个学习不良女生中就会有一个报告有严重的情绪困扰,这比正常的青少年的一般水平要高2～3倍。马丁内斯(Martinez)比较了单一和多重学科学习不良儿童的抑郁问题,结果表明:多学科的学习不良儿童在抑郁上显著高于一般儿童,但是与单一学科学习不良儿童相比,没有显著差异。马格和里德对学习不良儿童的抑郁研究进行了元分析,结果表明,第一,学习不良儿童比一般儿童有显著更高的抑郁得分。这个结果说明在实验研究、综述文章和有关学习不良的专著中的结论是可靠的,即学习不良儿童比一般儿童有更多的抑郁问题;第二,学习不良儿童和一般儿童的抑郁程度差异不大。因此,虽然学习不良儿童比一般儿童获得了更高的抑郁分数,但是差异的程度不能充分的把学习不良儿童划入临床的情感障碍的范围。

对于为什么学习不良的儿童会产生更多的抑郁有很多种解释。一种解释是,儿童不能忍受重复的学业上的挫折和失败。如果这种挫折感长期不能消除,就会导致他们产生无助感、不充分感和绝望感。另外一种可能的解释是,学习不良儿童的相关结果导致了抑郁。例如，被单独照顾、贴标签或者具有其他的一些与一般儿童不同的标志，使儿童增加了孤独感、同伴拒绝等，这些导致学习不良儿童可能更容易产生抑郁。

二、学习不良与情绪问题的关系

学习不良儿童的情绪问题往往是伴随着学习问题而产生的。迄今为止，研究者比较一致的看法是，情绪和学业具有相互作用。学习不良儿童可能具有情绪问题，具有情绪问题的儿童也可能具有学业困难，但并不是所有的学习不良儿童都具有情绪问题。

(一) 情绪困扰对学业成绩的影响

早期对情绪困扰的研究发现，30%~60%的情绪困扰学生表现出了某种程度的学业不良。这些研究集中在阅读和数学方面，结论是在情绪困扰儿童中，数学方面存在更大的缺陷。后来的研究者也发现，情绪困扰学生在很多方面的学业成就都显著低于其他学生，即学习不良儿童和情绪困扰儿童在学业和行为的很多方面具有相同的表现。较高的焦虑水平会干扰学习成绩，有研究发现，学生小学一年级时的焦虑水平可以预测其五年级时的焦虑水平，而且对其五年级时的学习成绩有明显的影响。此外，研究表明患抑郁障碍的儿童，在智力、学业方面存在缺陷。一些抑郁症状，如难以集中注意力、失去兴趣、思维和活动缓慢等，对儿童的智力和学业功能产生明显的损害。特别是重度抑郁的儿童，在学校和标准学业成就测验中的成绩都比其他儿童差，教师对他们的学业水平和所达到的年级等级的评估也是较低的。

(二) 学习不良儿童存在的情绪问题

斯韦特兹等人分析了全国青少年健康的访谈数据，其中包括 20780 名青少年,学习不良儿童 1301 名,比较了学习不良儿童和正常儿童的情绪困扰、自杀行为和暴力卷入等。结果表明,学习不良青少年比一般青少年的情绪困扰多两倍。赛德瑞兹(Sideridis)的研究发现,当学习不良学生面临困难的时候,他们不会努力,表现出明显的消极情感,缺少自尊,感到无助,相对于学业成就一般的儿童,学习不良儿童面临重要的情绪障碍。这些情绪障碍包括社会孤独、同伴拒绝和孤独感。俞国良等人的研究也得出了与此相似的结论,说明我国学习不良儿童也同样面临情绪困扰。马丁内斯等人的研究结果表明,总体来说,多重学习不良儿童可能经历了更多的情绪功能和学校不适应方面的危险。

(三)学习不良与情绪问题共存的原因

目前,研究者已经提出了几种理论假设来解释学习不良与情绪问题的关系。一种观点认为,学业失败导致了心理功能的损害,而学业失败是学习不良的典型表现,因此,学习不良儿童可能有明显的情绪和学校适应问题。另外一种观点是盖伊等人最近提出的心理困惑导致学业失败的解释。在纵向的研究中,他们跟踪了小学 2~4 年级的学生两年,发现是学习不良儿童与同伴间的消极关系导致他们有了孤独感和其他一些消极情绪,接下来这些消极情绪又会导致他们有更差的学业成就和学业自我评价。

三、改善学习不良儿童情绪问题的措施

虽然研究者承认学习不良与情绪问题有密切的关系,但是学习不良儿童的情绪问题还未受到充分的重视,我们必须尽快采取有效的措施改善学习不良儿童的情绪问题。

(一)完善学习不良儿童的情绪问题研究

要想改善学习不良儿童的情绪问题,首先我们就必须先了解学习不良儿童

情绪问题产生的原因及其造成的后果。虽然对于学习不良儿童情绪问题的研究正日益增多,但是我们对于学习不良儿童的情绪问题还知之甚少。一些考察学习不良儿童情绪问题的研究,通常只考察了学习不良儿童的消极情绪,对学习不良儿童的积极情绪研究较少。因此,需要加强学习不良儿童的积极情绪研究。如何鉴别学习不良和情绪障碍,学习不良儿童与情绪障碍儿童的区别是什么,是值得我们进一步探讨的第二个方面的问题。学习不良儿童情绪问题的纵向研究是我们进一步需要开展的第三个方面工作,学习不良儿童的情绪问题是否会随着年龄的增长进一步得到改善,什么时候是开展学习不良儿童情绪问题干预的关键时期,这些都是未来的研究需要进一步关注的。

(二)提高教师对学习不良儿童情绪的关注和理解

作为教育工作者,教师的职责让他们更多地关注学习不良儿童的学习问题以及行为问题。然而,人脑已经预置了优先处理自我生存和情绪的程序。因此只有我们在确保满足这些需要后,才能完成其他任务。因此,学生在学习过程中,必须首先得到情绪和情感的需求。这就要求教师在教学过程中,不仅要关注学习不良儿童的学习问题,更应该首要关注和理解学习不良儿童的情绪问题。教师可以在课堂中创造一定的机会,引导学生学会如何处理情绪问题、如何控制冲动以及指导他们处理人际关系,这些可以有效改善学习不良儿童的不良情绪状况。

(三)制定针对学习不良儿童的情绪干预措施和计划

从目前的研究结果来看,学习不良儿童情绪问题的干预是我们应该特别重视的。由于情绪对学习不良儿童的学习、生活等方面都会造成影响,因此,我们有必要采取特定的有效措施来关注和改善学习不良儿童的情绪问题。除了教师在课堂上可以对学生的情绪调节策略给予适当的引导之外,采用小组咨询与个别咨询相结合的方式会更适合这一群体。学习不良儿童在这样的小组中会得到更多的尊重和支持,因此更有利于他们学会如何与人相处、如何降低焦虑,增加自己的积极情绪。到目前为止,针对学习不良儿童情绪问题的心理咨询与治疗还相对较少,学习不良儿童需要获得这方面的帮助,他们也会从心理干预中获益,因此,需要迅速开展学习不良儿童情绪干预方面的工作。

第二节 学习不良青少年学业情绪的特点[①]

学习不良儿童的情绪问题是由来已久的,专门针对学习不良儿童情绪和行为问题的专著就有好几个版本,如加利科(Gallico,1988)等人编著的《学习不良儿童的情绪和行为问题》(Emotional and Behavioral Problems in Learning disabilities),戈尔曼(Gorman,2001)编著的《在小学课堂中的情绪失调和学习不良》(Emotional Disorders & Learning Disabilities in the Elementary Classroom)。但是,在这些论著以及学习不良儿童情绪的相关研究中,我们很难发现有学习不良儿童学业情绪特点的全面论述和研究。另外,其他研究中不仅没有学习不良儿童积极情绪的探讨,也缺乏学习不良儿童情绪变化特点的说明(比如随年级和年龄变化特点)。而 Pekrun(2002)等人认为,儿童在学业过程中,可能经历了几乎包括所有人类可能经历的情绪体验。本研究比较了学习不良青少年与一般青少年学业情绪有何不同,同时考察了学习不良青少年学业情绪的年级和性别差异。

---

① 董妍. 学习不良青少年学业情绪研究[D]. 中科院心理研究所,2006:38—53.

一、学习不良青少年与一般青少年积极高唤醒学业情绪的比较

学习不良青少年与一般青少年在积极高唤醒学业情绪分问卷上的各因子得分及总分情况见表6-1。采用6(年级)×2(性别)×2(组别)的MANOVA分析发现,总体上,年级($F_{(15,2783)}=7.908, p<0.001$)、性别($F_{(3,1008)}=7.249, p<0.001$)、组别($F_{(3,1008)}=10.79, p<0.001$)以及年级与组别的交互作用($F_{(15,2783)}=1.815, p<0.05$)均显著。进一步的分析表明,性别主效应主要表现在自豪与高兴因子的得分上有显著差异($F_{(1,1010)}=7.554, p<0.01; F_{(1,1010)}=5.724, p<0.05$),具体表现为,男生在自豪因子上的得分显著高于女生,而女生在高兴因子上的得分显著高于男生。年级与组别的交互效应主要表现在自豪因子的得分与总分上有显著差异($F_{(5,1010)}=4.215, p<0.01; F_{(5,1010)}=2.999, p<0.05$),事后分析表明,在自豪因子的得分上,初一、初二、初三年级一般青少年的得分显著高于学习不良青少年($F_{(1,197)}=7.883, p<0.01; F_{(1,156)}=16.062, p<0.01; F_{(1,60)}=7.788, p<0.01$)。在总分上,初一、初二、初三年级一般青少年的得分显著高于学习不良青少年($F_{(1,197)}=11.488, p<0.01; F_{(1,156)}=21.120, p<0.01; F_{(1,60)}=6.567, p<0.05$)。结果见图6-1(LD代表学习不良青少年,NLD代表一般青少年,以下同)。

表 6-1 学习不良青少年与一般青少年在 PH 分问卷上得分的平均数与标准差

年级		初一			初二			初三		
	男		女		男		女		男		女
性别	M	SD	M	SD	M	SD	M	SD	M	SD	M	SD
学习不良青少年 自豪	13.63	4.83	13.35	4.62	15.87	3.84	14.25	4.56	14.77	4.85	15.38	4.27
高兴	29.12	4.42	30.58	3.48	27.46	4.43	29.29	3.20	27.36	4.50	28.63	5.18
希望	17.04	2.44	17.10	2.00	16.56	2.83	17.17	1.99	17.27	2.29	16.25	3.45
总分	59.79	8.66	59.81	8.76	59.89	8.20	65.08	8.26	59.41	9.54	60.25	11.95
一般青少年 自豪	16.06	4.34	14.67	4.33	18.10	3.97	17.95	4.46	18.38	4.63	17.69	3.61
高兴	29.35	4.32	30.33	3.71	29.43	4..01	30.88	3.30	29.75	3.40	30.13	2.99
希望	18.04	2.11	17.76	2.13	1754	2.43	17.63	2.27	17.19	3.21	17.38	1.82
总分	64.68	7.52	62.76	7.71	60.71	7.12	66.46	6.94	65.31	8.44	65.19	5.66
学习不良青少年 自豪	16.19	4.37	15.51	4.32	16.80	3.69	15.20	3.69	15.55	3.78	14.82	4.05
高兴	28.07	3.55	28.73	3.52	26.88	4.84	27.37	3.63	26.00	3.57	27.14	3.73
希望	17.35	2.10	17.36	2.16	16.75	2.66	17.02	2.18	16.25	2.19	16.75	2.35
总分	61.61	7.63	61.59	6.86	60.43	9.14	59.59	7.62	57.79	7.19	58.71	8.65
一般青少年 自豪	16.43	3.67	14.93	3.88	16.86	3.34	16.00	3.83	14.82	4.05	14.89	4.55
高兴	28.60	3.44	28.72	3.45	27.86	3.43	28.59	3.44	27.14	3.73	27.72	3.77
希望	17.29	1.99	17.34	2.22	17.11	2.39	17.07	2.10	17.07	2.44	17.52	1.83
总分	62.33	6.95	61.00	7.02	61.82	7.22	61.66	6.99	60.71	7.32	60.13	8.00

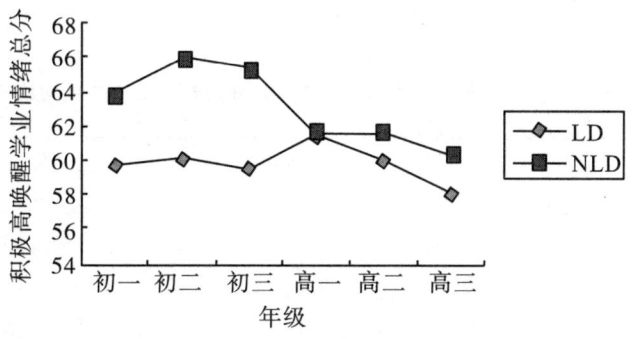

图 6-1 两组青少年在积极高唤醒学业情绪总分上的得分

二、学习不良青少年与一般青少年积极低唤醒学业情绪的比较

学习不良青少年与一般青少年在积极低唤醒学业情绪分问卷上的各因子得分及总分情况见表 6-2。采用 6(年级)×2(性别)×2(组别)的 MANOVA 分析发现,总体上,年级($F_{(15,2783)}=5.455, p<0.001$)、性别($F_{(3,1008)}=5.702, p<0.001$)、组别($F_{(3,1008)}=21.393, p<0.001$)以及年级与组别的交互作用($F_{(15,2783)}=1.737, p<0.05$)均显著。进一步的分析表明,性别主效应主要表现在放松因子的得分与总分有显著差异($F_{(1,1010)}=11.358, p<0.01; F_{(1,1010)}=4.796, p<0.05$),具体表现为,男生在放松因子上的得分显著高于女生。男生在总分上显著高于女生。年级与组别的交互效应主要表现在放松因子的得分与总分上有显著差异($F_{(5,1010)}=3.815, p<0.01; F_{(5,1010)}=3.240, p<0.05$),分析表明,在放松因子的得分上,初一、初二、高二年级一般青少年的得分显著高于学习不良青少年($F_{(1,197)}=23.360, p<0.01; F_{(1,156)}=11.374, p<0.01; F_{(1,216)}=5.778, p<0.05$)。在总分上,初一、初二、高二、高三年级一般青少年的得分显著高于学习不良青少年($F_{(1,197)}=28.085, p<0.01; F_{(1,156)}=16.772, p<0.01; F_{(1,216)}=11.285, p<0.01; F_{(1,166)}=7.580, p<0.01$)。结果见图 6-2。

表 6-2 学习不良青少年与一般青少年在 PL 分问卷上得分的平均数与标准差

年级	初一				初二				初三			
性别	男		女		男		女		男		女	
	M	SD	M	SD	M	SD	M	SD	M	SD	M	SD
学习满足	12.06	3.72	11.65	3.94	12.59	3.49	12.92	3.50	11.05	2.89	12.50	2.73
不良平静	14.39	3.27	14.26	2.79	14.04	3.05	15.33	2.87	13.68	2.66	13.88	3.36
青少放松	13.66	4.47	14.32	4.74	15.11	3.54	13.20	4.10	14.36	4.18	13.63	5.18
年 总分	40.10	8.81	40.23	9.48	41.74	7.83	41.46	7.08	39.09	7.48	40.00	9.70

(续表)

年级	初一				初二				初三			
性别	男		女		男		女		男		女	
	M	SD	M	SD	M	SD	M	SD	M	SD	M	SD
一般 满足	14.44	3.82	14.69	3.88	15.10	3.83	14.15	2.91	14.38	4.16	12.25	3.21
不良 平静	15.30	2.48	15.69	3.15	15.90	2.66	15.39	2.75	13.56	3.40	13.94	2.79
青少 放松	16.92	4.31	16.90	4.40	17.08	3.73	16.10	3.92	17.06	5.18	15.56	4.13
年 总分	46.66	8.59	47.27	9.82	48.08	9.03	45.63	7.42	45.00	11.44	41.75	8.37
学习 满足	12.63	2.93	12.47	2.69	12.28	2.44	11.11	2.15	11.47	2.83	10.54	2.32
不良 平静	13.98	2.71	14.17	2.52	13.85	2.36	13.41	2.37	12.72	1.95	12.93	2.14
青少 放松	15.59	2.92	14.44	3.42	14.92	3.34	13.07	2.30	14.15	2.70	14.07	2.71
年 总分	42.20	6.59	41.08	6.29	41.05	5.75	37.59	5.05	38.34	4.93	37.54	4.67
一般 满足	13.98	2.73	13.36	2.88	13.20	3.21	12.89	2.88	12.54	2.98	12.28	2.93
青少 平静	14.34	2.38	13.69	2.50	14.13	2.59	14.29	2.69	13.41	2.79	13.93	1.95
年 放松	16.02	3.09	14.79	3.92	15.36	3.26	14.96	3.46	15.24	3.24	13.87	3.15
总分	44.34	6.26	41.84	7.36	42.68	6.44	42.14	7.20	41.20	7.44	40.09	6.43

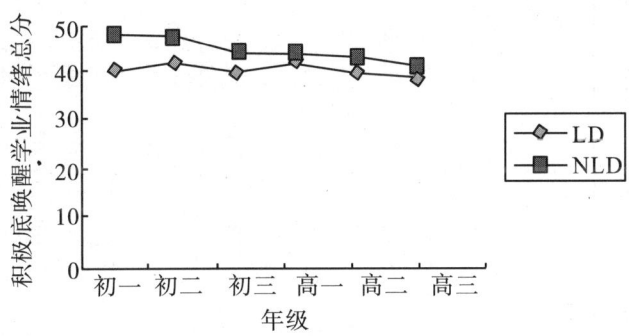

图 6-2 两组青少年在积极低唤醒学业情绪上的得分

三、学习不良青少年与一般青少年消极高唤醒学业情绪的比较

学习不良青少年与一般青少年在消极高唤醒学业情绪分问卷上的各因子得分及总分情况见表 6-3。

表6-3 学习不良青少年与一般青少年在NH分问卷上得分的平均数与标准差

年级		初一				初二				初三			
		男		女		男		女		男		女	
	性别	M	SD	M	SD	M	SD	M	SD	M	SD	M	SD
学习不良青少年	焦虑	25.54	5.90	28.26	6.01	25.80	5.20	30.13	3.81	26.00	6.02	25.75	6.09
	羞愧	14.63	4.47	16.35	4.81	16.11	3.78	18.13	3.44	16.73	3.92	14.13	4.61
	生气	16.99	4.35	18.26	4.95	17.46	3.74	18.63	3.77	17.95	3.64	18.38	5.55
	总分	57.15	12.67	62.87	14.12	59.37	10.7	66.88	8.64	60.68	11.4	58.25	13.3
一般青少年	焦虑	25.00	5.51	22.96	7.09	23.21	6.17	26.32	5.40	24.94	5.23	26.50	5.01
	羞愧	11.12	3.89	11.04	3.67	11.26	3.97	12.59	4.40	13.00	4.76	14.00	3.76
	生气	17.30	4.08	17.20	4.05	16.26	4.08	18.85	3.69	16.94	3.38	18.75	3.30
	总分	53.42	12.2	51.20	12.7	50.72	11.4	57.76	10.8	54.88	11.4	59.25	8.59
学习不良青少年	焦虑	24.31	4.07	25.51	5.08	24.33	4.71	26.89	3.91	24.72	4.24	26.71	5.04
	羞愧	14.26	3.88	14.25	4.01	14.92	3.93	16.02	3.41	15.00	2.84	15.82	3.54
	生气	17.80	3.23	18.34	3.75	16.57	3.78	18.43	2.60	17.57	3.65	18.43	3.13
	总分	56.37	8.89	58.10	11.03	55.82	10.3	61.35	7.51	57.28	9.03	60.96	10.7
一般青少年	焦虑	22.78	4.66	25.19	5.05	22.73	5.44	25.27	5.02	24.73	4.22	26.89	4.43
	羞愧	12.05	3.39	13.60	3.53	12.82	3.82	14.30	3.54	13.02	3.00	14.13	3.19
	生气	17.86	3.22	19.02	3.14	16.89	3.44	18.04	3.47	17.24	3.36	17.83	3.59
	总分	52.69	8.47	57.81	9.47	52.45	10.6	57.61	10.5	55.00	8.62	58.85	8.54

采用6(年级)×2(性别)×2(组别)的 MANOVA 分析发现,总体上,年级($F_{(15, 2783)}=4.315, p=0.000$)、性别($F_{(3, 1008)}=9.252, p<0.001$)、组别($F_{(3, 1008)}=39.761, p=0.000$)以及年级与组别的交互作用($F_{(15, 2783)}=3.237, p<0.05$)均显著。进一步的分析表明,性别主效应表现在焦虑、羞愧、生气因子的得分与总分上有显著差异($F_{(1, 1010)}=25.35, p<0.01; F_{(1, 1010)}=8.461, p<0.05; F_{(1, 1010)}=17.424, p<0.01; F_{(1, 1010)}=24.989, p<0.05$),具体表现为,女生在各因子及总分上的得分都显著高于男生。年级与组别的交互效应主要表现在焦虑、羞愧因子的得分与总分上($F_{(5, 1010)}=2.564, p<0.01; F_{(5, 1010)}=7.338, p<0.01; F_{(5, 1010)}=3.357, p<0.01$),事后分析表明,在焦虑因子的得分上,初一、初二、高二年级学习不良青少年的得分显著高于一般青少年($F_{(1, 197)}=7.552, p<0.01; F_{(1, 156)}=6.841, p<0.01; F_{(1, 217)}=4.576, p<0.05$)。在羞愧因子的得分上,初一、初二、初三、高一、高二、高三年级学习不良青少年的得分显著高于一般青少年($F_{(1, 197)}=47.018, p<0.01; F_{(1, 156)}=56.530, p<0.01; F_{(1, 60)}=5.567, p<0.05; F_{(1, 227)}=8.376, p<0.01; F_{(1, 216)}=13.102, p<0.01; F_{(1, 166)}=12.077, p<0.01$)。在总分上,初一、初二、高二年级学习不良青少年的得分显著高于一般青少年($F_{(1, 197)}=13.344, p<0.01; F_{(1, 156)}=17.205, p<0.01; F_{(1, 216)}=5.296, p<0.05$)。结果图6-3。

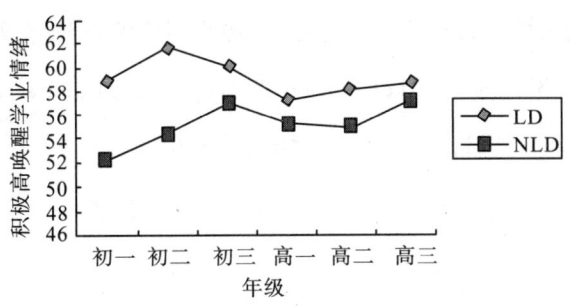

图6-3 两组青少年在消极高唤醒学业情绪上的得分

四、学习不良青少年与一般青少年消极低唤醒学业情绪的比较

学习不良青少年与一般青少年在消极低唤醒学业情绪分问卷上的各因子得分及总分情况见表6-4。采用6(年级)×2(性别)×2(组别)的MANOVA分析发现,总体上,年级($F_{(15,2783)}=6.688, p<0.001$)、性别($F_{(3,1008)}=12.365, p<0.001$)、组别($F_{(3,1008)}=20.496, p<0.001$)以及年级与组别的交互作用($F_{(15,2783)}=2.476, p<0.001$)均显著。进一步的分析表明,性别主效应表现在厌倦、沮丧因子的得分有显著差异($F_{(1,1010)}=4.686, p<0.05; F_{(1,1010)}=32.151, p<0.01$),具体表现为,男生在厌倦因子上的得分显著高于女生,而女生在沮丧因子上的得分显著高于男生。年级与组别的交互效应主要表现在无助、沮丧因子的得分与总分上($F_{(5,1010)}=7.605, p<0.01; F_{(5,1010)}=3.053, p<0.05; F_{(5,1010)}=3.989, p<0.01$),分析表明,在无助因子的得分上,初一、初二、初三、高二、高三年级学习不良青少年的得分显著高于一般青少年($F_{(1,197)}=40.356, p<0.01; F_{(1,156)}=40.549, p<0.01; F_{(1,60)}=5.219, p<0.05; F_{(1,216)}=13.523, p<0.01; F_{(1,166)}=7.698, p<0.01$);在沮丧因子的得分上,初一、初二、高二年级学习不良青少年的得分显著高于一般青少年($F_{(1,197)}=10.920, p<0.01; F_{(1,156)}=7.297, p<0.01; F_{(1,216)}=5.567, p<0.05$);在总分上,初一、初二、高二、高三年级青少年的得分显著高于一般青少年($F_{(1,197)}=24.859, p<0.01; F_{(1,156)}=27.180, p<0.01; F_{(1,216)}=6.888, p<0.01; F_{(1,166)}=7.911, p<0.01$)。结果见图6-4。

表 6-4 学习不良青少年与一般青少年在 NL 分问卷上得分的平均数与标准差

年级		初一				初二				初三			
		男		女		男		女		男		女	
	性别	M	SD	M	SD	M	SD	M	SD	M	SD	M	SD
学习不良青少年	厌倦	23.66	9.69	23.94	10.2	28.13	9.23	27.08	10.6	29.59	10.1	24.13	4.67
	无助	13.10	4.52	14.48	4.67	13.93	4.33	15.75	4.51	14.86	5.48	12.02	3.29
	沮丧	18.06	4.25	19.84	4.34	18.56	3.96	20.79	2.36	19.64	4.15	18.88	3.94
	心烦	11.00	4.47	10.87	4.08	11.87	3.52	11.63	4.67	11.86	2.92	11.25	3.37
	总分	65.82	19.22	68.13	19.93	72.48	16.9	75.25	19.1	75.95	18.6	66.88	9.76
一般青少年	厌倦	19.70	8.41	18.61	5.86	22.15	8.70	22.34	9.37	25.94	6.91	25.50	7.97
	无助	9.42	3.94	9.43	3.85	10.03	4.08	10.44	3.83	11.81	4.59	11.50	3.37
	沮丧	16.48	4.02	16.61	5.02	16.33	4.15	18.73	3.79	15.88	4.92	19.00	3.25
	心烦	9.08	4.04	8.88	3.28	9.31	3.55	9.20	3.25	11.00	3.25	10.81	2.86
	总分	54.68	17.13	53.53	14.35	57.82	16.8	60.71	15.9	64.63	16.6	66.81	13.4
学习不良青少年	厌倦	27.39	8.56	25.66	8.10	30.03	8.32	27.96	6.28	31.66	6.31	30.89	8.85
	无助	12.02	3.29	12.20	3.57	13.35	3.55	14.74	2.82	14.04	2.91	15.00	3.86
	沮丧	17.17	3.65	18.22	3.61	16.95	3.77	19.17	2.84	17.89	3.39	19.14	3.74
	心烦	11.26	2.97	11.88	2.82	11.95	2.91	12.24	2.89	12.19	2.73	12.57	3.40
	总分	67.83	15.1	67.97	13.7	72.28	15.3	74.11	11.3	75.77	10.4	77.61	16.16
一般青少年	厌倦	25.31	8.07	25.31	7.26	27.98	9.16	25.86	8.01	28.66	8.34	27.52	6.88
	无助	11.72	3.42	11.69	3.26	12.00	3.41	12.45	3.83	12.32	3.89	13.43	3.14
	沮丧	16.78	2.97	18.02	3.60	16.30	3.60	18.57	3.40	17.76	3.91	19.15	2.39
	心烦	10.24	2.84	10.59	2.80	11.02	3.22	11.61	3.37	11.34	2.95	11.37	2.59
	总分	64.05	13.55	65.60	13.4	67.30	15.6	68.48	15.2	70.07	14.4	71.5	12.0

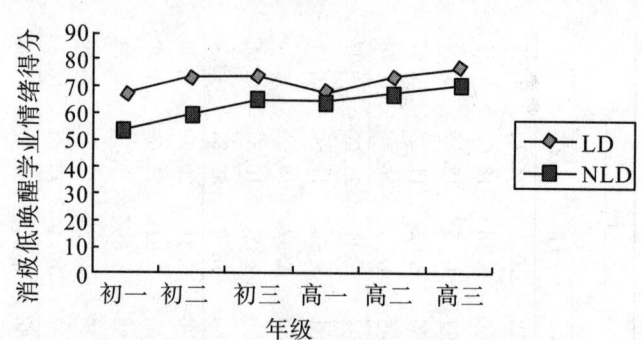

图 6-4 两组儿童在消极低唤醒学业情绪上的得分

五、学习不良青少年学业情绪的个体差异

采用 6(年级)×2(性别)的 MANOVA 分析了学习不良青少年学业情绪上的个体差异。总体上,对于积极高唤醒学业情绪,存在年级($F_{(15, 1358)}=4598$, $p<0.001$)、性别($F_{(3, 492)}=4.389, p<0.01$)主效应,年级与性别的交互作用不显著($F_{(15, 1358)}=0.596, p>0.05$)。进一步分析表明,在高兴学业情绪上存在显著性别差异,女生显著高于男生,在年级差异上主要体现在自豪和高兴学业情绪的得分上。具体分析表明,初一年级的自豪情绪得分显著低于初三、高一、高二、高三年级;在高兴情绪的得分上,初一、初二、高一年级的得分显著高于高二、高三年级。结果见图 6-5。

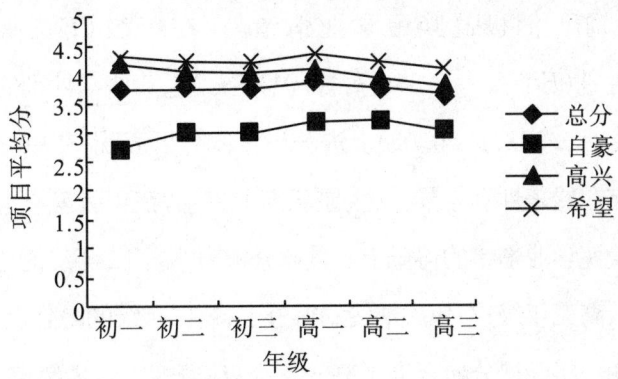

图 6-5 学习不良青少年在积极高唤醒学业情绪上的得分

对于积极低唤醒学业情绪,存在年级($F_{(15,1358)}=2.347, p<0.01$)主效应,性别主效应($F_{(3,492)}=2.069, p>0.05$)、年级与性别的交互作用不显著($F_{(15,1358)}=1.253, p>0.05$)。进一步具体分析表明,在年级差异上主要体现在总分、满足和平静学业情绪的得分上,初二和高一年级的总分和满足的得分显著高于高二、高三年级;在平静情绪的得分上,初一、初二、高一、高二年级的得分显著高于高三年级,初二年级的得分显著高于高二年级。结果见图 6-6。

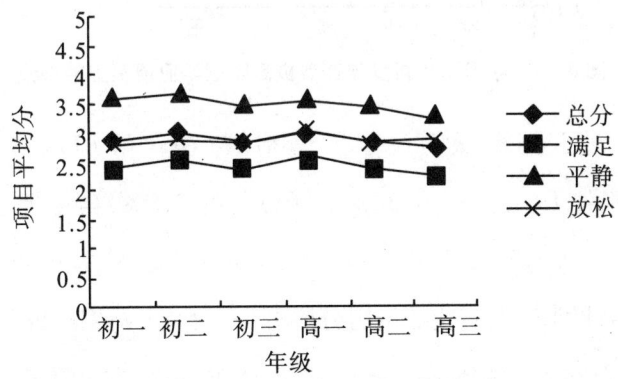

图 6-6 学习不良青少年在积极低唤醒学业情绪上的得分

总体上,对于消极高唤醒学业情绪,存在年级($F_{(15,1358)} = 3.247$, $p<0.001$)、性别($F_{(3,492)}=5.854, p<0.01$)主效应,年级与性别的交互作用不显著($F_{(15,1358)}=0.921, p>0.05$)。进一步具体分析表明,在总分、焦虑、生气学业情绪上存在显著性别差异,女生显著高于男生,在年级差异上主要体现在总分、焦虑、羞愧学业情绪的得分上。具体分析表明,初二年级的总分上显著高于高一、高二、高三年级;在焦虑情绪的得分上,初二年级的得分显著高于高一、高二、高三,初一年级得分显著高于高一年级;在羞愧学业情绪得分上,初二年级显著高于高一、高二、高三各年级,初一显著高于高一,高一显著高于高二、高三年级。结果见图6-7。

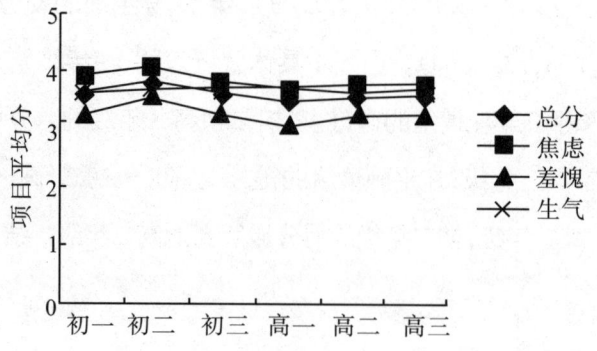

图6-7 学习不良青少年在消极高唤醒学业情绪上的得分

总体上,对于消极低唤醒学业情绪,存在年级($F_{(20,1629)} = 4.307$, $p<0.001$)、性别($F_{(4,491)}=5.711, p<0.01$)主效应,年级与性别的交互作用不显著($F_{(20,1629)}=0.875, p>0.05$)。进一步具体分析表明,在厌倦、沮丧学业情绪上存在显著性别差异,男生厌倦得分显著高于女生,女生沮丧得分显著高于男生,在年级差异上主要体现在总分、厌倦、无助、沮丧学业情绪的得分上。具体分析表明,初一年级的总分上显著低于初二、高二、高三年级,高一年级的得分显著低于初二、高二和高三年级;高二年级显著低于高三年级;在厌倦得分上,初一年级显著低于初二、高一、高二、高三年级,初二、高二年级显著低于高三年级,高一年级显著低于高二和高三年级;在无助情绪的得分上,初一年级得分显著低于初二和高三年级;高一年级得分显著低于初一、初二、高二和高三年级,高二年级得分显著低于高三年级;在沮丧学业情绪得分上,初二年级显著高于高一、高二年级,初一年级显著高于高一年级。结果见图6-8。

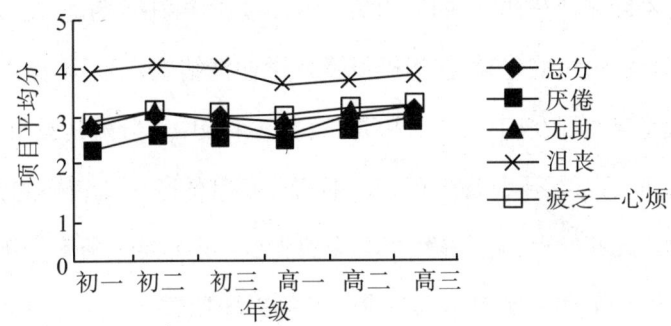

图6-8 学习不良青少年在消极低唤醒学业情绪上的得分

六、学习不良青少年学业情绪的特点分析

(一)学习不良青少年与一般青少年在学业情绪上的差异

本研究中采用自行编制的青少年学业情绪问卷,从积极高唤醒学业情绪、积极低唤醒学业情绪、消极高唤醒学业情绪、消极低唤醒学业情绪四个方面,全面考察了学习不良青少年与一般青少年在学业情绪上的差异。

本研究的结果表明,总体上,学习不良青少年的积极学业情绪(包括高唤醒的和低唤醒的)均显著低于一般青少年;而学习不良青少年的消极学业情绪(包括高唤醒的和低唤醒的)均显著高于一般青少年。这说明,我们不仅要考虑消除学习不良青少年的消极学业情绪,更应该考虑提高他们的积极学业情绪。在具体情绪种类上,学习不良青少年在自豪、放松情绪上的得分显著低于一般青少年;在焦虑、羞愧、无助、沮丧情绪上的得分显著高于一般青少年。学习不良青少年与一般青少年学业情绪的差异体现在不同的年级上。在积极高唤醒学业情绪上,学习不良青少年与一般青少年的差异体现在初一、初二和初三年级中;在积极低唤醒学业情绪上,学习不良青少年与一般青少年的差异体现在初一、初二和高二、高三年级中;在消极高唤醒学业情绪上,学习不良青少年与一般青少年的差异体现在初一、初二和高二中,但是值得注意的是,在六个年级中都存在羞愧学业情绪的差异;在消极低唤醒学业情绪上,学习不良青少年与一般青少年的差异体现在初一、初二和高二、高三年级中。分析其原因,可能是初三有升学的压力,学习不良青少年与一般青少年都体验了比较多的紧张情绪。高一是新学段的起始点,无论是给学习不良青少年还是给一般青少年都带来了新鲜感,因此,他们可能都对学习充满了新的兴趣和信心。由此,我们推测,高一可能是转变学习不良青少年学业情绪的一个关键点。另外,本研究发现,在六个年级中学习不良青少年都体验到了更多学业上的羞愧情绪。这一结果说明,羞愧情绪可能是对学习不良青少年影响较大的情绪。特纳等人认为,低的自我效能感可能会导致学生产生羞愧情绪,而具有羞愧情绪的学生往往将成绩差归因于自身的原因,而不是不公平或其他方面的原因,而且通常他们认为,自己所获得分数与他们的努力程度是不一致的(Turner, & Schallert, 2001)。可见,学习不良儿童的羞愧情绪可能会给他们带来更多的消极结果。但是,经过多年的研究,特纳(2002)等人进一步发现,羞愧好比一把双刃剑,如果具有羞愧弹性(resilience),就会增强个体下一次学习中的动机,并使其进一步获得更高的学业分数,只是个体要想获得情绪和学业上的这种调节并非是一件容易的事情。这部分学生要想使学业获得进步,必须具备三个条件:(1)学生能够设定自己的目标,并且知道哪些是自己不愿意、不能或不从事的目标;(2)他们要有自我效能感;(3)他们有意志和认知策略的指导以使他们能够改变学习方式。因此,学业上的羞愧情绪对学习不良青少年来说不只具有消极的作用,要想发挥羞愧情绪的积极作用,需要进一步考察学习不良青少年的目标、效能和学习策略等。

从本研究的结果来看,本研究与以往对学习不良群体情绪研究的结果具有一致性,学习不良群体确实存在情绪问题(Svetaz,2000;Bender&wall,1994;Newcomer, Barenbaum & Pearson, 1995 ; Howard, Tryon , 2002; Bender, 1987;Bladow,1982;Noel,et al,1992)。这说明,学习不良青少年不仅存在一般的情绪问题,在学业情绪上也与一般青少年有显著差异。但是,学业情绪与一般情绪之间有什么样的联系和区别,对青少年的学业影响是否相同,还需要研究来进一步探讨。

(二)学习不良青少年学业情绪的年级、性别差异

从第一章中的介绍中,我们已经了解到对于一般青少年来说,随着年级的升高,积极学业情绪得分越来越低,消极学业情绪得分越来越高,并且这种差异主要表现在初中和高中年级之间。初中各年级之间的差异不明显,高中各年级之间的差异主要是高一年级的积极学业情绪更多一些,消极情绪更少一些。对于学习不良青少年来说,在积极学业情绪上基本上表现出了与一般青少年相同的变化模式。但是在自豪情绪得分上,初一年级是最低的。在消极学业情绪得分上,学习不良青少年与一般青少年有所不同。特别是在消极高唤醒学业情绪上,都是初中学生得分显著高于高中学生,在消极低唤醒学业情绪上则与一般青少年的变化基本一致,但是在沮丧情绪上初中年级得分显著高于高中年级。总体来说,不论是在高中还是在初中阶段,无论是一般青少年还是学习不良青少年消极学业情绪有随着学业时间的延续而增强的趋势,积极学业情绪有随着

学业时间延续而减弱的趋势。这说明,学习不良青少年虽然是异质群体,但是他们也有和一般青少年相同的特点,那么学习不良青少年与一般青少年学业情绪上的差异到底是量上的差异,还是质上的差异,是值得我们深入思考的问题。

第一章已经介绍,在学业情绪上存在性别差异,对于一般青少年来说,男生的积极学业情绪显著高于女生,而女生的消极学业情绪显著高于男生。这与国外多位学者的研究结论是一致的。同时这也提示我们,学业情绪对女生的影响可能要大于男生,不论是对于学习不良青少年还是对一般青少年来说,都应该更加关注女生的消极学业情绪。但是,对于学习不良青少年来说,除了与一般青少年一致的性别差异之外,在厌倦学业情绪的得分上,学习不良男生显著高于女生。而且,男生也没有比女生体验到更多积极的学业情绪,反而是学习不良女生在高兴得分上高于男生。女生在消极高唤醒和沮丧学业情绪上的得分都显著高于学习不良男生。

综上所述,本研究发现:(1)学习不良青少年的积极学业情绪(包括高唤醒的和低唤醒的)均显著低于一般青少年,而学习不良青少年的消极学业情绪(包括高唤醒的和低唤醒的)均显著高于一般青少年;(2)学习不良青少年与一般青少年在学业情绪上的差异主要体现在初一、初二和高二、高三年级。而对于初三和高一年级差异则不是很明显。所有年级的学习不良青少年都体验到了比一般青少年更多的羞愧情绪。(3)总体来说,不论是在高中还是在初中阶段,消极学业情绪有随着学业时间的延续而增强的趋势,积极学业情绪有随着学业时间延续而减弱的趋势。男生的积极学业情绪多于女生,女生的消极学业情绪多于男生。

第三节　影响学习不良青少年学业情绪的因素[①]

学业成就低下必然会给学习不良青少年带来一定的负面情绪,但是除了学业成绩之外,学习不良青少年的学业情绪还会受到其他因素的影响,比如教师期望、家庭气氛、作业负担、教师情绪以及个人的能力和努力程度等。

本研究以浙江萧山省某普通高中学习不良青少年 31 名学生为被试,通过访谈,详细了解学习不良青少年的学业情绪的影响因素。

一、学业情绪影响因素的研究方法

在编制访谈提纲之前,我们首先设计了半开放式问卷,对学生的学业情绪状况及影响因素进行了调查。问卷的内容为:你在学习中,是否产生过厌倦(或其他)情绪? 产生的原因是什么? 然后,根据学业情绪产生原因的半开放式问卷得到的结果以及相关文献(增加了 2 个题项),自编了访谈提纲。该提纲拟从人际因素、学业因素、课堂因素、个人因素四个方面了解学业情绪产生的原因。人际因素包括教师期望、教师评价、他人帮助与否、同学关系、父母期望、家庭气氛 6 个题目;学业因素包括作业负担、题目难易、课程特点、考试 4 个题目;课堂因素包括教学方法、课堂管理、教师情绪、师生互动、课堂气氛 5 个题目;个人因素包括能力、努力、排名、分数高低 4 个题目,共 19 个题目。

访谈提纲举例如下:

---

① 董妍. 学习不良青少年学业情绪研究[D]. 中科院心理研究所,2006:53—61.

①我们在学习过程当中,会有高兴、愉快、焦虑、难过、伤心等情绪,你觉得在高中的学习过程中,考试分数是否会影响你的学习情绪?会有怎么样的影响呢?

②你觉得在学习过程中,老师的教学方法对你学习的情绪有影响吗?有什么样的影响呢?

③老师在课堂管理方面对你的学习情绪有影响吗?有什么样的影响呢?

④老师上课时的情绪对你的学习会有影响吗?有什么样的影响?

该访谈由熟悉学业情绪研究的两名发展与教育心理学专业博士研究生担任主试,并全程录音。最后,根据访谈结果进行转录、编码和统计分析,评分者一致性系数为 0.98。访谈结果的记分标准为频数统计。积极高唤醒学业情绪、积极低唤醒学业情绪、消极高唤醒学业情绪与消极低唤醒学业情绪各类学业情绪单独记分。例如,被试说出一种积极高唤醒学业情绪(如高兴)就在积极高唤醒学业情绪上计 1 次,每个问题如果说出 2 种以上的同一类具体情绪只记 1 次(如在第一题上说出有高兴、骄傲两种学业情绪只在积极高唤醒学业情绪上记 1 次)。

对收集的资料进行整理分析,我们发现,虽然影响因素各不相同,表达方式也不尽相同,但是从中我们还是可以归纳出一些影响学业情绪的主要因素。这些主要因素包括人际因素、学业因素、课堂因素、个人因素四个方面。从各个方面进行归纳,我们共列出了 17 个具体原因,见表 6-5。

表 6-5 影响中学生学业情绪的因素

	原因	频数
人际因素	教师期望	20
	教师评价	73
	他人帮助	114
	同学关系	11
	父母期望	19
	其他	10
学业因素	作业负担	188
	题目难易	65
	课程特点	68
	考试	103
	其他	11
课堂因素	教学方法	91
	课堂管理	71
	师生互动	23
	课堂气氛	58
	其他	15
个人因素	能力	36
	努力	43
	排名	190
	分数	351
	其他	16

二、学习不良青少年学业情绪影响因素的总体情况

表 6-6 为影响学习不良青少年学业情绪的因素。首先考察了人际因素、

学业因素、课堂因素、个人因素总体上对学业情绪的影响。通过卡方分析,发现这四个因素总体上对学习不良青少年的学业情绪的影响存在显著差异($\chi^2_{(9)} = 39.460, p < 0.001$)。进一步分析发现,人际因素对学习不良青少年学业情绪的影响存在显著差异($\chi^2_{(3)} = 28.705, p < 0.001$)。从频次上看,人际因素更容易使学习不良青少年产生积极高唤醒和消极高唤醒学业情绪。学业因素对学习不良青少年学业情绪的影响不存在显著影响($\chi^2_{(3)} = 2.212, p < 0.001$)。课堂因素对学习不良青少年学业情绪的影响存在显著差异($\chi^2_{(3)} = 14.667, p < 0.01$)。从频次上看,课堂因素更容易使学习不良青少年产生积极高唤醒学业情绪。个人因素对学习不良青少年的学业情绪的影响存在显著差异($\chi^2_{(3)} = 11.846, p < 0.01$),从频次上看,个人因素更容易使学习不良青少年产生积极高唤醒、消极高唤醒和消极低唤醒学业情绪。

表6-6 学习不良青少年学业情绪的影响因素(n=31)

	原因	PH学业情绪	PL学业情绪	NH学业情绪	NL学业情绪
人际因素	教师期望	15	3	3	5
	教师评价	26	8	3	8
	他人帮助	23	6	23	12
	同学关系	4	1	0	3
	父母期望	11	5	8	18
	家庭气氛	3	4	5	11
	合计	82	27	71	57

(续表)

	原因	PH学业情绪	PL学业情绪	NH学业情绪	NL学业情绪
学业因素	作业负担	8	14	10	16
	题目难易	12	12	11	11
	课程特点	4	0	0	0
	考试	20	29	26	18
	合计	44	57	47	45
课堂因素	教学方法	10	11	9	12
	课堂管理	2	4	3	3
	师生互动	13	7	3	2
	课堂气氛	17	5	3	10
	教师情绪	12	7	4	7
	合计	54	34	22	34
个人因素	能力	12	2	7	8
	努力	20	7	8	15
	排名	24	16	15	22
	分数	0	3	12	11
	合计	56	28	42	56

三、学习不良青少年学业情绪影响因素分析

(一)学习不良青少年积极高唤醒学业情绪的影响因素分析

从总体上看,卡方检验结果表明,四类因素对学习不良青少年积极高唤醒学业情绪的影响不同($\chi^2_{(3)}=13.356, p<0.01$),从频次上看,人际因素更易使学习不良青少年产生积极高唤醒学业情绪。人际因素的六个方面对学习不良青少年积极学业情绪的影响并不相同($\chi^2_{(5)}=33.317, p<0.01$),从频次上看,

影响学习不良青少年积极高唤醒的人际因素依次为教师评价、他人帮助、教师期望、父母期望、同学关系、家庭气氛。学业因素的四个方面对学习不良青少年积极高唤醒学业情绪的影响不同($\chi^2_{(3)}=12.727, p<0.01$),从频次上看,影响学习不良青少年积极高唤醒学业情绪的学业因素依次为考试、作业负担、题目难易、课程特点。课堂因素的五个方面对学习不良青少年积极高唤醒学业情绪的影响不同($\chi^2_{(3)}=11.370, p<0.05$),从频次上看,影响学习不良青少年积极高唤醒学业情绪的课堂因素依次为课堂气氛、师生互动、教师情绪、教学方法、课堂管理。个人因素中分数对学习不良青少年的积极高唤醒学业情绪没有影响,排名、努力、能力三个方面影响不存在显著差异($\chi^2_{(2)}=4.000, p>0.05$)。

(二)学习不良青少年积极低唤醒学业情绪的影响因素分析

从总体上看,卡方检验结果表明,四类因素对学习不良青少年积极低唤醒学业情绪的影响不同($\chi^2_{(3)}=16.137, p<0.01$),从频次上看,学业因素更易使学习不良青少年产生积极低唤醒学业情绪。人际因素的六个方面对学习不良青少年积极学业情绪的影响不存在显著差异($\chi^2_{(5)}=6.556, p>0.05$)。学业因素中的课程特点对学习不良青少年积极低唤醒学业情绪没有影响,其余三个因素影响不同($\chi^2_{(2)}=9.418, p<0.01$),从频次上看,影响学习不良青少年积极低唤醒学业情绪的学业因素依次为考试、作业负担、题目难易。课堂因素的五个方面对学习不良青少年积极低唤醒学业情绪的影响不存在显著差异($\chi^2_{(4)}=4.235, p>0.05$)。个人因素的四个方面对学习不良青少年积极低唤醒学业情绪的影响不同($\chi^2_{(3)}=17.429, p<0.01$),从频次上看,影响学习不良青少年积极低唤醒学业情绪的个人因素依次为排名、努力、能力和分数。

(三)学习不良青少年消极高唤醒学业情绪的影响因素分析

从总体上看,卡方检验结果表明,四类因素对学习不良青少年消极高唤醒学业情绪的影响不同($\chi^2_{(3)}=26.747, p<0.01$),从频次上看,人际因素更易使学习不良青少年产生消极高唤醒学业情绪。除同学关系对学习不良青少年的消极高唤醒学业情绪没有影响外,人际因素的其他五个方面对学习不良青少年消极高唤醒学业情绪的影响并不相同($\chi^2_{(5)}=33.714, p<0.01$),从频次上看,影响学习不良青少年消极高唤醒的人际因素依次为他人帮助、父母期望、家庭气氛、教师评价、教师期望。学业因素中的课程特点对学习不良青少年消极高唤醒学业情绪没有影响,其余三个因素影响不同($\chi^2_{(3)}=10.255, p<0.01$),从频次上看,影响学习不良青少年消极高唤醒学业情绪的学业因素依次为考试、题目难易、作业负担。课堂因素的五个方面对学习不良青少年消极高唤醒学业情绪的影响不存在差异($\chi^2_{(4)}=6.182, p>0.05$)。个人因素四个方面对学习不良青少年的消极高唤醒学业情绪的影响不存在显著差异($\chi^2_{(2)}=3.905, p>0.05$)。

(四)学习不良青少年消极低唤醒学业情绪的影响因素分析

从总体上看,卡方检验结果表明,四类因素对学习不良青少年消极低唤醒学业情绪的影响不存在显著差异($\chi^2_{(3)}=7.292, p<0.05$)。人际因素的六个方面对学习不良青少年消极低唤醒学业情绪的影响存在显著差异($\chi^2_{(5)}=15.316, p<0.01$),从频次上看,影响学习不良青少年消极低唤醒学业情绪的人际因素依次为父母期望、他人帮助、家庭气氛、教师评价、教师期望、同学关系。学业因素中的课程特点对学习不良青少年消极低唤醒学业情绪没有影响,其余三个因素影响不存在显著差异($\chi^2_{(2)}=1.733, p>0.05$)。课堂因素的五个方面对学习不良青少年消极低唤醒学业情绪的影响存在显著差异($\chi^2_{(4)}=11.000, p<0.05$),从频次上看,影响学习不良青少年消极低唤醒的课堂因素依次为教学方法、课堂气氛、教师情绪、课堂管理、师生互动。个人因素的四个方面对学习不

良青少年消极低唤醒学业情绪的影响不同（$\chi^2_{(3)} = 7.857, p<0.05$），从频次上看，影响学习不良青少年消极低唤醒学业情绪的个人因素依次为排名、努力、分数和能力。

四、学习不良青少年学业情绪产生的原因

从本研究的结果来看，学习不良青少年学业情绪产生的原因主要有人际、学业、课堂和个人因素。这四类因素对学习不良青少年学业情绪的影响不同。青少年积极高唤醒的学业情绪更多的来源于人际因素；积极低唤醒学业情绪更多的来源于学业因素，消极高唤醒学业情绪更多的来源于人际因素；四个因素对消极低唤醒学业情绪都有影响，但是影响程度之间没有显著的差别。由此可见，影响学习不良青少年学业情绪更多的是人际因素。Svetaz(2000)等人研究发现，能够使学习不良青少年产生积极情绪状态的核心因素是归属感，这与本研究的结果是一致的，因为，良好的人际因素会给青少年带来更多的归属感。

通过访谈，我们了解到在人际因素中主要是教师的期望和评价会使学习不良青少年产生快乐、自豪的情绪体验，同时也会使他们对自己的学业充满更多的希望。这说明，教师在学习不良青少年的积极学业情绪中发挥了重要的作用。另外，他人是否能够给学习不良青少年提供学业上的帮助也会明显影响学习不良青少年的学业情绪。当能够获得帮助时，他们会很高兴；当不能获得帮助时，他们就会很气愤。说明要想提高和改善学习不良青少年的学业情绪，应该在学业上给他们提供更多的个别指导和帮助。由于很多研究表明，学习不良青少年的亲子关系、家庭气氛等都与一般青少年不同，因此，在人际因素中，我们加入了家庭气氛一项，以了解家庭因素对学习不良青少年学业情绪的影响。结果表明，学习不良青少年家庭不和睦（例如父母吵架等）会给青少年带来消极

的学业情绪,干扰他们的学习。

在学业因素中,考试是影响学习不良青少年学业情绪的重要因素。虽然学习不良青少年经历了太多的学业失败,但是考试仍然是他们学业生活中不可忽视的一个重要部分。因此,在不同的考试阶段,学习不良青少年经历了不同的学业情绪。通过访谈了解到,在考试之前和考试时学习不良青少年有更多的消极学业情绪,当考试结束后,甚至还不知道考试成绩的时候,他们有更多的积极学业情绪。同时,作业负担也是导致学习不良青少年产生消极学业情绪的原因,这可能跟他们个人的学业基础比较差有关。

课堂因素中,各个方面对学习不良青少年的影响差异不大。研究表明,当学生不能跟上教学要求的时候,他们会产生厌倦情绪(Pekrun,2002)。通过访谈,本研究也发现了同样的结果。一些青少年认为,教师的教学方法不适合自己,导致自己在某些学科上失去学习兴趣,产生厌倦情绪。其他研究也表明,对于学习不良青少年来说,教师在改善学习不良青少年的学业情绪中起重要作用(Martinez,2004)。我们通过文献分析,在课堂因素中加入了教师情绪一项访谈内容,结果发现,教师情绪能够影响学习不良青少年的学业情绪,特别是当教师在课堂上有积极情绪的时候,学习不良青少年也能够感受到更多的积极学业情绪。这与左斌(2002)等人的研究相一致,他们的研究表明师生互动过程中教师的情感会传递给学生,学生不仅能感受到教师的情感,而且会产生与教师同样的情感。实际上,师生关系的亲密性越高,越有利于学生与教师交往中获得精神支持和心理满足,从而促进其正确的认识自我,尤其有利于发掘学生的学习潜能,更有利于形成积极的学业情绪。

在学生个人因素中,学习不良青少年认为自己的考试成绩排名对学业情绪的影响最大。当排名上升时,他们会感受到更多的积极学业情绪,当排名下降的时候,他们会感受到更多的消极情绪。值得注意的是,学习不良青少年的考试分数并不能给他们带来积极的学业情绪,而是给他们带来了更多的消极学业情绪。而努力归因对学习不良青少年的学业情绪也有一定影响。当他们认为自己努力时,就会有积极的学业情绪,当感到不努力的时候就会感到对自己很失望。虽然,学习不良青少年经历了很多学业失败,但是从我们的访谈中发现,学习不良青少年并没有全部否认自己的学习能力,反而,一些学生认为自己有学习能力,给自己带来了积极的学业情绪。这说明,学习不良青少年中有一部分人可能过高地估计了自己的学业能力,不能正确评价自己,或者另一方面,说明学习不良青少年在学业过程中,可能为了保护自我价值感,有学业设障现象,虽然他们学业能力较强,但是他们可能害怕学业失败,而没有努力投入学习,造成了学业上的失败。

本研究发现影响学业不良青少年学业情绪的四个因素与帕克让(2000)等人提出的控制和评价的观点是一致的,符合控制—评价理论,也与佩里(Perry, 2001)等人的研究结果相一致。他们的研究也发现对学习有高控制感的学生会有更少的厌倦和焦虑。但是与帕克让(2000)等人研究不同的是,除了他们提到的五个方面的社会环境因素之外,本研究还发现一些其他因素也会影响我国学习不良青少年的学业情绪,例如,家庭气氛、他人帮助等。

综上所述,本研究的结果表明,学习不良青少年的学业情绪受人际、学业、课堂、个人等多方面因素的影响,其中人际因素是最主要的因素。

第四节 学习不良青少年学业情绪的干预研究[①]

当学习不良青少年长期面临学业失败和较低的同伴接受性的时候,他们就会产生对学业的不良情绪。然而,在教育干预研究中,教师更多的是关注于学习不良青少年的学业成绩问题,对学习不良青少年的情绪特别是学业情绪则很少关注。因此,当学习不良学生不仅有学业问题,而且有学业情绪问题的时候,教师往往束手无策,针对学业成绩的干预则没有明显效果。那么,怎样培养学习不良青少年积极的学业情绪?怎样去帮助他们避免产生消极的学业情绪?通过关注于学习不良青少年学业情绪的整合性干预能否改善他们的学业情绪,进而提高他们的学业成就?这方面的研究对提高学习不良青少年的身心健康有着至关重要的作用。目前有关学业情绪的干预研究还不是很多,国内外都没有成熟的干预方式。因为学业情绪的影响因素是来源于多个方面的,所以在设计干预程序时应全面考虑多种因素。因此,本研究中对青少年学业情绪的干预采用的是整合式的干预方式。

一、学习不良青少年学业情绪的干预方法

越来越多的研究证明,个体学业成绩上的差异不能仅仅解释成一般能力的差异,而是认知、情感和动机变量交互作用的结果(Volet,1997)。很多研究者已经认识到了情绪在教学和学习中的重要作用,并且认为,良好的情绪能够在很多方面帮助学生提高学习成绩(Gorman,2001)。而我们在研究二中发现,学

[①] 董妍. 学习不良青少年学业情绪研究[D]. 中科院心理研究所,2006:95—102.

习不良青少年比一般青少年具有更多的消极学业情绪。因此,改善学习不良青少年的学业情绪就是一个至关重要的问题。然而,在教育干预研究中,教师更多的是关注于学习不良青少年的学业成绩问题,对学习不良青少年的情绪特别是学业情绪则很少关注。因此,当学习不良学生不仅有学业问题,而且有学业情绪问题的时候,教师往往束手无策,并且干预没有效果。因此,现有的针对学习不良的教育干预措施,多是直接指向学习策略和提高认知能力的,针对学业情绪的干预研究很少。研究表明,直接针对提高成绩的干预的确能够提升学生的学习成绩,但是会阻碍学生的情绪和动机,而直接以学生为中心的教育干预,则会在提高学生成绩的同时,增加学生的快乐体验(Michaela,2005)。因此,在本研究的干预中,我们采取以学生为中心的教学干预措施,具体的措施是,教师对作业和成绩的个性化评价。

前述研究结果表明,学习不良青少年的学业情绪是受人际、学业、课堂、个人等多方面因素影响的,可见,如果仅仅干预某一方面,可能不会起到很好的效果。因此,在本研究中,我们利用研究二的结果以及相关文献,设计了学业情绪的整合性教育干预措施。具体含义是,以改善学生的学业情绪为目标,通过改善教师教学与评价、对学生进行学业情绪调节训练、个别心理辅导等途径和方法,精选科学有效的学业情绪干预策略,以使学生减少消极学业情绪,学会调节学业情绪,调动积极学业情绪,促进学业成就提高。

本研究的假设是,通过整合性学业情绪干预,能够对学习不良青少年的学业情绪和学业成就有积极的影响。首先,我们希望能够有效提高学习不良青少年的积极学业情绪,降低消极学业情绪。其次,我们希望能够提高他们的学业成就。

(一)被试

浙江省杭州市萧山区某普通高中学生358人,其中学习不良学生52人,被试的基本情况见表 6-7。

表 6-7 被试的基本情况(n=358)

组别	高一			高二		
	男	女	年龄	男	女	年龄
实验班(全体)	41	52	15.72±0.42	35	51	16.64±0.41
实验班(LD)	7	8	15.71±0.40	6	3	16.46±0.32
对照班(全体)	40	55	15.75±0.40	50	33	16.64±0.57
对照班(LD)	13	2	15.81±0.41	5	7	16.82±0.56

(二)工具与材料

1. 学业情绪问卷(见附录三)

2. 学业成就测验

根据学生最近一次期末考试成绩,按照各年级成绩,转化成 T 分数后,取语文、数学和外语的 T 分数总分,作为学业成就测验的指标。

3. 中学生学业情绪调节团体训练提纲(见附录七)

自编学业情绪调节团体训练材料。根据研究目的,设计了八节团体训练。内容涉及有关情绪的基本问题、情绪与学习的关系、学业情绪的调节方法等。训练内容的编写指导原则是直接指导与策略指导相结合。直接指导指用简单明了的方式向中学生传授有关各种具体情绪调节的方法,比如,如何调节学习中的焦虑、愤怒等消极情绪;策略指导指向中学生传授一些包含情绪调节策略的方法,比如,怎样对学业情绪进行合理归因,在情绪发生时和情绪发生后怎样对情绪进行调节等。

(三)干预措施

整合性学业情绪干预措施包括三个方面:情绪性教学与评价、学业情绪调节训练、个别心理辅导。干预时间为一学期。

1. 情绪性教学与评价

积极情绪性教学主要通过对教师进行培训,调动教师上课的积极情绪,使教师能够在课堂上带着积极的情绪进行授课,进而使学生能够在课堂上有积极的学业情绪。情绪性评价是将教师对学生成绩下降、提升的关注点改变为不仅关注学生成绩,更要对学生的学业情绪敏感,帮助学生分析成绩变化的原因,更多的了解学生的感受。具体做法是,要求任课教师在每两周进行一次的小考中对学生的成绩反馈要有情绪性评价。情绪性评价的基本模式是:首先关注成绩变化给学生带来的情绪;其次,教师本人对这个学生的成就有什么样的情绪反应,帮助学生分析成绩变化的可能原因,进而教师再提出进一步的鼓励和希望。例如,某某同学,你这次考试成绩很好,能取得这样的好成绩,你一定很高兴,老师也很为你感到高兴,希望你能够继续努力,不断进步。

2. 学业情绪调节训练

对学生进行学业情绪调节训练的目的在于,让学生掌握和了解学业情绪调节的方法和策略,当学生出现不良学业情绪的时候,能够自觉主动的改善自己的学业情绪,尽量减少不良学业情绪对自己的影响。学业情绪调节训练由实验班班主任教师根据学业情绪调节训练手册的内容,每周进行一次团体训练,每次一节课。

3. 个别心理辅导

对于有严重学业情绪的学生,请专职心理辅导教师进行学业情绪的个别辅导,以帮助他们改善不良的学业情绪。

4. 研究设计与研究步骤

研究采用实验组对照组前后测准实验设计。本干预研究分为以下几个干

预阶段,每阶段的安排如下:

第一阶段:对实验班和对照班进行学业情绪的前测。收集实验班和对照班最近一次考试成绩。

第二阶段:对实验班任课教师和班主任进行培训。培训分为自学和专家讲座两部分。自学材料为有关学业情绪的文章和书籍,由专家推荐。

第三阶段:实施学习不良学业情绪调节的干预。实验班班主任对学生进行每两周一次的学业情绪调节的团体训练,并要求学生每周写一次学业情绪的日记,班主任老师给予反馈;任课教师进行积极情绪性教学与情绪性评价的干预;心理辅导教师进行个别学生的学业情绪心理辅导。

第四阶段:对实验班和对照班再次进行学业情绪问卷。收集干预结束后进行的期末考试成绩。

第五阶段:收集数据后进行统计分析。

二、学业情绪整合性干预的结果

(一)干预前后学业情绪得分的变化

为了测查干预前后学生的学业情绪是否发生了变化,对实验班、对照班以及学习不良学生的《青少年学业情绪问卷》的前测与后测分数分别进行了差异显著性检验,结果见表6-8、表6-9。

表 6-8　实验班、对照班干预前学业情绪得分差异的显著性检验

		实验班		对照班		
		平均分	标准差	平均分	标准差	t 值
全体学生	PH 学业情绪	62.33	7.30	61.70	7.28	0.819
	PL 学业情绪	43.21	6.77	42.35	7.46	1.147
	NH 学业情绪	56.68	9.57	56.49	9.41	0.183
	NL 学业情绪	65.26	13.54	66.31	13.84	−0.728
LD 学生	PH 学业情绪	62.28	8.73	59.04	7.36	1.452
	PL 学业情绪	42.72	6.61	40.11	6.19	1.471
	NH 学业情绪	57.84	12.69	55.74	6.73	0.753
	NL 学业情绪	65.68	16.95	68.19	11.69	−0.624

表 6-9　实验班、对照班干预后学业情绪得分差异的显著性检验

		实验班		对照班		
		平均分	标准差	平均分	标准差	t 值
全体学生	PH 学业情绪	62.24	7.63	59.59	8.09	3.188**
	PL 学业情绪	44.69	7.48	42.52	8.04	2.641**
	NH 学业情绪	55.19	9.75	55.21	9.11	−0.025
	NL 学业情绪	65.36	14.28	69.52	16.16	−2.579*
LD 学生	PH 学业情绪	62.92	9.61	57.78	6.14	2.278*
	PL 学业情绪	45.20	9.05	40.78	6.58	2.026*
	NH 学业情绪	55.08	12.93	56.59	7.54	−0.510
	NL 学业情绪	63.48	16.28	72.67	13.05	−2.253*

从表 6-9 和 6-10 可以看出，无论是对全体学生来说，还是对学习不良学生来说，前测时，实验班与对照班在各种学业情绪得分上均无显著差异；后测时，实验班在积极高唤醒学业情绪、积极低唤醒学业情绪上得分显著高于对照

班,而在消极低唤醒学业情绪上实验班得分显著低于对照班,在消极高唤醒学业情绪上实验班与对照班没有显著差异。

(二)干预训练对全体学生学业成就的影响

为了排除前测学业成绩可能存在的影响,这里使用了以后测学业成绩为因变量,以班级类型(实验班与对照班)为自变量,以前测学业成绩为协变量的协方差分析进行统计。进行了各组总体斜率是否相等的检验,结果表明,班级类型与前测成绩之间没有显著交互作用($F_{(1,354)}=0.102, p>0.05$),而各自主效应显著($F_{(1,354)}=17.513, p<0.01; F_{(1,354)}=241.38, p<0.01$),因此,两组斜率可以认为相同(张文彤,2002)。协方差分析结果表明,排除协变量前测学业成绩影响后,班级类型对后测学业成绩的影响仍然显著($F_{(1,354)}=13.506, p<0.01$)。结果见表6-10。

表6-10 干预前后实验班与对照班成绩比较

		前测成绩		后测成绩		调整后的后测成绩	
		平均分	标准差	平均分	标准差	平均分	标准误
全体	实验班	153.72	17.92	155.13	19.99	154.71	1.168
	对照班	152.52	18.32	148.19	20.59	148.62	1.175
LD	实验班	128.96	15.43	134.84	14.61	133.83	2.675
	对照班	125.95	16.49	124.41	18.53	125.34	2.573

(三)干预训练对学习不良青少年学业成就的影响

为了排除前测学业成绩可能存在的影响,这里使用了以后测学业成绩为因变量,以班级类型(实验班与对照班)为自变量,以前测学业成绩为协变量的协方差分析进行统计。进行了各组总体斜率是否相等的检验,结果表明,班级类型与前测成绩之间没有显著交互作用($F_{(1,49)}=0.009, p>0.05$),而各自主效应显著($F_{(1,49)} = 7.785, p < 0.01; F_{(1,49)} = 29.354, p < 0.01$),因此,两组斜率可以认为相同(张文彤,2002)。协方差分析结果表明,排除协变量前测学业成绩影响后,班级类型对后测学业成绩的影响仍然显著($F_{(1,49)} = 5.212, p < 0.05$)。结果见表6-10。

三、学业情绪整合性干预对青少年学业情绪的作用

在本研究中,我们采用了整合性的教育干预措施去改善学生的学业情绪。这一整合性的干预措施,一方面来源于文献分析,另一方面来源于我们在研究二中得出的结果。情绪对人的影响是多方面的,同时情绪也受多种因素的共同作用,单独改善某一方面因素可能不能起到很好的效果。因此,本研究采用了整合性的教育干预措施。结果表明,这种整合性训练提高了实验班学习不良青少年和全体青少年的积极学业情绪,降低了消极低唤醒学业情绪。说明这一干预措施是有效果的,通过一段时间的教育干预,能够促进学生学业情绪的发展。总体上,学业情绪整合性教育干预对全体学生而言,受益更多的是学业情绪调节的团体训练和积极情绪性教学。本训练手册体现格罗斯的情绪调节理论(Gross,1998,2002)。根据格罗斯(2003)的情绪调节理论,认知重评是比压抑策略更为有效的情绪调节策略。认知重评能使人以一种更加积极的方式理解使人产生挫折、生气、厌恶等消极情绪的事件,或者对情绪事件进行合理化。因此,通过干预,我们了解到很多学生学会了认知重评的方式来主动调节自己的学业情绪。而使学习不良青少年受益更多的是情绪性评价和个别心理辅导。这两种针对个体差异的学业情绪干预方式,使学习不良青少年体验到了更多的积极关注,能够使他们更好地跟老师进行沟通和交流。

我们也发现,经过干预后,实验班和对照班不论是学习不良青少年还是全

体青少年,在消极高唤醒学业情绪上没有显著差异。分析其原因,主要是在干预后测阶段面临期末考试,虽然,积极学业情绪得到了促进,但是这种考试前的高度紧张气氛仍然没有消除。这与研究二的结果是一致的,在研究二中,我们也发现,考试是影响学习不良青少年学业情绪的一个很重要的因素。因此,在以后的研究中,我们希望优化学业情绪的整合性干预以进一步降低学生消极高唤醒的学业情绪。

四、学业情绪整合性干预对青少年学业成就的影响

到目前为止,专门干预学业情绪的研究还不多见,而现有的研究也更多的是仅仅对教师的教学方法进行干预(Assor,2005),或者挖掘教材中的情感性因素进行教育干预(卢家楣,2001)。但是,这种干预往往是单方面的,而且没有体现出个体差异的特点,因此,很难说会有长期效果。可能对某一阶段的学习内容起到作用,但是能否对改善学习不良青少年长期的学业情绪起作用,则很难判断。而在我们的研究中,我们更加关注的是师生之间的互动,无论是积极情绪性教学与评价还是学业情绪调节训练都是以学生为中心的,并且关注个体差异。现有的研究表明,这种关注于学生的教育干预,往往效果较好(Michaela,2005)。因此,我们希望这种整合性干预能够起到长期的效果。

本研究的结果表明,通过学业情绪的整合性干预,不仅实验班全体学生的学业成就有了显著提高,学习不良青少年的学业成就也明显高于对照班。这说明,学业情绪整合性干预对提高青少年学业成就是有效果的。从另外一个角度看,这也表明,学业情绪确实对学业成就有影响,进一步证明了我们前面研究三的结论。通过学业情绪的干预来改进学生的学业成就是国外学者目前也正在试图探讨的问题。许多研究都表明(Pekrun,2002;Turner,2002),学业情绪对

成就动机、学业效能、学习策略以及认知因素等起着重要作用,同时还对这些因素起着整合作用,所以学业情绪干预是转化学习不良的一个新视角和新方法。本研究的结果显示,学业情绪干预是有效提高学习不良青少年成绩的有效手段之一。

五、学习不良青少年学业情绪干预措施的效果与改进

本研究发现学习不良青少年存在学业情绪问题,并且他们的学业情绪对他们的学习也有一定影响,那么,如何有效改善和提高学习不良青少年不适当的学业情绪呢?这是我们研究中的一个重要问题。专门对学习不良青少年学业情绪的干预措施目前还非常少,因此,我们首先通过访谈了解学习不良青少年学业情绪的影响因素。结果发现,学习不良青少年的学业情绪受多方面因素的影响,包括人际因素、学业因素、课堂因素和个人因素。单独对某一方面进行改进,可能不会起到好的作用。因此,我们设计了学业情绪整合性教育干预措施,以促进学生学业情绪的改善。实践证明,这种整合性的学业情绪干预措施是有效的,学业情绪整合性干预研究为今后学习不良学生的转化工作提供了借鉴和指导。分析其原因主要有以下几点:(1)学业情绪整合性干预措施来自于访谈和文献分析的结果。通过深入访谈,我们了解了哪些原因对学生的学业情绪有影响,特别是对学习不良青少年的学业情绪有影响。因此,本研究具体干预措施具有一定的针对性。(2)学业情绪的整合性干预措施是主要以学生为中心的教育干预措施。以学生为中心的干预被证明是能够促进学生适应性学习的一种有效措施。教师在情绪性教学过程中,给予学生更多的鼓励和支持;在评价过程中,以学生为中心,引导学生体验积极学业情绪,避免消极学业情绪。(3)关注学生个体差异是学业情绪整合性干预的另一个特点。在整个干预过程中,

教师要针对每个学生的情况,在成绩反馈上给以情绪性评价。这在某种程度上增加了师生直接的互动和交流,因此,可以提高学生的学习兴趣,改善他们的学业情绪。(4)学业情绪的整合性干预措施也注重学生在学业情绪过程中的主体作用。不仅在学业情绪调节训练中要教给学生一些学业情绪调节的技巧和策略,而且要让学生们主动发挥自己的想象力和创造力,去寻找有效合理的学业情绪调节方法,然后在课堂中与其他同学进行交流。(5)个别心理辅导是学业情绪整合性干预中的一个组成部分。在本次干预研究中,先后对3名学习不良学生进行了个别心理辅导。根据个案观察,他们的学业情绪得到了较好的改善。下面列举其中一个个案进行说明:

高一某班学习不良女生,经常沉默寡言,少有笑容,高中入学成绩落后,学习吃力,投入大量时间学习,每天凌晨就起来读书,中午晚上不吃饭,只为分秒必争,可是不见效率。在周记中,她倾诉了渴望好成绩和怕辜负父母的心情:"我最最害怕的不是老师,是学习成绩,是父母失望的眼神。如果没有我,他们手上不会爬满老茧;如果没有我,他们的脚趾甲里不会满是黑泥;如果没有我,他们的头上决不会有白发。这一切都是因为我……我决不能让我的父母以失望而告终。"通过学业情绪问卷调查发现,该生消极高唤醒学业情绪得分较高,主要表现在羞愧、焦虑方面,另外,在无助方面得分也较高。该生是实验班学生,针对该生的情况,在整班干预基础上,对该生进行了以合理情绪疗法为主的三次个别心理辅导。第一次个别心理辅导,主要帮助该生认识到自己信念中的不合理地方,指出是这些不合理的信念导致了她的不良学业情绪,并让其记录自己未来一周出现的不合理信念及其相应的情绪感受。第二次,与该生一起分析不合理信念的问题所在,并帮助学生认识到如何用合理信念取代不合理信念,并让该生记录未来一周自己如何用合理信念取代不合理信念的,情绪有什么变化。第三次,与该生一起分析自己的变化过程,并指出可以坚持用这种方法进一步改变自己的学业情绪。经过一学期的干预,该生在后测学业情绪问卷中,消极高唤醒学业情绪明显减少,成绩有所提高。该生认识到不能把父母的爱当成学习的负担,父母的爱是无法替代的,报答父母的爱有多种方法。在学习上,只要不愧对父母,认真走过就好,学习不能仅靠时间的投入,更要注重效率的提高,要学会调节自己的学业情绪,愉悦学习。

在本次干预研究中,也存在一些缺憾。家庭是儿童的第一个受教育场所,它培养了儿童的责任感和自信心,使儿童学习了情感和语言,整合了社会文化,并从中学到了最初的社会经验。然而,学习不良儿童的家庭环境和一般儿童有所差异,学习不良儿童的家庭有更多的冲突、人际关系紧张(俞国良,1997)。通过我们的访谈发现,学习不良青少年的家庭对他们的学业情绪有影响,但是由于某些原因,我们本次干预研究中没有对家庭因素进行干预。因此,在将来对学习不良青少年学业情绪的干预措施中,我们需要加入对家庭因素的干预。另外,从学业情绪影响学业成就的内在机制来看,已有研究(Pekrun,2002;Turner,2002)和我们研究三的结果均已发现,成就目标、学业效能和学习策略与学业情绪对学业成就均有影响,那么在教育干预过程中,就需要同时考虑这些中介因素,没有对这些中介因素进行干预是本研究第二个不足之处。另外,本研究中考察了初中学习不良青少年学业情绪的特点,但是由于某些原因对这些被试没有采用学业情绪的整合性干预,而实际上,初中学习不良青少年在积极高唤醒学业情绪上与一般青少年的差异是最大的,因此,以后的研究可以进一步考察学业情绪的整合性干预是否对初中学习不良青少年起到作用。

总体上,对学业情绪的干预是试图改变学习不良青少年学业成就落后的一种新尝试,整合性干预方案还需在实践过程中进一步完善和改进。根据RTI的理论(Daryl Mellard,2004),学习不良儿童的干预系统应该类似于公众健康防御体系,实行三级干预,对学生的进步进行连续监控,以帮助教育机构去满足学生的需要,使学习不良儿童的学业成就得到改善。也就是说,当发现学习不良儿童对一级干预没有反应后,就采取二级干预,二级干预效果仍然不明显,就采取三级干预。那么,我们在改进学业情绪干预模式的时候,也可以试图整合进这种思想,任何一个干预也不可能对所有的学生都有效果,对于没有效果或者效果不明显的学生,应该采取更密集或者其他的干预方法。比如,在本研究中,如果仅对学业情绪进行干预对学习不良青少年没有显著效果,应考虑加入其他变量,如成就目标、学业效能、学习策略等影响学业成就的因素进行二次干预。

综上所述,本研究发现:①通过学业情绪的整合性教育干预能够有效促进学习不良青少年及全体青少年的学业情绪的改善;②学业情绪的整合性干预,短期内能够对学习不良青少年以及全体青少年的学业成就提高有积极作用。

第七章 学业情绪的学科化研究

在教育心理学研究中,很多概念都具有领域特殊性。比如,学业自我概念的研究表明,不同学科领域的自我概念对学生学业的影响是不同的。目前,对于学业情绪的研究表明,学业情绪也具有领域特异性。数学学科是教育心理学领域中关注最多的一个学科,尤其是对数学问题解决的研究更是数不胜数。因此,对于学业情绪领域特异性的研究也是首先从数学学科开始的。最近,有研究者又考察了物理、英语等学科的学业情绪问题。根据国内外最新的研究,本章介绍数学、物理和英语三个学科领域中的学业情绪研究。

第一节 数学学业情绪研究

致力于数学学业情绪研究的学者,主要考察了数学焦虑对学生数学学习的影响。最近,随着帕克让学业情绪控制价值理论的提出,研究者又考查了学生数学情绪体验的环境因素,进行了数学学业情绪的跨文化研究。

一、数学焦虑对学生数学学习的影响

数学焦虑是指个体在处理数字、使用数学概念、学习数学知识、解决数学问题或参加数学考试时所产生的不安、紧张、畏惧等焦虑状态,是一种消极的负性情绪。自从上世纪70年代理查森和瑞妮(Richardson & Suinn,1972)对数学焦虑进行了开创性的研究以来,这一问题一直受到国内外研究者的关注。

(一)我国初中生数学焦虑的现状

我国学者王俊山和卢家楣(2006)运用分层取样法,在上海市选取7所中学,调查了1123名学生,考察了我国初中生数学焦虑的现状与原因[①]。其中5所市区学校,2所郊区学校,每所中学在各年级随机选一个班进行施测。结果发现,总体上,我国学生数学焦虑处于中等偏下水平,部分初中生存在过度的数学焦虑,占到调查全体学生的19.9%。同时,他们的研究也表明数学焦虑存在个体差异。具体来说,随着年级的升高,学生数学焦虑水平逐渐上升,但是初二和初三年级没有显著差异。数学焦虑的性别差异主要表现在女生的焦虑程度显著高于男生。数学成绩对数学焦虑有影响,结果表明,我国初中生数学焦虑与数学成绩之间具有极为显著的负相关。从学生所处学校的背景看,市区学校学生的数学焦虑比郊区学校学生的数学焦虑程度要相对轻一些。同时,他们也对数学焦虑的影响因素进行了调查,发现教师的评价方式、课堂气氛、数学考试是形成数学焦虑的主要原因。

(二)数学焦虑对心算加工的影响

心算是个体日常生活中不可缺少的一种基本能力,是指在没有外界帮助的

[①] 王俊山,卢家楣. 初中生数学焦虑的调查及其调控研究[J]. 心理科学, 2006, 29(3): 605−608.

情况下完成算术操作活动。按照信息加工的观点,心算过程可以分为四个阶段:问题编码、计算、决策和反应执行。心算包括两种加工方式,即算术知识的提取和算术运算。前者是指对那些比较简单的心算问题的答案的直接提取,后者是指使用一定的策略对较为复杂的心算问题进行运算。研究发现,工作记忆、年龄、数学焦虑等因素对心算的影响较大。针对数学焦虑对心算的研究发现,数学焦虑对简单心算问题的影响不大,但是随着问题难度的增加,数学焦虑效应逐渐明显。此外,数学焦虑还影响心算的编码、提取以及策略选择等过程。目前,解释数学焦虑对心算加工的影响主要有两个比较流行的理论:加工效能理论和抑制理论。前者注重工作记忆资源的有限性,主要涉及工作记忆的存储、加工方面的功能。后者注重工作记忆的内容,主要涉及工作记忆的抑制控制功能。目前,相关研究多倾向于证明加工效能理论,后一理论尚缺乏验证研究[1]。

从实证研究来看,我国学者耿柳娜和陈英和(2005)考察了数学焦虑对儿童加减法认知策略选择和执行的影响[2]。她们随机选取了 90 名小学 1~3 年级的儿童,每个年级 30 人(高、低数学焦虑者各 15 人)。采用实验法、观察法和口语报告法相结合的方式,探讨不同数学焦虑水平儿童加减法认知策略选择和执行情况。结果发现:从策略选择上看,高数学焦虑儿童使用出声策略和手势策略较多,使用对位策略较少。从策略执行上看,高数学焦虑儿童出声策略、手势策略和拆十策略执行的正确率较高,竖式策略和对位策略执行的正确率较低。随着儿童年级的升高,数学焦虑对其策略选择的影响越来越显著。

---

[1] 王翠艳,刘昌. 数学焦虑对心算加工的影响[J]. 心理科学进展, 2007, 15(5): 795-801.

[2] 耿柳娜,陈英和. 数学焦虑对儿童加减法认知策略选择和执行的影响[J]. 心理发展与教育, 2005, 4: 24-27.

二、学习环境与学生的数学情绪体验

班级学习环境不仅包括物理环境,实际上也包括全面的学习环境,涉及教学过程、师生关系、同学关系和学生的态度等。学习环境可以表现为许多可以观察到的外在环境特征,例如,教学楼、教学使用的材料及教师和学习者之间的交互作用。另外,学习环境也包括教师和学生主观知觉的学习环境。这一方面的研究有着丰富的成果,大多数研究表明主观知觉的环境与学生的学习有密切联系。然而,对于班级环境的知觉与情绪方面的研究极少受到关注。但汉姆利关注了测验焦虑与班级环境知觉的关系。他采用元分析的方法,发现个体将任课教师知觉为消极的和不友好的程度与测验焦虑有中等负相关($r=-0.16$),但是知觉为积极和友好时则不相关。帕克让(1992)报告说,横向和纵向研究分析表明,5~10年级个体的测验水平与个体知觉到的来自教师的压力和惩罚以及个体知觉到的竞争有正相关。

1. 雅克布和戈茨等人的研究

雅克布(Jacob,1996)和戈茨等人(2006)强调除了焦虑之外,其他成就情绪也是非常值得研究的。雅克布调查了知觉到的班级环境变量与初中和高中学生测验相关的情绪,包括高兴、焦虑、生气、无助和羞愧。发现知觉到的教师热情和从教师那里获得的与成就相关的支持反馈(例如,成功后的表扬,失败后的支持)与个体水平的学业高兴是正相关的(相关在$R=0.35$到$R=0.39$之间)。另外,获得的与失败相关的教师惩罚与生气、无助、羞愧和焦虑症相关(相关系数在0.19~0.38之间)。最后,获得的同学之间的竞争与焦虑和高兴正相关。戈茨等(2006)检验了学生对学习环境的知觉与体验到的拉丁语学科中的情绪的关系。在他们的研究中,个体知觉到的成就后积极强化,教师的热情和拉丁语的精心教学与个体报告的高兴、骄傲正相关,与生气和厌倦负相关。然而,来自于教师的成就压力被证明是与学生的焦虑和生气正相关,与高兴和厌倦负相关。

此外,费雷泽和费希尔(Fraser & Fisher,1982)报告了班级环境与科学课程中的高兴情绪是相关的。总体上,这些分散的实证研究结果提供了对于焦虑和获得的来自于教师的惩罚和同学之间的竞争是正相关的一致性支持。对教师的教学策略的知觉(如教学质量和成就相关的反馈)和同伴参与与学业高兴正相关。

2. 控制价值理论取向下知觉到的班级环境对情绪的影响

控制价值理论假设学生的环境(包括父母、教师和同伴)影响他与成就相关的评价性的控制和价值。与成就相关的控制评价包括能力的判断,因果期待和对成功和失败的因果归因。与成就相关的价值评价包括对成就相关的行为的重要性的知觉,我们称为行为价值(action values)(如,在数学课程中,实现成功重要性的知觉,避免失败)。控制评价和价值评价又是学业情绪体验的直接前因。

帕克让(2000)在社会—认知和控制—价值理论中阐述到,学生学习环境中的下述方面可能与他对控制和价值信息的认知有特别的相关:教学质量、价值引导、成就结果的反馈及期望和目标结构。

2007年弗伦泽尔(Frenzel)等人采用多层线性模型的方法分析了在数学课中知觉到的班级环境与学业情绪的关系。考虑到教师和班集体的平衡性,以及统计上的共线性问题等,他们在研究中选择了四个方面进行考察:(1)感知到的教学质量(包括清晰性和结构);(2)感知到的同伴数学自尊(知觉到同伴喜欢和欣赏该学科的程度);(3)感知到的可能与失败相关的教师惩罚;(4)感知到的同伴竞争(在班级中显示竞争的目标结构)。来自于69个班级的1623名学生(5

~10年级)的调查数据证明了这些环境变量与情绪体验之间的密切关系。

三、德国与中国学生数学学业情绪的比较

2007年弗伦泽尔为了检验数学学业情绪问卷是否具有跨文化的一致性，选取了312名德国学生和579名中国学生，考察了两国学生在学业情绪问卷上的表现[①]。结果发现，数学学业情绪问卷在不同文化间具有高度的测量不变性。中国与德国青少年在数学学业情绪问卷上的得分与学业成绩、父母的成就期望、成功与失败的归因的关系模式是相同的。但中国学生在数学上有更高水平的焦虑，更多的快乐、骄傲、羞愧和更少的气愤，德国学生则经历了更多的愤怒情绪。这与以往的研究是有相同之处的，例如，2004年世界经合组织就曾报告说，东方国家的学生比西方国家的学生倾向于经历更高水平的成就焦虑。

第二节 物理学业情绪研究

物理是自然科学中的一门重要学科，它对改变人类的生活环境起着举足轻重的作用。但是由于该学科概念多、内容难、公式复杂，对许多学生来说，是比较难学的一门课程。特别是在物理考试中，不仅考查学生对基础知识的掌握情况，而且还要考查学生结合实际灵活运用所学知识的能力。在初中开始学习物理课程时，学生面对新的学习材料、新的学习方法以及新的学习压力，很多学生具有畏惧困难情绪，会感到焦虑、厌倦、沮丧等。因此，研究学生在物理学习中

---

① A C Frenzel, T M Thrash, R Pekrun et al. Achievement emotions in Germany and China: a cross-cultural validation of the academic emotions questionnaire-mathematics[J]. Journal of Cross-Cultural Psychology, 2007: 38, 302—309.

会经历何种情绪,如何克服物理学习中的消极学业情绪具有很重要的现实意义。我国学者郑英娟考察了中学生物理学业情绪问题,本节拟结合她的研究对物理学业情绪进行介绍①。

一、我国初中生物理学业情绪特点

按照帕克让对学业情绪的界定,物理学业情绪即是指在物理学习和考试中,学生所经历的与物理学业活动相关的各种情绪体验,包括在物理课堂学习、作业以及考试中的情绪体验。目前,国内外对物理学业情绪的研究都不多见,国内也缺乏相应的测量工具。因此,郑英娟首先编制了物理课堂学业情绪问卷与物理课外学业情绪问卷,并以这两份问卷为工具,调查了初中生物理课堂学业情绪、课外学业情绪以及考试学业情绪的状况与特点。

在该研究中,研究者采用分层抽样的方法,从西安市、渭南市和华阴市三个地方各抽取1所重点中学和1所普通中学,选取了八年级和九年级学生,共计540多人。经过调查发现物理课堂学业情绪、物理课外学业情绪以及物理考试学业情绪的得分基本符合标准正态分布。在不同情境中的物理学业情绪均不存在性别差异和年级差异。不同学校学生的课外物理学业情绪不存在显著差异,但是不同学校中学生的课堂和考试情境中的物理学业情绪具有显著差异。整体来看,考试情绪总分均值按照学校教学质量由好到差,逐渐降低。也就是说,学校的教学质量越高,升学率越高,学生的考试情绪越积极,考试焦虑程度越低。

---

① 郑英娟. 中学生物理学业情绪研究[D]. 陕西师范大学, 2007.

二、物理学业情绪的影响因素

影响物理学科学业情绪的因素,除了物理学科本身难度较大之外,按照帕克让的理论还应有社会和认知两方面因素的影响。我国学者郑英娟选择了多项与物理学习相关的因素,分别考察了不同学业情境下的物理学业情绪与物理学业成就自我评价、物理学业成绩、物理学习兴趣、物理学习被动程度、物理课堂学习认真程度、性格、物理课堂主动性、学生对物理老师的喜爱程度、物理教师对学生的关注程度、学生受表扬程度、教师评价、同伴评价、家长的期望和家长对学生的考试要求这些因素之间的偏相关程度。结果发现:(1)物理课堂学业情绪与物理学业成绩、物理课堂学习认真程度、物理课堂主动性、对物理教师的喜爱程度、教师评价等因素之间存在显著的正偏相关关系,与物理课堂学习被动程度间存在显著的负偏相关关系,说明物理课堂学业情绪与这些因素相互影响,互为因果;(2)物理课外学业情绪与物理学业成就自我评价、物理学习兴趣、物理课堂主动性、同伴评价等因素之间存在显著的正偏相关关系,与物理学习被动程度、家长对学生学习要求的严厉程度间存在显著的负偏相关关系。物理课外学业情绪与这些因素相互影响、互为因果;(3)物理考试学业情绪与物理学业成就自我评价、物理学业成绩间存在显著的正偏相关关系,与物理课堂认真程度、家长对学生学习要求的严厉程度间存在显著负偏相关关系。物理考试学业情绪与这些因素相互影响。从郑英娟的研究来看,我国学生物理学业情绪状况主要包括教师、家长和学生个人三方面的影响因素。

三、物理学业情绪研究对物理教育的启示

(一)教师物理教学方面的启示

1. 增加学生物理学习的成就感

无论是从帕克让提出的控制—价值的理论模型来看,还是从我国学者郑英娟的实证研究来看,对成就的评价都会影响到学生物理学习的情绪。学生的物理学业成就自我评价和其物理课外和物理考试中的学业情绪有积极正相关。因此,教师要有意识地让学生在物理学习中体验到成功感,增强学习物理的信心,进而帮助学生提高物理学业成就的自我评价。

2. 加强对学生的积极评价

物理课堂学业情绪与教师对学生的评价之间存在显著的偏相关关系,教师对学生的评价越高,学生的物理课堂学业情绪越有利于学生学习。因此,教师在日常的物理教学中,要减少对学生的负面批评,多鼓励,运用期待效应,让学生对学习物理充满信心。这样,学生就更能够按照老师的积极期待投入到物理课程的学习中,相应的会有积极的物理学业情绪,进而提高其物理成绩。

3. 发挥学科趣味性,激发学生学习物理的主动性

兴趣是影响学生学习的首要因素,当学生对某一学科产生兴趣时,就会积极主动、心情愉快地去学习。物理学科是一门以实验、观察为基础的学科,实验对激发学生的学习兴趣具有非常重要的作用,也是提高学生学习主动性的有效途径。当学生的学习兴趣和主动性增强时,其学业情绪就会朝着积极的方向发展和变化,学生就会更进一步体验到学习物理是一种享受,而不是一种负担。

(二)家长家庭教育方面的启示

1. 家长对孩子物理学习的期望和要求适当

有研究表明,家长对孩子的期望过大,孩子的物理课外学习和考试的情绪得分越低。也就是说,当家长对孩子的期望成为其心理负担时,孩子就会在课外学习中感到烦躁、生气和绝望。当家长对孩子的考试成绩有高要求时,孩子在考试中也会越紧张。因此,家长对孩子的学习期望和要求要适当,不能过分关注孩子的学习和考试成绩,而应该帮助学生正确地看待考试成绩。

2. 在生活中培养孩子学习物理的热情

物理与我们的日常生活紧密相关,每个人都可能具有一些朴素的物理理论。因此,也可以利用一些生活中的物理知识,激起孩子学习物理的好奇心,调动孩子学习物理的热情,让他们体验到学以致用的乐趣。同时,家长可以为孩子讲述一些物理学家的逸闻轶事,引导孩子提高学习物理的兴趣。

(三)学生物理学习方面的启示

1. 学会积极调控,克服畏难情绪

学习物理的过程中,学生经常会遇到困难和挫折。这时,学生可以利用物理学家的精神来鼓励自己不怕困难,进行积极的心理暗示。如鼓励自己"不要丧失信心"、"失败是成功之母"、"其实物理并不难,每个人都能学好"等等。学会积极的调控自己的情绪,保持良好的学习状态,从而为学习物理扫除心理障碍。

2. 保持适度期望,体验学习的成功感

按照控制—价值理论,期望会影响到一个人的学业情绪。因此,学生在学习物理时,要对自己保持适度的期望。不要因为一次物理考试失败,就焦虑不安。按照多元智能理论,每个人的智力优势并不相同,也就是说,并不是每个人都有可能成为知名的物理学家。在学习物理时,只要我们尽力而为,感受到学习的成功感就可以了。

第三节　英语学业情绪研究

英语作为一门第二语言学科,有其自身的独特性和新颖性。学生在刚接触这门学科时,首先会因英语学习本身不同于其他学科的学习材料而产生好奇心理,进而体验到学习的乐趣。因此,可以推断的是在英语学习的起始阶段,英语学业的高兴情绪体验是较为普遍的。随着年级的增长,英语学习难度的增加,以及不同于其他学科的要求,个体对英语学科控制力和价值感评价也随着自己英语学业上的成功或失败的经历逐渐形成,学生在英语学习中体验到的情绪会越来越丰富,与此相应的,英语学业情绪会呈现一种发展变化的趋势。我的学生马丽华在硕士论文中考察了我国小学生英语学业情绪的发展特点及其影响因素,本节将结合她的研究对英语学业情绪研究进行介绍[①]。

一、英语学业情绪的研究对象与研究工具

(一)研究对象

本研究预测被试来自安徽省合肥市一所普通小学的三年级至六年级学生。每个年级随机抽取一个班级,共选取样本 435 人,剔除 5 份废卷后回收有效问卷 430 份。

用于问卷验证性因素分析、信度检验以及影响因素研究的被试来自合肥市肥东县城的一所小学,三到六年级每个年级随机各抽取 2 个班,共选取样本 420 人,剔除 6 份废卷后,得到有效问卷 414 份。

[①] 马丽华. 小学生英语学业情绪的发展特点及其影响因素[D]. 中国人民大学, 2009.

(二) 研究工具

1.《小学生英语学业情绪问卷》

本研究中所用问卷的结构主要依据帕克让的学业情绪控制—价值理论。选择了三种具有典型代表性的学业情绪：高兴、焦虑、厌倦，从课堂、考试、作业三个方面考查学生在英语学科上体验到的学业情绪。具体是在修订《学业情绪问卷——数学》(Pekrun, Frenzel & Goetz, 2005)基础上，结合考虑英语的学科领域性，形成《小学生英语学业情绪问卷》。其中英语学业高兴情绪7题、学业焦虑情绪6题、学业厌倦情绪6题。问卷均采用5点量表计分，从完全不符合到完全符合。考虑到小学生的年龄特点和理解能力，实际施测中采用以下表述方式："与我的情况完全不一样，我绝不这样"，记1分；"与我的情况不太一样，不太像我"，记2分；"不清楚这句话与我的情况是不是一样"，记3分；"与我的情况差不多，比较像我"，记4分；"与我的情况完全一样，我就是这样"，记5分。验证性因素分析和信度表明，问卷具有良好的结构效度，内部一致性较理想。

2.《小学生英语学业控制感和价值感问卷》

《小学生英语学业控制感和价值感问卷》主要分为学业控制感和学业价值感两个部分，其中学业控制感部分包括学业自我效能感和学业归因。学业归因具体包含：成功情境的能力归因，成功情境的努力归因，失败情境的能力归因，失败情境的努力归因。学业价值感则进一步分为对学业内部价值和外部价值的评价。《小学生英语学业控制感和价值感问卷》中英语学业自我效能感5题(修订自《学业自我效能感问卷》)，英语学业归因4题(自编)，学业内部价值5题和学业外部价值5题(来自《小学生英语价值信念量表》)。问卷计分方式同上。探索性、验证性因素分析和信度表明，问卷具有良好的结构效度，内部一致性较理想。

三、小学生英语学业情绪的发展特点

(一)小学生英语学业情绪的总体发展情况

被试在小学生英语学业情绪问卷三个分问卷上的平均数和标准差如表7-1所示：

表7-1 各年级小学生在英语学业情绪问卷上得分的平均数和标准差

年级	高兴		焦虑		厌倦	
	M	SD	M	SD	M	SD
三年级	3.70	0.84	2.67	0.81	2.07	0.81
四年级	3.69	0.90	3.04	0.81	2.09	0.80
五年级	3.25	0.90	3.08	0.86	2.60	0.85
六年级	3.16	0.91	2.91	0.92	2.18	0.88
总 计	3.43	0.91	2.93	0.87	2.25	0.86

从上表可以看出，三年级到六年级的学生在学业高兴情绪上的得分在3.16分到3.70分之间，平均得分是3.43分，分数均高于中间值(3分)；在学业焦虑情绪上的得分在2.67分到3.08分之间，平均得分是2.93分，分数位于中间值(3分)附近；在学业厌倦情绪上的得分在2.07分到2.60分之间，平均得分是2.25分，分数均低于中间值(3分)。总体而言，小学生在英语学科上体验到的高兴程度较高，焦虑程度一般，厌倦程度较低。

(二)小学生英语学业情绪发展的总体差异分析

依次以英语学业情绪：高兴、焦虑、厌倦为因变量，分析年级、性别对其的影响。结果显示，在学业高兴、学业焦虑、学业厌倦上年级主效应显著，性别主效应不显著，年级和性别交互效应不显著。也就是说，小学生在英语学科上体验到的高兴、焦虑、厌倦学业情绪不存在男生与女生的差异，但是不同年级间存在差异。

(三)小学生英语学业情绪发展的年级差异

通过上述分析,我们知道小学生的英语学业情绪存在年级差异。为了进一步考察学业情绪随年级变化的发展趋势,首先我们进行了年级变化的线性趋势检验,结果表明高兴情绪($F_{(3,410)}=27.486, p<0.01$)、焦虑情绪($F_{(3,410)}=4.049, p<0.05$)、厌倦情绪($F_{(3,410)}=5.149, p<0.05$)在年级间的线性变化趋势显著,见图7-1:

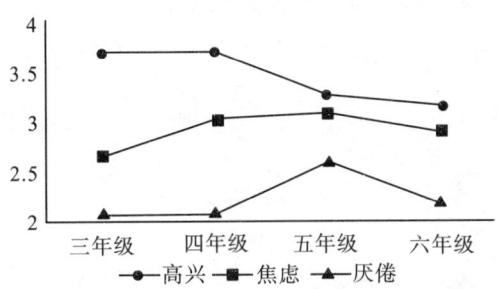

图7-1 不同英语学业情绪的年级发展趋势

其次,通过Scheffe方法对不同年级英语学业情绪平均分进行事后检验,结果显示:三年级体验到的高兴情绪最多,五年级体验到的高兴情绪最少,三($M=3.70$)、四年级($M=3.69$)学生的高兴情绪显著高于五($M=3.25$)、六年级($M=3.16$)学生($p<0.05$),但是三、四年级之间,五、六年级之间高兴情绪不存在显著差异;三年级体验到的焦虑情绪最少,五年级体验到的焦虑情绪最多,三年级($M=2.67$)与四($M=3.04$)、五($M=3.08$)年级之间存在显著差异($p<0.05$),但四、五、六年级之间焦虑情绪体验不存在差异;三年级体验到的厌倦情绪最少,五年级体验到的厌倦情绪最多,五年级($M=2.60$)与三($M=2.07$)、四($M=2.09$)、六年级($M=2.18$)都存在显著差异($p<0.05$),但其他年级之间厌倦情绪不存在显著差异。

整体看来,小学生在英语学业情绪上一般表现为三、四年级间不存在显著差异,五、六年级间不存在显著差异,但是三、四年级即中年级和五、六年级高年级之间存在显著差异,并且三年级和五年级学业情绪的体验明显不同于其他年级,具体表现为小学生在三年级时体验到的高兴情绪最多,相应的焦虑情绪和厌倦情绪最少,而五年级则成为学业情绪发展的一个转折点,无论是高兴情绪,还是焦虑情绪、厌倦情绪都开始发生明显的变化。

我们对每个年级内的英语学业高兴情绪、焦虑情绪、厌倦情绪进行横向比较发现,三者之间的差异显著。

进一步通过Scheffe方法对不同英语学业情绪在年级内的这种显著差异进行事后检验,结果如图7-2所示:

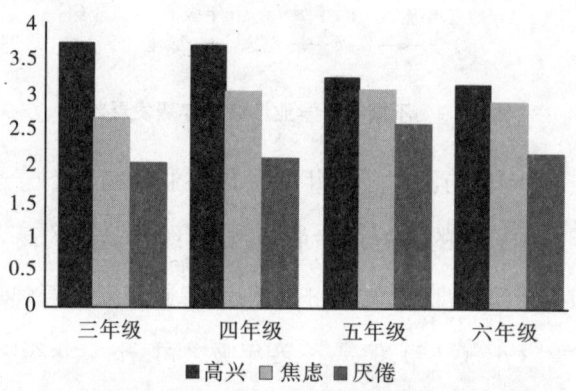

图7-2 不同英语学业情绪在各个年级内的发展差异

通过上述分析可知,就每个年级而言,学业高兴、焦虑和厌倦情绪之间是有差异的($p<0.01$),除了五年级学业高兴和学业焦虑的体验无显著差异之外,三年级、四年级、六年级的学生在这三种学业情绪体验上都存在显著差异($p<0.05$),这一结果也可以说明本研究中选取的这三种学业情绪来自不同的维度,具有一定的代表性。从年级内的这三种学业情绪的得分来看,无论学生处于哪

一年级,学生体验到的高兴情绪普遍多于焦虑和厌倦情绪,而焦虑情绪又多于厌倦情绪。也就是说,小学生在三种具体英语学业情绪:高兴、焦虑、厌倦的得分上,均是高兴>焦虑>厌倦,这表明小学生在英语学业上的积极情绪体验水平相对较高,并且学业情绪这一发展状况在年级间不存在差异。

四、小学生英语学业控制感和价值感的发展状况

(一)小学生英语学业控制感和价值感的总体发展情况

三到六年级总计 414 名有效被试在小学生英语学业控制感和价值感问卷上的平均数和标准差如表 7-2 所示:

表 7-2 各年级小学生在英语学业控制感和价值感问卷上得分的平均数和标准差

		三年级	四年级	五年级	六年级	总计
学业自我效能感	M	3.83	3.59	3.36	3.50	3.56
	SD	0.67	0.71	0.85	0.81	0.79
成功能力归因	M	3.28	2.80	3.04	2.87	3.00
	SD	1.44	1.45	1.53	1.50	1.49
失败能力归因	M	3.13	3.05	3.02	3.05	3.06
	SD	1.58	1.60	1.52	1.41	1.52
成功努力归因	M	4.03	3.95	3.66	4.07	3.92
	SD	1.32	1.29	1.43	1.11	1.30
失败努力归因	M	3.50	4.16	3.65	3.84	3.78
	SD	1.53	1.32	1.40	1.31	1.40
内部价值	M	3.97	4.17	3.65	3.79	3.88
	SD	0.84	0.74	0.87	0.81	0.84
外部价值	M	3.78	3.35	3.39	3.48	3.50
	SD	0.71	0.78	0.82	0.85	0.81

从上表可以看出,三到六年级的学生在学业自我效能感上的得分在3.36分到3.83分之间,平均得分是3.56分,分数均高于中间值(3分);在成功能力归因上的得分在2.80分到3.28分之间,平均得分是3.00分,分数位于中间值(3分)附近;在失败能力归因上的得分在3.02分到3.13分之间,平均得分是3.06分,分数位于中间值(3分)附近;在成功努力归因上的得分在3.66分到4.07分之间,平均得分是3.92分,分数均高于中间值(3分);在失败努力归因上的得分在3.50分到4.16分之间,平均得分是3.78分,分数均高于中间值(3分);在内部价值上的得分在3.65分到4.17分之间,平均得分是3.88分,分数均高于中间值(3分);在外部价值上的得分在3.35分到3.78分之间,平均得分是3.50分,分数位于中间值(3分)附近。总体而言,小学生在英语学科中,学业自我效能感较高,学业归因中成功努力归因得分高于其他归因,学业内部价值和外部价值较高。

(二)小学生英语学业控制感和价值感的总体差异分析

以英语学业控制感和价值感各变量为因变量,年级和性别为自变量进行多元方差分析,考察年级、性别对学业自我效能感、学业归因、内部价值、外部价值的影响。结果显示:年级在学业自我效能感、失败努力归因、内部价值、外部价值上主效应显著;性别只在学业自我效能感、成功努力归因上主效应显著,表现为女生学业自我效能感、成功努力归因得分高于男生;年级和性别的交互效应在各变量上均不显著。进一步对英语学业自我效能感、失败努力归因、内部价值、外部价值在年级上的趋势进行线性趋势检验,结果表明除失败努力归因($F_{(3,410)}=0.719, p>0.05$)外,学业自我效能感($F_{(3,410)}=12.632, p<0.01$)、内部价值($F_{(3,410)}=9.017, p<0.01$)、外部价值($F_{(3,410)}=5.981, p<0.05$)在年级间的线性变化趋势显著。结果见图7-3:

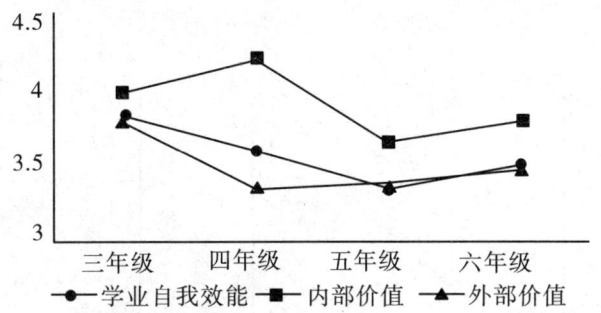

图 7-3 英语学业自我效能感、内部价值和外部价值的年级发展趋势

通过 Scheffe 方法对各变量在年级上的显著性差异进行事后检验可知：①学业自我效能感的年级差异具体表现为：三年级的学业自我效能感最高，五年级最低。三年级与五、六年级存在显著差异（$p<0.05$）。②内部价值的年级差异具体表现为：四年级内部价值最高，五年级最低。三、五年级之间存在显著差异，五年级与三、四年级存在差异（$p<0.05$），三、四年级和四、六年级之间存在差异（$p<0.05$）。③外部价值的年级差异具体表现为：三年级外部价值最高，四年级最低。三年级与四、五、六年级存在显著差异（$p<0.05$），其他年级间不存在显著差异。总体上看，三年级时学业自我效能感和外部价值相对最高；四年级时内部价值最高，外部价值最低；五年级时自我效能感、内部价值相对最低。

五、小学生英语学业控制感和价值感与学业情绪的相关分析

对本研究中所要分析的变量进行相关分析，如表 7-3 所示：

表7-3 小学生英语学业控制感、价值感和学业情绪间的相关分析

	1	2	3	4	5
1 学业自我效能感	1.00				
2 成功能力归因	0.25**	1.00			
3 失败能力归因	-0.11*	-0.01	1.00		
4 成功努力归因	0.20**	0.14**	-0.04	1.00	
5 失败努力归因	0.03	-0.07	0.11*	0.02	1.00
6 内部价值	0.56**	0.18**	-0.12*	0.18**	0.06
7 外部价值	0.23**	0.21**	0.06	0.21**	0.03
8 高兴	0.56**	0.23**	-0.15**	0.11*	0.01
9 焦虑	-0.41**	-0.14**	0.27**	-0.08	0.11*
10 厌倦	-0.45**	-0.12*	0.16**	-0.13**	-0.07

* $p<0.05$, ** $p<0.01$

表7-3 小学生英语学业控制感、价值感和学业情绪间的相关分析（续）

	6	7	8	9	10
1 学业自我效能感					
2 成功能力归因					
3 失败能力归因					
4 成功努力归因					
5 失败努力归因					
6 内部价值	1.00				
7 外部价值	0.26**	1.00			
8 高兴	0.62**	0.07	1.00		
9 焦虑	-0.29**	0.01	-0.45**	1.00	
10 厌倦	-0.52**	-0.11*	-0.58**	0.51**	1.00

相关分析结果表明:(1)与学业高兴情绪相关显著的有:学业自我效能感、成功能力归因、失败能力归因、成功努力归因、内部价值;(2)与学业焦虑情绪相关显著的有:学业自我效能感、成功能力归因、失败能力归因、失败努力归因、内部价值;(3)与学业厌倦情绪相关显著的有:学业自我效能感、成功能力归因、失败能力归因、成功努力归因、内部价值、外部价值。

六、小学生英语学业控制感和价值感对学业情绪的回归分析

从上述研究可以发现,学业控制感和价值感变量与学业情绪之间具有显著的相关关系,为了进一步比较它们对学业情绪的影响程度,在相关关系显著的基础上,我们采用强迫进入法,分别进行了各学业控制感和价值感变量对学业高兴、焦虑、厌倦情绪的回归分析。结果如表7-4、7-5、7-6所示:

表7-4 小学生英语学业高兴情绪回归分析表

自变量	R	R^2	调整后R^2	F	B	β	t
学业自我效能感	0.68	0.46	0.46	70.51**	0.47	0.29	6.36**
成功能力归因					0.36	0.08	2.22*
失败能力归因					−0.27	−0.06	−1.75
成功努力归因					−0.21	−0.04	−1.13
内部价值					0.69	0.45	10.24**

* $p<0.05$,** $p<0.01$

表7-5 小学生英语学业焦虑情绪回归分析表

自变量	R	R^2	调整后R^2	F	B	β	t
学业自我效能感	0.49	0.24	0.23	25.22**	−0.45	−0.34	−6.44**
成功能力归因					−0.12	−0.03	−0.75
失败能力归因					0.73	0.21	4.87**
失败努力归因					0.37	0.10	2.26*
内部价值					−0.09	−0.07	−1.38

*$p<0.05$, **$p<0.01$

表7-5 小学生英语学业厌倦情绪回归分析表

自变量	R	R^2	调整后R^2	F	B	β	t
学业自我效能感	0.56	0.32	0.31	31.53**	−0.30	−0.23	−4.58**
成功能力归因					0.01	0.01	0.07
失败能力归因					0.30	0.09	2.10*
成功努力归因					−0.08	−0.02	−0.47
内部价值					−0.48	−0.39	−7.68**
外部价值					0.05	0.04	0.98

*$p<0.05$, **$p<0.01$

回归分析结果显示:(1)学业自我效能感、成功能力归因、内部价值对学业高兴情绪存在预测作用。具体表现为,学业自我效能感、成功能力归因、内部价值都可以正向预测学业高兴情绪;(2)学业自我效能感、失败能力归因、失败努力归因对学业焦虑情绪存在预测作用。具体表现为,学业自我效能感负向预测学业焦虑情绪,失败能力归因、失败努力归因正向预测学业焦虑情绪;(3)学业自我效能感、失败能力归因、内部价值对学业厌倦情绪存在预测作用。具体表现为,学业自我效能感、内部价值负向预测学业厌倦情绪,失败能力归因正向预测学业厌倦情绪。

七、小学生英语学业情绪的发展特点分析

(一)关于小学生英语学业情绪的总体情况

在研究小学生英语学业情绪的发展特点及影响因素中,我们首先依据已有研究及实际调查,选择了英语学习过程中具有代表性的三种情绪:高兴、焦虑、厌倦作为研究对象。应用《小学生英语学业情绪问卷》考察了小学三年级到六年级学生在英语学科中具体学业情绪:高兴、焦虑、厌倦的总体情况。结果发现,三到六年级的小学生英语学业高兴情绪、学业焦虑情绪的体验总体处于中等水平,学业厌倦情绪的体验相对较低。进一步就这三种具体学业情绪体验的程度来看,相对而言小学生在英语学业上体验到的高兴情绪最多,其次是焦虑情绪,最次是厌倦情绪,并且英语学业情绪的这种特点在每个年级内表现一致。依据董妍(2006)对学业情绪的界定,学业情绪既指学生在获悉学业成功或失败后所体验到的各种情绪,同样也包括学生在课堂学习中的情绪体验,在日常做作业过程中的情绪体验以及在考试期间的情绪体验等。本研究在设计小学生英语学业情绪问卷时,主要就是从课堂、考试、作业三个方面考察小学生在英语学科中体验到的学业高兴、焦虑、厌倦情绪。关于小学生英语学业情绪的总体情况可以表明,小学生在英语学习过程中,不论是课堂听讲、日常做作业,还是考试期间,相比消极情绪而言,积极情绪的体验程度较高,小学生对于英语学习总体上仍然表现出一定的兴趣。这可能既跟小学阶段儿童的身心发展特点有关,也跟英语学科本身作为一门第二语言,其知识结构和教学特点有关。

(二)关于小学生英语学业情绪的性别差异

关于性别在小学生英语学业情绪发展中作用的考察发现,小学生在英语高

兴情绪、焦虑情绪、厌倦情绪上均不存在性别差异。这与以往的一些研究结果不一致。

来自数学学科的研究表明,在小学阶段,在数学问题解决的初始阶段,女生比男生拥有良好的问题解决策略,但在自信水平和积极情绪的体验上却弱于男生(Seggers & Boekaerts,1993,2000)。Vermeer等(2000)认为在相似的学业情境下,男生经历积极情绪的几率要高于女生,因为数学任务更能诱发男生的自我效能。董妍(2006)对青少年一般的学业情绪进行研究发现,男生的积极学业情绪多于女生,女生的消极学业情绪多于男生。帕克让认为从学业情绪产生的角度来看,男女生不存在差异,即是说男生和女生对于学业控制感和学业价值感的评价都是学业情绪产生的直接原因。但是由于男女本身在不同学科上所知觉到的学业控制感和学业价值感的程度存在差异,进而有可能引起学业情绪体验上的性别差异。如在一项研究小学高年级数学学业情绪的性别差异时发现,学业控制感和学业价值感对于学业情绪的影响作用在男生女生之间是不存在差异的。但是女生知觉到的控制感平均数明显低于男生,结果与男生相比,女生在数学学科上体验到更少的高兴情绪,更多的焦虑和羞愧情绪(Frenzel,Pekrun,Goetz,et al.,2006)。本研究对英语学业控制感和价值感的性别差异进行分析表明,性别只在学业自我效能感、成功努力归因上主效应显著,表现为女生学业自我效能感、成功努力归因得分高于男生。然而学业情绪性别上的差异不仅仅取决于个体某一单个变量的影响,还取决于其他个体变量以及这些变量间的作用。同时,个体因素之外的情境变量如教师的教学、班级目标等也是影响学生性别差异的重要原因。

从小学生的身心发展特点来看,一方面小学生具有容易冲动、外露、可控性比较差的情感特点,他们的情感带有很大的情境性,容易受具体事物、具体情景的支配,喜、怒、哀、乐等会明显地表露出来。随着他们活动范围的不断扩大,引起其情感变化的事物也日益复杂。学习的成败、教师的评价、在集体中的地位、与同伴的关系、学校中所发生的事件等,都可能使他们产生各种各样的情感体验。另一方面,小学阶段的儿童正处于好奇心和求知欲旺盛时期,英语本身作为一门外语学科,其学习内容和学习方法都不同于其他学科的学习,英语学习本身对于小学生而言具有一定的吸引力。而且,小学英语课程的主要目的是激发小学生学习英语的兴趣和动机,培养其良好的学习习惯,使小学生获得一些英语的感性知识,为其今后进一步学好英语以及提高综合运用语言的能力打下一个较坚实的基础。因此小学生的英语学习不同于传统语文和数学学科的学习,需要面临考试的压力。在没有考试压力的情境下,教师可能会更加注重提高英语学习对于学生的吸引力,学生可能会更加关注英语本身的新异性和趣味性。从这两个角度来看,我们认为小学生在英语学业情绪的体验上不存在性别差异,可能既有其自身发展因素的影响,也可能跟英语学科的特点有关。当然,这只是对本研究结果的一种解释,不排除本研究取样偏差的原因。

(三)关于小学生英语学业情绪的年级差异

关于年级在小学生英语学业情绪发展中作用的考察发现,小学生在英语高兴情绪、焦虑情绪、厌倦情绪上均存在年级差异。五年级则成为学业情绪发展的一个转折点,无论是高兴情绪,还是焦虑情绪、厌倦情绪都开始发生明显的变化。具体表现为:三年级体验到的高兴情绪最多,五年级体验到的高兴情绪最少,三、四与五、六年级间存在显著差异,但是三、四年级之间,五、六年级之间高兴情绪不存在显著差异;三年级体验到的焦虑情绪最少,五年级体验到的焦虑情绪最多,三年级与四、五、六之间存在显著差异,但三、四年级之间和四、五、六年级之间焦虑情绪体验不存在差异;三年级体验到的厌倦情绪最少,五年级体验到的厌倦情绪最多，除五年级与三、四、六年级都存在显著差异之外，其他年级之间厌倦情绪不存在显著差异。

我们认为，首先从学业情绪的产生来看，Pekrun 认为学业控制感和价值感直接影响学业情绪的产生。这一作用机制在年级间是不存在差异的，但是不同年级体验到的学业控制感和价值感水平是不同的，相应引起的具体学业情绪的体验水平也不同（Pekrun，2006）。在本研究中，对英语学业控制感和价值感的年级差异进行分析，结果表明，学业自我效能感、内部价值和外部价值随年级而发生变化，即是说在年级间的具体发展程度是不同的。在五年级时，学业自我效能感和内部价值发展到了最低水平，可能进而影响了学业情绪的发展，使得五年级成为发展的一个转折点。因此，我们可以得出这样的推论：虽然学业控制感和学业价值感对学业情绪的影响机制在每个年级间是不存在差异的，但是由于不同年级学生知觉到的学业控制感和学业价值感水平是不同的，因而学业情绪在年级间的具体发展状况是不同的。此外，本研究集中探讨的是个体评价对于学业情绪的影响作用，不排除教学质量、班级成就目标等环境变量对英语学业情绪的这种年级差异的影响作用。

其次，从教学的一般经验来看，这种年级差异也是较符合实际情况的。小学生从三年级开始接触英语的学习，一门崭新学科的学习给学生带来的积极情绪体验往往大于消极情绪体验，再加上英语学科无需经常面临考试的压力，老师在课堂上常会采取情境对话、角色扮演等丰富有趣的教学形式加强学生学习兴趣的培养，相应的学生对于英语学习的兴趣和热情也较高。随着年级的升高，特别是在中年级向高年级过渡时期即五年级左右，学生所面临的小升初压力日益增大，教师会不断强调英语学习在未来初中学习甚至考大学中的重要性，由前期的兴趣培养转向应试技能的培养。另外，英语学习的难度随着年级的增高也渐渐加大,开始注重一些基本语法和单词的掌握。在学习材料难度加大的同时,单纯的好奇心或一时的热情已无法保证学生在面对困难时继续坚持下去,在经过了三四年级两年的英语学习后,学生开始渐渐熟悉了英语学习的过程,失去了对英语的好奇,转而陷入了枯燥的单词和语法记忆中,学生在这一过程中逐渐体验到更多的消极情绪。随着年级的增高,小学生也会很容易因为学习中遇到的困难、挫折或是教师忽视其情感方面的需求等产生厌倦英语学习,甚至是抵触英语学习等现象。

八、小学生英语学业情绪发展影响因素的分析

(一)关于学业自我效能感与学业情绪的分析

本研究结果显示小学生在英语学科上的学业自我效能感对于高兴、焦虑、厌倦情绪都有预测作用。具体而言,学业自我效能感可以正向预测高兴情绪、负向预测焦虑、厌倦情绪。这与过往的研究结果是一致的。

帕克让等人的研究表明,学业自我概念、学业控制力、自我效能与积极学业情绪正相关,与消极学业情绪负相关(Perry, et al., 2001;Gumora & Arsenio, 2002;Goetz et al., 2006)。对数学领域的学业情绪研究结果显示,学生如果对数学的自我效能高,体验到的积极情绪多,反之体验到的消极情绪多。跨学科间的研究表明,不同学科的学业自我概念不同,会直接影响高兴情绪在不同学科间的体验水平(Goetz, Frenzel, Hall, et al., 2008)。

本研究结果发现的学业自我效能感与学业情绪的关系与班杜拉的自我效能感理论相一致。自我效能感是指个体对于自己能否通过一系列活动完成预期目标的能力判断以及主观感受与信念。教育领域的很多研究均发现,学生的内在动机与兴趣的增长是通过其对自己能力的信念而建立的(Bandura, 1997)。

近年来,班杜拉把自我效能感看做是动机过程中的一种重要的中介认知因素,认为它对行为的影响类似于动机的作用,它可以影响个体对任务的选择、付出努力的多少、遇到困难时的坚持性和信息加工的策略等。个人在不同领域的自我效能感水平存在很大的差异,具有领域特殊性。学业自我效能感即自我效能感在学习领域的具体表现,是个体对于自己完成学习任务能力的信心和信念。同时,班杜拉认为自我效能感决定了个体的应激状态、焦虑反应和抑郁的程度等身心反应过程。这些情绪反应又通过改变思维过程的性质而影响个体的活动及其功能发挥。高自我效能感的个体,不会在应对环境事件之前忧虑不安,并且喜欢挑战性工作,在挑战性工作中体会到乐趣。而低自我效能感的个体怀疑自己是否能处理、控制环境,担心环境充满了威胁,因而体验到强烈的应激状态和焦虑唤起,无法在任务过程中找到乐趣(Bandura,2003)。有研究者(Brown & Dutton,1995)发现,具有较低自我效能感的个体往往对失败具有更强的消极体验,而且往往倾向于把自己某一方面的失败泛化到生活中其他非相关领域。而具有较高自我效能感的个体对于自己在某种特定情境下的失败有清晰的情境认知,不会轻易泛化到生活中其他情境,因而其消极体验就相对较弱。自我效能感的这些特点与作用体现在学生的学习过程中,则可以解释学业自我效能感与学业情绪的关系:学生学业自我效能感越高,知觉到的学业控制感越高,会以更加精神饱满、积极主动的姿态投入学习,更加易体验到学习过程中的高兴情绪;若学业自我效能感低,则知觉到的学业控制感下降,易唤醒消极情绪焦虑、厌倦等的体验,在任务的选择或面对挫折时表现出退缩或回避的倾向。

(二)关于学业归因与学业情绪的分析

本研究在关于学业归因与学业情绪的关系上,具体将学业归因分为:成功能力归因、失败能力归因、成功努力归因、失败努力归因。结果表明,成功能力归因可以正向预测学业高兴情绪;失败能力归因、失败努力归因可以正向预测学业焦虑情绪;失败能力归因可以正向预测学业厌倦情绪。这与过往的研究结果基本一致。

佩里等人(Perry,2001)考察了能力归因和努力归因与学业焦虑和学业厌倦的关系,结果发现能力归因与焦虑、厌倦负相关,努力归因与焦虑正相关、与厌倦关系不显著。在一项中德跨文化研究中,帕克让等人(2007)运用单项题目考察了成功能力归因,成功努力归因,失败能力归因,失败努力归因与数学学科学业情绪的关系,结果显示:积极情绪与成功能力归因正相关,与失败能力归因负相关;消极情绪与成功能力归因负相关,与失败能力归因正相关;积极情绪与成功努力归因正相关,与失败努力归因不相关;消极情绪与成功努力归因关系不显著,消极情绪与失败努力归因的关系在德国学生中相关不显著,但是在中国学生中焦虑和羞愧与失败努力归因正相关。

本研究中学业归因与具体学业情绪之间的关系支持了韦纳的归因理论。韦纳认为,同样的成功或失败不同的归因方式会产生不同的期望水平和情感体验。学生如果把成功归因于自身内部的能力、努力时,自信心和自豪感和胜任感强,对今后成功的期望值大;成功归于外部原因时,表明获得的成功是偶然的,对今后再获成功的信心不足;失败归于能力原因时,对自己的潜力认识不足,今后再失败的状况不会改变,成功的期望值小;失败归因于努力和外部的原因时,由于失败的原因是不稳定的,今后失败的状况可能改变,获得成功的期望值大。相应的,不同的归因维度与不同的情绪体验相联系。骄傲和自豪的情绪是与因果归因中的控制点维度相联系的;愤怒、感激、内疚、羞愧是与可控性维度相联系的;无助是与稳定性相联系的。

本研究关注的是个体对于学业归因的认知,更加偏重的是内部归因,即能力和努力。相对于任务难度和运气而言,学生在英语学习中面对的是共同的学习材料,个人运气也是自己掌控之外的因素,因而对于个体来说,在学业归因方面与自己的控制力紧密联系的是能力和努力。小学低年级学生,一般认为努力是好学生的首要条件,高年级学生因经过多次竞争的成败经验后,逐步认同能力而不认同努力的态度,是影响其以后学习动机强弱的重要因素(Covington M.,1992)。学业上的成功经历使得学生更加认同自己的能力,会使得学生比较可能发现学习的乐趣,进而激发对于学习本身的高兴情绪。而当小学生将失败归为自己能力不高,而又视能力为稳定不可变时,知觉到的学业控制感会降低,这种低控制感往往伴随着消极的情绪体验。当学生把失败归为自己能力不高,努力不足时,而又对未来结果不确定时,会激发他们的焦虑情绪。当任务的要求超出自身能力,学生知觉控制力低且活动价值不大时,则易产生厌倦的情绪体验。

(三)关于学业价值与学业情绪的分析

本研究的研究结果表明:内部价值可以正向预测高兴情绪,负向预测厌倦情绪;内部价值与焦虑情绪间的预测关系不显著。关于学业价值与学业情绪的这种关系我们将从以下几个方面进行分析。

首先,学业的价值感对于学生来说,主要指的是自己的学业目标和学习意义(J Brophy,2005)。如果没有价值感,学生可能会问自己:我知道我能做,但是我为什么要做,动机何在呢? 换句话来说,价值感关注的是个体参与该任务置于首要位置的理由。个体的价值感直接影响着个体对各种观念、事物和行为的判断,促使个体发现事物对自己的意义,确定自己奋斗的目标,并按照自己认为有价值的事情或目标去做。可以说,动机是个体行为调节系统的一个组成部分,而价值感则起着核心的作用,它决定着人们动机的性质、方向和强度(Higgins,2006)。最常见的分类方法是将价值感分为内在价值和外在价值。不论是内在价值还是外在价值,都是个体对于活动整体价值的判断,能够同时影响活动的最终结果。每一种情绪的产生与主观价值感都是不可分的。与价值感相关的认知水平越高,则意味着积极情绪和消极情绪的体验都较强烈(Pekrun,2002)。

其次,从价值感的动机性来看,内在价值起到一种内在动机的作用,个体参与学业是单纯因为对学习活动本身感兴趣,因为活动本身"有趣好玩"。在这种内在动机驱动下,个体关注的是对知识的掌握和能力的提高,并且可以长时间地保持对学习活动的兴趣(Harackiewicz,Barron,Tauer,et al. ,2000)。外在价值起到一种外在动机的作用。对于个体而言,学习的意义在于学习的结果或回报,学习是一种工具性手段,是为了获得高分、奖励或其他目标而存在的。在这种动机驱动下,个体关注的是好名次和好成绩,常把自己和别人进行比较,并且根据一般标准来评价自身的表现。具有这种成绩目标(performance goal)或任务导向型目标(task—oriented goal)的个体体验到较少甚至体验不到乐趣,体验到更多的是压力(Utman,1997),往往有较高的焦虑水平,常体验到厌倦的情绪(Turner & Schallert,2001)。相对于内在动机而言,外在动机对于行为的引导、激发和维持作用是短暂的,但是在儿童动机发展的早期阶段,外在动机具有重要的意义,儿童往往先具有外在的动机,以后才逐渐发展内在的动机。小学生的学习动机呈现出由外部学习动机为主导向以内部学习动机为主导转化的趋势。低年级学生的学习动机多受直接因素的影响,比如自己得到教师和家长的赞赏,得到同伴的尊重和认可,就喜欢学习。而随着年级的升高、知识经验的增多,自我意识和自我调控能力也不断增强,对学习的需要、求知欲等内在因素在学习动机结构中逐渐占有重要地位,并逐渐成为支配性的稳定而持久的学习动力。

再次,学生在评价学习材料或学习活动是否具有价值时,更多的是考虑学习本身是否满足了他们的需要。自我决定理论(Deci,Ryan,2000)认为,在每个个体身上都存在着一种发展的需要,这就是人类的基本心理需要。他们总结出了三种基本的心理需要:自主需要(autonomy)、胜任需要(competence)和关系需要(relatedness)。自主需要,即自我决定的需要,这种需要的满足最为重要,个体在某个活动上的自主程度高时,体验到的是一种内部归因,感到能主宰自己的活动,此时从事这个活动的内部动机就高;胜任需要与班杜拉的自我效能感同义,指个体对自己的学习行为或行动能够达到某个水平的信念,相信自己能胜任该活动;而关系需要是指个体需要来自周围环境或其他人的关爱、理解和支持,体验到归属感。当教师和课堂氛围有助于满足这些需要时,学生会觉得学习是自我决定的和内部驱动的。在此基础上,有学者进一步提出,内部目标和外部目标是有着各自不同的效应的(Deci,Ryan,2000)。相对于外部目标来说,追求内部目标是和较高的幸福感、良好的适应性等正性结果相联系的。因为内部目标是和自主、胜任、关系这些基本的心理需求紧密相关的,内部目标在达成的同时,这些基本心理需求也得到了满足。相反,当人们对外部目标赋予更多的权重的时候,他们越是倾向于人际比较、获得表扬、获得自我价值的外部线索。外部目标定向和基本心理需求的满足是不相关的,甚至使得人们偏离基本心理需求的满足。因此,相对于内部目标来说,追求外部目标是和较低的幸福感、较差的适应性相联系的(Kasser T. & Ryan R. M.,1996;Vansteenkiste M.,Duriez B.,Simons J.,& Soenens B.,2006)。此外,他们在讨论内在动机时非常强调兴趣和乐趣等因素的作用。个体在活动中感受到的兴趣和乐趣越多,那么他/她就更愿意主动参与活动,积极完成该活动任务,其内在动机水平就越高。陈志霞和吴豪(2008)在回顾国内外内部动机领域的研究基础上,提出内部动机主要有以下特征:第一,就内在动机的指向性来说,它主要指向活动过程而不是活动的最终结果。第二,内在动机往往伴随着积极情绪体验。受内在动机驱使的个体,往往满足陶醉于任务过程之中,甚至将其视为某种享受感觉其乐无穷。第三,内在动机往往是受个体内发性精神需要引导的动机,如自我实现需要、自主需要、兴趣。第四,内在动机往往具有较强的自主性即自由选择性。个体乐于参与(would like to)某一活动,而不是别人强迫或不得不做(have to)。

最后,本研究发现外部价值与三种学业情绪之间均不存在显著性预测作用,内部价值与学业焦虑情绪间预测作用也不显著。这不排除取样偏差的问题,但与实际状况也较为符合。在实际学习生活中,小学生常不知为何而学,所学为何,对于自己为什么要学习的认识比较模糊,大多数答案实际上是来自成人的教育,是一种被动学习化的原因。随着儿童认知能力和自我理解能力的发展,个体才逐渐意识到自己学习的动机并开始内化某些外在标准,对学习的目标和学习的意义形成自己的认知。对于小学阶段的学生而言,本研究所反映的学业价值与学业情绪的关系可能正是中国小学生学习现状的一个写照。

九、小学生英语学业情绪研究对英语教育教学的启示

教育场所是一个充满情绪的环境,无论是教师还是学生,情绪对于教育教学和学业过程都产生积极或消极的影响。从学生的角度来看,学生的主要生活是学习,在现行的教育体制下,分数以及学业上的表现仍然是学生还有教育者所看重的。学生在学习中体验到的情绪既可以直接作用于学业成绩,也可以通

过认知资源、学习策略、学业动机等间接作用于学业成绩。从情绪与心理健康的角度来看,学生在学习中所体验到的各种学业情绪与他们的主观幸福感有直接的联系,学业情绪对于提高学生的心理健康具有深远的意义。从课堂互动来看,学生在学业上的情绪体验会影响课堂上的信息交流,班级内的人际交往,进而影响教师的教学质量和师生互动水平。因此,对于教育中情绪的研究不仅过去需要,现在也非常需要。

　　本研究的主要结论如下:(1)小学生在英语学科中体验到的三种具有代表性的学业情绪:高兴、焦虑、厌倦发展特点一致,均不存在性别差异,但存在年级差异,五年级成为学业高兴、焦虑、厌倦情绪发展的一个转折点。从总体上看,这三种英语学业情绪均表现出中年级发展,高年级渐渐趋于稳定的模式。(2)小学生在英语学科中体验到的学业高兴、焦虑、厌倦情绪与小学生在英语学科上知觉到的控制感和价值感存在显著相关关系。小学生对英语学科领域学业自我效能感、成功失败时的能力或努力归因以及学业价值的认知评价与自身的英语学业情绪体验关系密切。(3)小学生英语学业的控制感和价值感对学业情绪存在一定的预测作用。这种作用机制在不同学业情绪间一致,但是在具体产生预测作用的变量上存在学业情绪间的差异。小学生在英语学科领域中的学业自我效能感、不同情境下能力或努力的归因方式以及学业价值中的内部价值对学业高兴、焦虑、厌倦情绪的产生具有一定的预测作用。

　　本研究对实际英语教育教学的启示是:学生的学业情绪体验,既可以通过培养学生对于学业活动本身和结果的胜任感与控制感实现,也可以通过塑造学生对于学业活动本身和结果的价值评判实现。也就是说,在实际教育实践中,我们可以通过对学业情绪的影响因素进行干预以达到调节学业情绪的目的。本研究将以上述研究结果为基础,结合学业情绪领域的相关理论和研究,以培养学生良好学业情绪为切入点,提出下列教育建议,以期对广大教师、家长等实际教育者提供参考和借鉴作用。

(一)提高学生对学习任务和要求的正确认知

培养学生对学习任务和指导要求正确的认识,可以增强学生对于学业的控制感和价值感。一般认为学业任务本身的明确性、条理性、呈现方式对于学生的控制感都会产生影响。由教师的教学和作业所传递出来的学习要求可能会通过以下两种方式影响学业情绪:第一,任务要求决定学习材料的难度,因而影响学生掌握材料的可能性,进而影响学生的控制知觉和情绪体验。第二,任务要求与学生能力的匹配程度会影响学生对学习材料价值的评价。正如学业情绪的控制——价值理论指出的,如果要求太高或太低,学业价值降低到一定程度就会产生厌倦的情绪。因而,在实际教学中,教育者应注意尽可能地使学习要求与学生的能力相匹配。这样既有益于学生在学习上取得进步,也有益于良好情绪体验的产生。

(二)培养学生对学习价值的积极评价

目前我国教学的评价方式还是以分数来评定学生的学习能力,教育者过分强调学业的外在价值,"唯分论"现象较严重,学生对于学习多持消极评价,常滋生厌学情绪。教师应该培养学生对于学业参与和学业成就意义的积极评价,尽量消除学生对学业参与和学业成就的消极评价。教师、同伴、父母对个体关于学业价值的评判既可以直接通过言语态度产生影响,也可以通过行为举止、学习活动间接发生作用。可以通过以下两种方法培养学生的价值感:一是通过改进学习材料、学习要求、课堂互动等促进学生的价值感发展;二是通过观察他人和情绪渲染,比如教师和父母对于学习的热情和投入,可能会提高学生的价值判断。

(三)营造学生充分自主学习的空间

在实际教学中,应给予学生充分自主学习的机会,而不是一味地灌输。自主学习既可以存在于个体水平,也可以在小组内实现,如合作化学习。这类学习方式可以提高学生对于学习的胜任感,进而对学业情绪产生积极的影响。合作化学习还可以满足学生社会交往的需要,进而很有可能提高学生对于积极参与学业活动的认同感。但是需要注意的是,若个体自主化学习的氛围充满太多的挑战或压力,或不良的社会比较(如过分强调优秀学生与后进生的差距),那么个体关于控制感的评价将会遭到极大地破坏,进而诱发焦虑、失望、羞愧的情绪。因此在实际教育中,教师应注意营造良好的学习氛围,及时给予反馈意见,并充分肯定学生努力的重要性。

(四)给予学生的学业表现及时而正确的反馈

对于学业活动结果的反馈可以直接决定学生对于结果的反思以及最终体验到的与结果相联系的情绪。此外这种反馈也会包含着对于未来成功或失败的预计,进而影响学生对于下次活动的可控性评价和未知结果的期待性情绪。若个体经常接受到失败的反馈,这种累积性的反馈会破坏学生的控制感,进而易产生焦虑和失望的情绪。因而从实际意义来看,应尽量使学生避免经常性的负面性反馈,并帮助学生正确理解失败的意义,如失败并不是一成不变的,失败是再次学习的机会。需要特别注意的是,即时有效的学业反馈是要因人而异的。比如对于优秀的学生而言,反馈要注重增强学生的学习满足感和成就感,激发学生的学习动机,鼓励学生的创新,在已有成绩的基础上取得更大的进步;对困难学生而言,反馈要关注学生是否能得到帮助,重在提高和恢复学生的自信心,要让学生感到自己正在取得进步,从而改进自己的学习。

(五)培养学生情绪自我调节的能力

学业控制感和学业价值感可以直接作用学业情绪的产生,这表明学生通过调节关于控制感和价值感的评价,可以调节自己在学习过程中的情绪体验。一方面,教育者本身可以通过直接干预影响学业情绪产生的认知因素,进而来改变学生的情绪体验。如对学生进行积极的归因训练或者是认知重评。另一方面,教育者可以通过培养学生解决问题的技能,或者传授学生有效的自我情绪调节方法,让学生对自己的学业情绪掌握主动权。具体的方法可有:直接针对情绪的调节,如聚焦注意力或转移注意力,放松训练;针对评价前因的调节,如期待和归因的重新建构;针对学习问题的调节,如学习技能培训;针对情境因素的调节,如降低学业要求。通过教师的这种有意识性的干预以及学生自主的情绪调节,学生才能在学习中始终保持良好的情绪和积极的学习心态,才能使学生真正觉得学习是一件"有趣好玩"的事。

第八章　具体学业情绪的研究

有关学业情绪的相关研究已经表明,学生在学业过程中几乎经历了人类所有的情绪种类,包括焦虑、愤怒、生气、快乐、兴趣、厌倦等。这些大量不同的具体学业情绪,它们之间的区别可能不仅在于所形成的主观体验不同以及行为表现和生理基础上的不一致。不同的具体学业情绪对学生学业的影响也不尽相同,为了更为详细和深入分析具体学业情绪对学生学业的影响,为学校教育、家庭教育提供更好的指导,有学者针对不同的具体学业情绪展开了研究。近年来,在帕克让等人的研究中,也经常是以高兴、生气、厌倦、焦虑、羞愧等学业情绪为研究对象的。本章结合本课题组成员的研究成果以及国内外最近研究文献,重点介绍羞愧、高兴与兴趣三种学业情绪的研究及其对教育的启示。

第一节 学业羞愧情绪[①]

当前社会主义荣辱观教育已经成为我国青少年思想道德建设的重要内容。知耻和内省对青少年的道德发展具有重要价值,适度的羞愧对个体而言有一定的积极意义。因此,在学业方面,如何引导学生将羞愧情绪转化为学习的动力是很多研究者和教育者关注的问题。随着对学业领域中羞愧情绪研究的逐步深入,研究者加深了对学业羞愧情绪的理解,并认识到学业羞愧情绪对学生学业有多方面的影响。学业羞愧情绪是很多学生在学习过程中体验到的一种"破坏性"情绪,具有学业羞愧体验的学生会在认知和行为上有一系列的表现。对学业失败的知觉、不可控的归因方式、较低的自我效能感和自我知觉都会影响学业羞愧情绪的产生。学业上的羞愧情绪尽管具有消极作用但也可以对部分学生的学习起到促进作用,教师要充分认识到羞愧情绪的双刃剑作用,并采取具体措施,积极有效地培养学生的羞愧韧性,发挥羞愧情绪的积极作用。

一、对学业羞愧情绪的理解

情绪在学生的发展过程中具有重要作用,它不仅影响学生的身心健康,也与学生的日常学习、课堂教学和学业成就等有直接的关系。羞愧同自豪、内疚、尴尬等情绪一样,是一种典型的自我意识情绪,人们经常会由于自己的思想和行为与内心的道德、伦理、标准、规范、价值观不一致而产生这种消极情绪。关

[①] 董妍,俞国良,马丽华. 学业羞愧研究及其对学校教育的启示[J]. 教育理论与实践,2009,29(5):59—62.

于羞愧情绪的研究很多,主要集中在儿童羞愧情绪产生的年龄阶段以及羞愧与内疚情绪的区分上。实质上,自我意识情绪产生的核心是与自我有关的概念,学业是影响学生自我概念的最重要因素,因此,学生的羞愧情绪更多的来自于学业方面。研究表明,有两类学生在学习过程中经常会体验到这种与学业表现密切相关的羞愧情绪。一类是具有较低的自我效能、较高的测验焦虑,同时自尊心又比较低的学生。这类学生面对失败的时候经常会出现羞愧情绪,同时常用消极的方式来责备自己。比如,有些学生认为自己成绩一直都很差,自己再怎么努力也还是如此。所以他们不仅对自己很失望,还认为自己可能会更失败,因此对自己的学业抱有失望的态度。这类学生对羞愧情绪非常熟悉,他们经常会体验到学业上的羞愧情绪。另外一类学生则恰恰相反,他们在学业上通常是高自尊的,当他们获得了自己意外的低分数时,他们会非常震惊,同时表现出强烈的羞愧情绪。这些学生经常会认为自己的分数与自己的期望和过去的经验是不相吻合的。不论哪种类型的学生,当学生在学业过程中体验到羞愧情绪时,他们经常会感到自己在学习上能力不足,甚至感到自己很渺小,没有价值感。因此,他们常常会通过低头、遮住脸或眼睛来逃避其他同学和老师的眼光,同时他们也有强烈的退让和隐藏自己行为的倾向,有时还会有恨不得"找个地缝钻进去"的心理。

二、学业羞愧情绪产生的原因

(一)对学业失败的知觉

对于羞愧情绪产生的原因,所有情绪理论有一种基本共识,即羞愧情绪的产生是与对失败的认知有关的。对于学业羞愧的产生也不例外。当学生在学业过程中,经历了高度的羞愧情绪时,通常表明,他们认为自己在考试中失败了,或者他们认为自己在考试中没有达到理想的分数。值得注意的是,许多体验到学业羞愧的学生,他们的考试分数实际上是不能代表他们学业失败的。换句话说,是学生对学业失败的主观体验导致了他们羞愧情绪的产生,而不是客观上的学业失败。关于羞愧情绪的研究也表明,如果在研究中控制了学生的成绩,学生对成绩的知觉最能够预测学生的学业羞愧。

(二)不可控的归因方式

归因是个体对他人或自己的行为原因进行解释的过程。学生对学业成败的归因会影响他们的情绪反应及将来的学业表现。韦纳的归因理论认为,人们通常是从四个方面对行为结果进行归因的,这四个方面是:能力、努力、任务难度和运气,它们分别隶属于以下三个维度:1. 内部控制和外部控制(locus);2. 稳定性,即稳定和不稳定(stability)。3. 可控性,即可控和不可控(controllability)。儿童对自己成就状况做不同归因影响其情感反应、期待水平和未来的成就。

韦纳认为,不论是什么原因,如果在与成就有关的活动中成功了,人们都会感到高兴,失败了都会产生挫折感和难过情绪。骄傲和自尊的情绪是与因果归因中的控制点维度相联系的;生气、感激、内疚、可怜、羞愧是与可控性维度相联系的;无助是与稳定性相联系的。韦纳(1985)的动机情绪理论提出当个体将失败归因于内部稳定且不可控的因素如能力时会体验到羞愧,进而会削弱个体未来完成相似任务的动机。例如,学生将学业上的失败归因于学习能力差,那么该学生就会体验到羞愧情绪,他们会认为自己的付出没有得到回报。具有这种倾向的学生往往会对事情的结果进行失败的解释或者以一种消极自我的方式面对失败。

(三)较低的自我效能感

自我效能感是班杜拉社会认知理论中的核心概念。近年来,班杜拉把自我效能感看做是动机过程中的一种重要的中介认知因素,并用它解释人类复杂的动机行为。它是指人们对自己实现特定领域中的行为目标所需能力的信心或信念。自我效能感对行为的影响有类似于动机的作用,它可以影响个体对任务的选择、付出努力的多少、遇到困难时的坚持性和信息加工的策略等[6]。在学习过程中,自我效能指的是学生相信自己有能力学习各种课程或完成一定的学习任务。班杜拉认为能力归因伴随着强烈的自我效能感,进而可以预测学生后续的学业表现。Turner(2002)等人研究认为羞愧与自我效能可能在一部分学生中存在显著高相关。若学生对学习的自我效能感低,就会产生羞愧体验。有关学习不良学生的研究也表明,他们的自我效能感普遍较低,常体验到羞愧、焦虑等负性情绪。

(四)自我知觉的影响

当一个学生在学业上体验到成功或者失败的时候,就会产生高兴、难过等情绪。但是,学业羞愧情绪的产生不仅受到失败与成功的影响,它还会受到学生自我知觉的影响。现有的理论和研究均表明,羞愧是个体未能满足自己的标准、信念、价值和目标而产生的。与其他自我意识情绪一样,学业羞愧情绪实际上反映了学业结果对个人的重要意义。在学习的过程中,当学生的学业结果与自我的预期不一致的时候,学生就会体验到自我认知的矛盾。这种不一致会唤醒个体对理想自我与现实自我间的落差,进而这种受挫的个体重要性会及时激发羞愧体验的产生。学生的这种自我知觉的威胁或打击既可以是没有取得理想的分数也可以是来自教师对其学业表现的批评。与学生的自我知觉相关的一个重要概念是自尊,到目前为止自尊对学生羞愧情绪的产生有怎样的影响,还没有一致的结论。有学者研究表明(Brown,Dutton),高自尊会保护学生的自我,从而使他们尽可能少地体验到羞愧,只有低自尊才会使学生在学习过程中体验到羞愧情绪。然而特纳等人的研究却表明,高自尊和低自尊的学生一样,在学习失败时都会体验到羞愧情绪。

三、学业羞愧情绪对学生学业的影响

学生的羞愧情绪会对他们后继的学业表现产生重要影响。人们经常认为,当学生体验到了羞愧情绪时,他们就会降低标准或者放弃对目标的追求。传统的研究也表明,羞愧情绪会使学生建立一种持续的失败预期,这会导致学生在接下来的学业表现中努力和坚持程度下降,因为他们会认为自己能力不足,怎么努力也不会成功。自我价值理论(Covinton & Berry,1976)认为在面对可能的失败时,个体会通过有目的地做出某些行为使失败归因于能力之外,从而保护自我价值感。如前所述,羞愧体验是学生在付出高努力却体验到失败的情况下产生的,因此,根据自我价值感理论,学生在羞愧情境下感受到了更多的与自身学业能力相关的威胁。因此,对这些学生而言,他们会重新评估自己的目标,这会使得他们降低学习的标准或削弱对目标的承诺,避免付出努力,而更可能采取一种保护自我价值感的方式行事,即在学习过程中表现出自我设障的行为。这类学生一旦经历羞愧体验,将很难快速从羞愧中恢复,学业韧性受到伤害,易产生消极避让的学习行为,具体可表现为学习成绩下降,学习动机减弱,自信心不足及一系列相应的情绪情感行为问题。

但是,近年来的研究表明,学业羞愧情绪好像一把双刃剑,它不只具有消极作用。某些学生在体验到羞愧情绪后,更可能会表现出动机水平的变化,并在下一次的考试中获得更好的学业分数。刘易斯(Lewis,1992)提出强烈的羞愧感会起到"中断信号"(interrupt signal)的作用,告知个体当前实现目标的行动无效,这种强烈的羞愧体验会顷刻间占据个体全部注意力,结果是个体会突然

中断正在进行的行为,并对原定的预期目标进行评估。因此,对有羞愧韧性的学生而言,体验到羞愧情绪后他们会有一种强烈的紧迫感,这种紧迫感会促使这部分学生重新制定学业目标,调整自己的努力程度,并改进自己的学习计划和学习策略。这类学生将会很快从羞愧体验中恢复,表现出良好的学业韧性,不断地在学业表现上取得进步。这种努力的增加,时间的投入以及随后进步的成绩,都足以说明学业羞愧对学业表现的积极影响。特纳(2002)的研究表明,能够积极应对羞愧学业情绪的学生,通常有三个重要的特征:高水平的外部动机、对学业能力有高度的确定性以及以取得好成绩为学业目标。即使体验到羞愧情绪的学生具有上述三个特征,要想从羞愧这种消极情绪中迅速恢复也非易事。他们还需要具有适当的目标、学业能力的信心以及恰当的学习方法和策略。例如,羞愧韧性的学生会使用意志策略去管理他们的破坏性的情绪状态;完成学习计划后会给自己奖赏;在学习过程中经常思考粗心、延迟和错误可能带来的后果;有时他们也能够评估自己周围有哪些可以利用的学习资源。总体上,这些学生相信他们会获得更高的分数,他们对他们的学业能力是充满自信的。具有羞愧学业韧性的学生如果在下一次考试中获得了更高的分数,他们报告说自己会感到更加放松和自信。

四、学业羞愧研究对教育的启示

羞愧是学生在学业过程中经常体验到的情绪体验,这种情绪不仅对学生的学业具有消极作用,而且从羞愧这种破坏性情绪中迅速恢复也不是一件容易的事情。因此,在教育中如何来帮助学生调节这种不良情绪,充分利用羞愧情绪的积极作用就是十分重要的。

(一)充分利用羞愧情绪"双刃剑"的性质

大多数国外的教育工作者通常认为羞愧情绪只是一种破坏性的情绪,在教育过程中,教师更多的是去尽力避免学生产生这种情绪。但是,在中国儒家传统文化和社会主义荣辱观教育背景下,羞愧经常被我国学者和教育者看做是促进儿童社会和道德发展的一个重要途径。教师也经常利用羞愧感来激发儿童的学习。这与著名教育心理学家特纳的观点一致。她认为羞愧情绪好比一把"双刃剑",它不仅对学生的学业有破坏性的作用,它也会对一部分学生的学业起到积极的促进作用。实际上,学生在学习过程中体验到羞愧情绪并不可怕,关键是如何引导学生利用羞愧情绪的积极作用。情绪调节宜疏不宜堵,因此,在教育教学过程中,教师应该充分认识到羞愧情绪的这种性质。首先,教师要将对学生成绩下降、提升的关注点转变为不仅关注学生成绩,而且要对学生的学业情绪敏感。也就是说,当教师发现学生成绩发生变化时,不仅要帮助学生分析成绩变化的原因,更要了解学生当时的感受。其次,当教师发现学生在学业过程中,体验到了羞愧情绪时,教师要及时有效地抓住契机促使羞愧情绪发挥积极作用。最后,在学生将羞愧情绪转化为学习动力的过程中,教师要采用一些具体措施,提供适当的帮助。

(二)采用具体措施,培养羞愧韧性

研究表明具有羞愧韧性(shame-resilience)的人,在学习过程中如果体验到了羞愧情绪,他们也会增强自己下一次学习的动机,并可能在将来的学习过程中取得更好的成绩。但是,具有学业韧性的人必须具备三点:(1)学生能够设定自己的目标,并且知道哪些是自己不愿意、不能或不从事的目标;(2)他们要具有自我效能感;(3)他们有意志和认知策略的指导以使他们能改变学习方式。因此,要想发挥羞愧情绪的积极作用,需要进一步采取一些具体措施。首先,要使学生学会设定和调整自己的学业目标。根据目标理论,注重避免失败的学生倾向于为自己设立不现实的目标,即相对于自己的能力来说过高或过低,并选择相应难度的学习任务,而这些学生在失败时最容易体验到羞愧情绪。因此,如何合理有效地设定学习目标就是利用羞愧积极作用的关键。如果体验到羞愧情绪的学生能够适时改变自己的成绩避免目标取向,改为自己能够实现并且愿意实现的目标取向,他们就会获得更多的学业韧性。其次,提升学生学业能力信念。当学生成绩下降或者不理想的时候,通常他们会有一些积极和消极的想法。对于没有羞愧韧性的学生,他们只会不断地提醒自己在考试中的表现有多么糟糕。而对于具有学业韧性的学生,他们除了提醒自己没有获得理想成绩之外,他们还会在头脑中牢记自己的标准和自己将来的目标,并相信自己的学业能力,认为上次的考试成绩并不能说明自己的真实智力水平。这些的积极想法就会激发具有学业韧性学生的学习动机,使他们在学习中能够付出更多的努力,坚持性更强。因此,教师在教学中应采用奖励、让学生体验成功等方法不断提升学生学业能力的信心。最后,培养学生的意志策略和学习策略。没有羞愧韧性的学生,在体验到羞愧情绪后,他们通常也会体验到目标冲突,但是他们不会增加动机性行为。他们经常说他们知道自己需要学习,但是不能采取行动。而且他们也不能计划和执行有效的学习策略,没有投入更多的学习时间,因此,这部分学生在将来的考试中很可能会获得更低的分数。而具有羞愧韧性的学生在体验到羞愧情绪后,能够采用一些意志策略使自己很快安静下来,并且还会改进自己的学习策略。特别是采用一些有助于深化学习的策略,如记笔记、发现材料之间的内部联系等。这些意志和学习策略的采用使他们能够更好地调节自己的学习,在未来的考试中取得更好的成绩。由此可见,采取有效措施积极培养羞愧体验学生的意志和学习策略对于培养学业羞愧韧性是十分必要的。

第二节　学业高兴情绪

情绪作为一种非智力因素,对学生的学习起着至关重要的作用,而学业情绪的研究正体现了人们对这二者关系的探索和认识。随着研究者们在学业情绪领域开展的一系列研究,人们逐渐了解了学业情绪是如何产生的以及学业情绪和学业成就之间的关系。但在回顾了该领域的研究后,我们发现学业情绪的研究仍然存在一些问题。对于学生学习过程中积极情绪的体验关注极少,大多数研究都将重点放在消极情绪的产生及其对学习的影响,而忽略了积极情绪的作用。学生在日常学习和生活中会经常体验到积极情绪,而且由于人本身有"趋乐避苦"的倾向,学生在学习和生活中也会主动追求积极情绪的体验。但是这些认识多为感性认识,缺乏一定的实证研究给予证明和支持。积极情绪的作用同样也需要我们从理性的角度加以认识。

一、积极情绪的作用

积极的情绪和体验是积极心理学研究极其关注的中心问题之一,其中最具影响力的是美国密歇根大学福德利克森(Fredrickson 1998,2001,2003)提出的扩展—建构(broaden — and — build)理论。该理论认为某些离散的积极情绪,包括高兴、兴趣、满足、自豪和爱,都有扩展人们瞬间思维—行动(thought — action)的能力,并能建构和增强个人的资源,如增强人的体力、智力、社会协调性等。

(一)积极情绪的扩展—建构功能

福德利克森(1998)把积极情绪的早期研究整合起来,首次提出积极情绪扩展—建构理论。该理论认为,各种具体的积极情绪,如高兴、兴趣、满足、自豪和爱等,表面看来不同,但都有拓宽人们瞬间思维—行动能力,建构和增强人们的个人资源(如增强人的体力、智力、心理调节能力和社会协调性等),提升人们主观幸福感等功能。

首先,积极情绪有助于人们瞬间思维—行动能力的拓展。研究表明,消极情绪通常窄化人们的思维—行动能力,如害怕使人逃跑,愤怒使人攻击,厌恶则使人做出驱逐的行动。与消极情绪相反,积极情绪拓展人们注意、认知与行为的范畴,使人能更有效地获取和分析信息,做出更恰当的行动选择并采取创造性行动。其次,积极情绪具有长期持续地增强个人资源的效应。与消极情绪通过窄化的具体行为反应带来直接利益(如害怕时,逃跑可以使人最大可能幸存下来)不同,积极情绪带给人们更多的是间接利益,它可以逐渐增强人们的心理适应性,不断提升人们的主观幸福感。再者,积极情绪还能产生弥漫性的积极影响,如处于高兴状态的个体,往往在体力、智力、心理和社会适应等方面均表现出扩展能力。最后,个体建立的这些可持续资源进而又通过产生积极的或称适应性的"情绪—认知—行为"螺旋式地为个人的成长和发展提供潜能。所有这些持续的新思维和新行动都可能引发更深层的积极情绪。图8-1展示了这个过程。

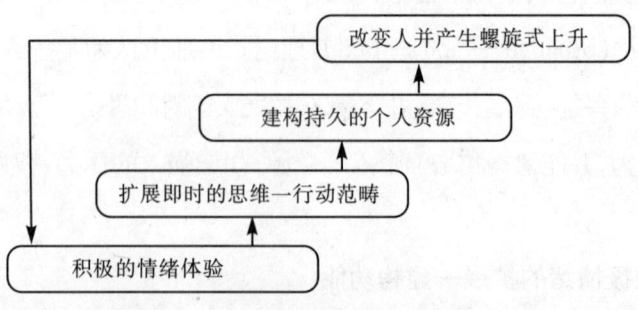

图8-1　积极情绪的扩展—建构理论

(二) 积极情绪扩展—建构的发生机制

积极情绪扩展—建构理论认为,积极情绪的扩展—建构功能,从根本上说,是由积极情绪与事件所蕴涵的积极意义、所产生的积极结果间的良性互动造成的:处于积极情绪状态的个体其思维更开阔,当以积极的心态认识事件时,更容易发现事件(甚至逆境事件)所蕴涵的积极意义,有更强的适应环境的动机和能力,这常常给个体带来积极结果;反过来,发现的积极意义、产生的积极结果将继续引发个体的积极情绪。随着积极情绪的积累,人们更容易发现事物的积极意义、更容易取得积极结果,换言之,不断积累的积极情绪拓展了人们的思维——行动能力,建构和增强了人们的个人资源。

积极情绪虽然在不利的情境下也可能发生,但其典型模式是在积极倾向的环境(如娱乐活动、交流合作、体验成功的喜悦、彼此微笑鼓励等)里发生的。举例来说,儿童的游戏就是发生积极情绪的有利环境:儿童游戏多属于社会性游戏,在活动中需要协作、分享,参与游戏锻炼了儿童的社会交往技能,使儿童能更好与人合作,更易获得社会支持,更能保持积极情绪;另一方面,游戏常常激发出更多的心智想法,促进儿童大脑发展,甚至使儿童不断涌现创造性的想法、产生更开阔的思维,这显然有助于儿童发现事件的积极意义从而产生积极情绪。

综上所述,我们不难发现情绪尤其是积极情绪对于个体的学习、工作、社会交往都有着不可忽视的作用。在教育的情境下,情绪对学生的影响就更为广泛,它与学生的日常学习、课堂表现和学业成就等都有直接的关系。一方面,情绪可以影响学生的认知加工过程。积极情绪可以提高大脑的多巴胺水平,进而影响长时记忆、工作记忆以及创造性问题解决(Ashby F G, Isen A M, Turken A U,1999)。情绪也影响学生对注意资源的分配,进而影响到学生对任务相关的加工过程(Meinhardt J, Pekrun R,2003;俞国良,董妍,2007)。另一方面,情绪还影响学生的学习动机、学习策略的使用和学习兴趣。积极情绪可以使学生更长时间地保持阅读兴趣(Ainley M, Corrigan M, Richardson N, 2005),提高学习动机和努力程度,促进他们更灵活地创造性地使用学习策略,并有利于学生的自我调节学习(Pekrun R, Gortz T, Titz W, et al., 2002)。因此,近年来致力于情绪、动机、学习等研究的学者及教育实践者们开始关注与学生的学习密切相关的学业情绪,并在这一领域开展了大量的研究。

二、学业高兴情绪的界定

高兴(enjoyment)情绪是学业情绪的一种,按照帕克让对于学业情绪的划分,高兴情绪是与活动过程相关的一种个体情绪,不同于与活动结果相联系的期待性欢乐情绪(anticipatory joy)和成功时的欢乐情绪(joy about success)。个体因为对活动本身感兴趣或是为了体验到某种乐趣而参加活动,在此过程中体验到的情绪感受我们称之为高兴。它同积极心理学中提到的"流畅体验(the flow experience)"有类似之处。契克森米哈赖(Csiksentmihalyi, 1999)认为流畅体验是人沉浸在任务中的一种愉悦、欣喜的心理状态,也可以视为个体从事活动的最佳体验。因为它可以提高个体的活动效率,提高个体的工作效率,提供良好的心境状态,有助于促进个体对活动的内部动机。但他同时也指出,高兴或快乐并不是在流畅期间所体验到的,而是人们在结束流畅体验时所体验到的强烈感觉。从这一角度出发,我们可以看出帕克让在定位高兴的含义时更加强调过程中的体验和感受,而契克森米哈赖对于高兴的认识偏向流畅体验结束后的感受。

我们认为关于学业高兴情绪(Academic enjoyment)的界定可以采用帕克让的看法,指的是学生在教学或学习过程中,所体验到的一种与自己学业相关的发自内心的全程投入的积极情绪体验。它包括学生在课堂学习中,在日常做作业过程中以及在考试期间等所体验到的高兴情绪。

三、学业高兴情绪与学业成就

研究者对于学业情绪和学业成就之间存在关系已达成共识。有学者(Perry,Hladkyj,2001)对大学生学业情绪进行的一项研究表明,学期初始阶段的积极学业情绪,除放松外,高兴、希望和自豪可以正向预测期末考试的高分数成绩,即学期初始阶段体验到的高兴情绪越多,期末成绩越高。然而,学业情绪对学业成就的作用又并非是如表面上观察到的这种简单的高相关。

当个体认为学习活动本身和学习材料等是有价值,有意义的,且自我知觉活动本身是可控制的,则会激发高兴情绪的产生。这种情绪体验会促进对活动的投入和创造性解决问题的方法的产生,它包括面对挑战性任务时所体验到的兴奋,也包括完成常规任务时所体验到的一种相对的放松状态。首先,从学业高兴情绪对学业成就的认知作用来看,情绪一致性理论表明若识记阶段的情绪状态与提取信息时的情绪状态相一致,则会促进信息的存储和提取(Blaney,1986;Johnson&Magaro,1987)。此外,积极情绪状态下个体更倾向于使用启发性、创造性的问题解决方式(Isen,1987,1992;Schwarz,Bless,1991;Bless H,Clore G L, Schwarz N,et al. ,1996)。作为积极情绪的一种,学业高兴情绪同样也具有这样的认知作用。

其次,从学业情绪对学业成就的动机作用来看,学业高兴情绪是与学习任务本身或活动过程相联系的情绪,它会激发内在学习动机的产生,而其他积极情绪如希望、自豪虽不是直接同学习的过程相联系,但它们同样能通过增强高兴的情绪体验对内在学习动机产生积极的作用。如某学生的英语作文写得不错,他会体验到自豪感,这种自豪的情绪体验会促进该学生对下次英语写作更加投入,会充分享受写作过程中的乐趣(Pekrun,1996)。这种高兴的情绪除了可以直接激发内在动机的产生,同样也会对个体的外在动机起增强作用。如学生在学习过程中常体验到高兴愉悦的情绪,那么他不仅对于学习的兴趣渐浓,同样地也会渐渐重视与此相生的优异的学习成绩、他人的肯定和奖励等。帕克让等(2002)的一项研究表明,高兴、希望、自豪与兴趣、内在动机、外在动机、总体动机水平和自我报告学业努力成正相关。董妍(2006)的研究表明积极高唤醒高兴情绪可以通过积极预测掌握接近目标、掌握回避目标、成绩接近目标、学业效能和学习策略来间接对学业成就产生显著的影响。台湾研究者李俊青(2007)以英语学科为研究对象,考察了学业情绪与学生的动机卷入(motivational engagement)和学业成就的关系。学生的动机卷入通过努力、坚持、工具性帮助寻求和任务选择来测量。其研究结果表明积极的学业情绪可以预测高水平的动机卷入程度,进而间接对学业成就产生促进作用。

再者,从学业情绪与其因果变量之间的循环关系来看,高兴情绪会形成一种积极的循环。如学业上的这种高兴情绪来自高的控制感和价值感,而高兴又会增强学业的控制感和价值判断。这种积极的学业情绪体验会通过一系列的认知和动机变量如信息加工方式、兴趣、努力等促进学业成绩的提高;学业的成功又会激发学生对下次学习活动的更加投入,享受更多的高兴愉悦体验。

综上,我们不难看出,学业高兴情绪和学业成就之间实际上是互为影响的,同时学业情绪对于学业成就的作用是通过一系列认知和动机变量实现的,但目前关于积极学业情绪与学业成就之间的这种相互影响的关系,仅仅是从理论上提出来,在实证研究中并未加以证明。另外,关于积极学业情绪对学业成就的动机作用考察在以往研究中也很少涉及。

四、英语学科中的高兴情绪

(一)英语学习与情感态度的关系

英语作为一门第二语言学科,有其自身的独特性和新颖性。学生在刚接触这门学科时,首先会对英语学习本身或不同于其他学科的学习材料产生好奇心理,进而会体验到学习的乐趣。因此可以推断的是在英语学习的起始阶段,英语学业的高兴情绪体验是较为普遍的。随着年级的增长,英语学习难度的增加,以及不同于其他学科的要求,个体对英语学科的控制力和价值感评价也随着自己英语学业上的成功或失败的经历而逐渐形成,学生在英语学习中体验到的情绪会越来越丰富,与此相应的,英语学业的高兴情绪会呈现一种发展变化的趋势。我国的英语课程大多是从三年级开设,从三年级到九年义务教育初中阶段教育的结束,即到初三年级,学生在英语学业上体验到的高兴情绪表现出怎样的发展趋势,是否存在年级、性别差异?是否如在英语教学实践中所观察到的学生厌学情绪普遍、高兴情绪的体验很少?这些都是值得关注的问题。结合教育实践来看,目前正在进行的基础教育课程改革的一个重要方面是关注学生情感态度的发展,把学生情感态度的培养渗透到学科教育和教学之中。这里提到的情感态度实际上就是情绪情感因素的体现。英语作为一门基础性学科,同时作为一种第二语言,与其他学科领域相比,英语与情感态度的关系更为密切。情绪因素在很多方面直接或间接影响语言学习,对外语学习的影响则尤为明显。那么,对于教育实践者来说,如何理解英语学业情绪与英语学习之间的关系,如何从情绪的角度采取措施进行积极的教育干预,如何在英语教学中实现培养情感态度的目标,也就成了他们所要面临的迫切问题。

(二)英语学业高兴情绪的动机作用

由于学业情绪具有领域特异性,因而个体在英语学科体验到的学业高兴情绪的强度和特点必然不同于其他学科,而英语学习动机自然也有其领域特异性,不同于一般学习的内在动机和外在动机。因此,若研究英语学业中高兴情绪的动机作用,应将外语学习动机与一般学习动机区分开来。英语学业高兴情绪的动机作用则指的是英语学业高兴情绪对外语学习动机的作用。

1. 外语学习动机的理论与研究

外语学习动机研究中最有影响的是兰伯特和加德纳(Lambert & Gardner,1972),他们从社会心理学的角度确认了外语学习的两类动机,即融合性动机(integrative motivation)和工具性动机(instrumental motivation)。融合性动机是指学习者的学习动力来自对目标语言或文化本身的兴趣;工具性动机通常与个人的前途直接相关,如升学、就业或加薪的需要。加德纳的研究(1985)表明融合性动机比工具性动机对外语学习的影响更显著,因为外语学习者的最终目的不仅要发展语言能力,而且要达到与目标文化的"心理融合",这样的学习者能为达到目标而坚持不懈。后来,加德纳等人(1993)在研究中发现,工具性动机对于外语学习的影响并不比融合性动机弱。然而,在外语学习的高级阶段,融合性动机的影响还是更显著,因为"心理融合"所激发的语言学习的兴趣更持久。Belmechrt 和 Hummel(1998)也认为对于外语学习者来说,工具性动机对学习效果影响更显著,但实际上成功的外语学习需要以上两种动机的结合。

外语学习动机理论发展到 90 年代主要有外语学习动机三层次说(Dornyei,1994)、扩展动机理论(Trembley & Gardner,1995)和动机整合理论(Williams,1997)。综合前人的研究,有学者提出了一个较全面的外语学习动机框架(Dornyei,1994)。该框架把全部动机成分纳入三个层面:语言层面、学习者层面和学习环境层面。所谓的语言层面就是学习目的,来自加德纳的融合性动机和工具性动机。学习者层面由成就需要和自信心组成,其中自信心由语言焦虑、外语能力的自我评价、结果归因和自我效能构成。学习环境层面由与课程、教师和学习群体相关的三个方面的动机成分构成。特伦布莱(Trembley)和加德纳的扩展动机理论在外语学习态度与动机之间增加了目标显著性(目标具体性、目标频度)、效价(外语学习的愿望、学习外语的态度)及自我效能(行为期望值、外语运用焦虑度、外语课堂焦虑度)三个中间变量。威廉姆斯(Williams,1997)在综述了心理学动机理论的基础上,把众多动机成分进行了总结和分类,形成自己的动机扩展框架。该框架把全部动机成分分为两大范畴:内在因素和外在因素。内在因素包括 9 个方面:对活动的内在兴趣、活动价值、中介意识、掌握程度、自我概念、总体语言学习态度、其他情感因素(如自信心、焦虑和恐惧)、年龄和性别。外在因素包括 4 个方面:对自己影响较大的家长、教师和同学、与他人的互动性质、学习环境和社会环境。

　　这些外语学习动机理论吸纳了众多的研究成果,从多维的角度综合地概括了外语学习动机的本质,从理论上有助于人们全面认识外语学习动机。然而,相比较兰伯特和加德纳提出的外语学习动机理论而言,这些动机理论只是在整合相关理论的基础上得出的一个理论框架,而不是建立在实证基础上的动机模型。这些框架中各动机成分之间存在的关系并不是很清楚,也没有进行系统性的实证研究加以检验和确认。

　　我国研究者对外语学习动机的研究起步较晚。90 年代以来,随着对外语学习者个性差异探讨的深入展开,人们开始关注语言学习者情感因素的研究,尤其是我国在外语教学重心发生了转移后,不再强调以教师和学校为中心,而是以学生和学习为中心,着重对学习者个人因素和学习过程加以研究。秦晓晴、文秋芳以大学生英语学习为研究对象,确认了 13 个英语学习动机变量,提出了外语学习动机假设因果模型。高一虹等通过一系列的研究探讨了中国本土情境下学生的英语学习动机类型、学习动机类型与自我认同变化的关系(高一虹等 2002)、动机类型与动机强度的关系(高一虹等 2003b)以及个人因素对动机类型的影响(高一虹等 2003a)。但是从研究对象来看,我国外语学习动机研究主要以英语专业或非英语专业大学生为主(张文忠,2005),以中学生为研究对象的不多(张亚玲,郭德俊 2001;温爱英,2005;刘宏刚,陈平平,2007)。事实上,我们应该认识到,学生在小学就已开始学习外语,学生的外语基础是在中小学阶段打下的,这段时期的英语学习动机对于学生未来的英语学习影响至深。因此,就研究中小学生学习外语的动机本身来说,是非常具有意义的。

2. 英语高兴学业情绪对英语学习动机的影响

首先,英语学业高兴情绪的研究有助于当前的英语课程改革,可以为教师开展积极的干预措施提供一些借鉴。目前正在进行的基础教育课程改革的一个重要方面是关注学生情感态度的发展,把学生情感态度的培养渗透到学科教育和教学之中。这里提到的情感态度实际上就是情绪情感因素的体现。《全日制义务教育普通高级中学英语课程标准(实验稿)》明确提出基础教育阶段的英语课程不仅要发展学生的语言知识和语言技能,而且有责任和义务培养学生积极向上的情感态度。与其他学科领域相比,语言与情感态度的关系更为密切。情绪因素在很多方面直接或间接影响语言学习,对外语学习的影响则更加明显。教师在实际教学过程中应意识到学业高兴情绪的重要性,并将如何激发学生的高兴情绪体验作为一项教学目标,以积极情绪为切入点,培养学生对英语学习的兴趣,提高学生学习英语的效率,促进当前英语课程的改革。

其次,英语学业高兴情绪研究的开展,有利于培养学生对英语学习的兴趣。当学生处于一种积极的情绪状态时,对英语学习的过程或本身产生兴趣,觉得英语的学习是一种很享受的过程时,他就会变得乐于学习,善于学习,进而对英语学习的兴趣也愈发浓厚起来。可以说,良好的学业情绪是提高学生学习兴趣的中介变量,而缺乏学习兴趣则是影响我国青少年学习的一个最重要的原因。与此同时,学生的高效率学习与学生的情绪体验也有着密切的关系,可以说高效率的学习就是指个体在积极的情绪状态下的学习。情绪作为一种非智力因素,对学习的作用是无可替代的。实证研究及教育实践都表明,当个体处于消极的情绪状态时,通常会干扰学生正常学习活动的进行;相反,积极的情绪状态则能促进学生的学习活动顺利进行。英语的高效率学习取决于认知、情感和动机的相互作用,特别是良好的学业情绪,它能够使学生保持积极的情绪状态,进而成为提高英语学习成绩的最佳动力。因此,就英语学习而言,学业高兴情绪的研究有助于学生英语学习活动的顺利开展。

第三节 学业情境兴趣[①]

兴趣是人类的基本情绪之一,是由低等动物的趋避行为逐渐演化和内化而来的一种脑的状态。这种状态弥散性地存在于脑的广大区域,并带有主观感受的性质[②]。学习兴趣的研究具有悠久的历史,早在我国两千多年前的春秋时代,孔子就在《论语·雍也》中提出:"知之者不如好之者,好之者不如乐知者。"这里的"好"与"乐"所指的就是一种兴趣,一种愉悦的心理,一种力求探索、认识和创造的倾向。近代教育心理学中关于兴趣的研究则始于德国著名的哲学家、

---

① 艾俊汝. 高中生课堂情境兴趣研究[D]. 中国人民大学,2008.
② 孟昭兰. 情绪心理学[M]. 北京:北京大学出版社,2005:138.

心理学家、科学教育学的奠基人——赫尔巴特(Johann Fridrich Herbart, 1776~1841)。赫尔巴特在其代表作《普通教育学》中对兴趣的内涵做出了界定。他认为兴趣指的是学生心理、观念的积极广泛的运动,及其对于所学事物产生的具有高度吸引力和高度注意力的内部心理状态。20世纪90年代末,教育心理学界逐渐在兴趣的概念方面达成共识,大部分研究者都赞同这样一种兴趣的界定,即兴趣是指个体与其所处环境的特定方面之间的一种相互作用与关联;它既可以指个体力求认知、探究某种事物的一种心理状态(state),也可以指一段时间内个体重复从事某项活动的一种心理倾向(disposition)(Krapp, 1999; Krapp, Hidi, & Renninger, 1992)。这个定义的优势在于,它至少从三个角度将兴趣这一动机变量与其他的动机变量做了区分:①兴趣既包括情绪成分(affective component),也包括认知成分(cognitive component)。神经科学的研究结果表明,兴趣的这两种成分是彼此分离又相互作用的系统(Hidi & Berdorff, 1998; Hidi & Harackiewicz, 2000; Hidi, 2004; Krapp, 2000, 2002)。②兴趣的情绪成分与认知成分都有其生物基础(Hidi, 2003)。神经科学的研究表明,探究系统(seeking system)是人脑经过进化而形成的代代相传、根深蒂固的脑机制(Panksepp, 1998, 2000)。③兴趣是个体与特定内容之间交互作用的结果(Hidi & Baird, 1986; Krapp, Prezel, Heiland, & Wozniak, 1985)。也就是说兴趣总是与特定的内容或者活动相联系,而绝非指向所有活动的心理倾向。兴趣虽在个体内产生,但特定的内容或者环境却决定着兴趣的方向、推动着兴趣的发展。

一、兴趣对学习的影响

(一)兴趣对文本理解以及学业成就的影响

兴趣对学习的强大影响作用早已为教育心理学界所公认。二十多年来的研究都证实,无论是个体兴趣还是情境兴趣都能提高对文本的理解和学习。兴趣对文本理解的作用主要表现在以下几个方面:兴趣会促使读者在阅读文本时采取深度加工的策略,对所读内容建立更多的联系和进行更多的独立思考;兴趣高的读者对所读内容表现出更强的推理能力,对所获得的知识也具有更高的迁移水平(章凯,2000)。

研究者运用相关法分别研究了个体兴趣和情境兴趣对学业成就的影响。希佛尔(Schiefele,1992)的系列研究结果表明,个体的兴趣与其学业成就之间的相关接近30%。这一结果与我国小学生数学能力协作组的研究结果(1989,1990)相吻合,这项研究表明,四年级和六年级小学生学习数学的兴趣、态度和抱负水平与他们在相应的数学能力测验上取得的成绩有非常显著的关系(章凯,2000)。

(二)兴趣与动机

事实上,兴趣理论的发展在很大程度上得益于内部动机(intrinsic motivation)相关理论和研究的发展(Hidi & Harackiewicz, 2000)。德斯(Deci,1992)认为内部动机的特征既包括经验成分(experiential component)(如注意力集中、投入、愉悦体验、兴趣以及兴奋等),也包括倾向成分(dispositional component)(如继续投入活动的意愿)。这个定义同时糅合、包含了情境兴趣与个体兴趣。

目前,个体兴趣对内部动机的作用已得到学术界的一致认同。如希佛尔(1999)认为,个体兴趣是内部动机的先决条件。这是因为个体兴趣是认知活动的前提,而认知活动则决定了特定情境中个体内部动机的强度。与之相对的是,情境兴趣对动机的作用却在很长时间内被研究者所忽视。海蒂等(Hidi & Berdorff,1998)提出将情境兴趣视为外部动机(extrinsic motivation)的一种。

最近的研究显示,采用一些外在的干预手段和刺激,如实际奖励、评估、竞赛、最后期限等,可能反而会导致个体内部动机的降低和损害(Deci,et al.,1999)。但也有研究者(Harackiewicz & Sansone,2000;Zimmerman,1985)认为,外部奖励并不总是有害的。其实际作用要视任务的复杂程度以及个体参与活动的时间的长度而定(Hidi,2000)。另外,对于那些原本并不具备学习动机的个体而言,外在奖励非但不会降低其内部动机,反而可能作为最现实的教育干预措施,起到引发学生内部动机的作用(Deci,et al,1999)。

(三)兴趣与自我效能感

自我效能感(self-efficacy)是美国心理学家班杜拉(Bandura,1977)所提出的概念,它指的是一个人对自己在某一活动领域中的操作能力或者实现某一特定行为目标所需能力的主观判断或评价。众多研究发现,自我效能感与学习兴趣之间存在显著相关。自我效能感比较强的学生,对学习充满信心,积极主动,比较能够直面困难,通过努力,克服不适当行为,表现出知难而进的积极倾向(McCrudden et al.,2005;Pajares,et al.,1996,2001;Bandura,1981,1993,1997)。

(四)兴趣与成就目标

目前,这方面的相关研究多集中在成就目标(achievement goals)对兴趣的预测作用方面。如哈瑞奇韦兹等人(Harackiewicz,et al.,2000)的研究结果显示,成就目标对于短期内或长期后的兴趣以及学业成绩都具有预测作用。其中,掌握目标(mastery goals)可以有效地预测学生的学习兴趣,但对于学业成绩却没有预测作用;反之,成绩目标(performance goals)可以有效地对学生的学习成绩做出预测,但却不能够预测学习兴趣。哈瑞奇韦兹等人在 2002 年所进行的另一项以大学生为被试的研究,也考察了成就目标对于学生大学期间学习兴趣和学习成绩的预测作用,所得到的研究结果验证了其先前的研究。

二、情境兴趣与个体兴趣

如前所述,目前大多数兴趣研究者都对"兴趣是个体与特定环境交互作用而产生的一种现象"这样的概念界定表示赞同。然而不同研究者对这一概念内涵的研究侧重点却不尽相同。一部分研究者侧重于从个体的角度出发,集中探讨兴趣的根源以及兴趣的作用;另一部分研究者在研究中则更加强调兴趣的环境因素。由此海蒂(Hidi, 1990)提出了兴趣的两分法,即将兴趣划分为个体兴趣(individual interest)和情境兴趣(situational interest)。

个体兴趣是一种持续的、相对稳定的、与特定的主题或领域相联系的动机指向或个体倾向,它主要以个体已经存在的知识、个体的经验以及积极情感为基础(Renninger,1990,1992,1998;Schiefele,1991,1998)。而情境兴趣则是一种短暂的、随意的、由环境引发的、并与特定的上下文密切相关的兴趣形式,它主要与短期的活动、情境的变更以及特定的条件或刺激相联系(Hidi,1990;Hidi & Anderson, 1992;Murphy & Alexander,2000)。情境兴趣与个体兴趣在稳定性、持久性以及情感反应、侧重点等方面都有所不同(涂阳军,2006),但它们并不是彻底独立、彼此分离的两分现象,而是彼此影响、相互作用、不可分割的。在一定条件下,情境兴趣也可能发挥更加持久的作用,并转化为相对稳定的个体兴趣。这种兴趣的分类方法为兴趣研究提供了新的独特视角,引发了新一轮的兴趣研究热潮,目前也得到了教育心理学界的普遍认可和广泛关注。

在此基础上,许多研究者又将个体兴趣和情境兴趣做了进一步的细分(如图8-2)。

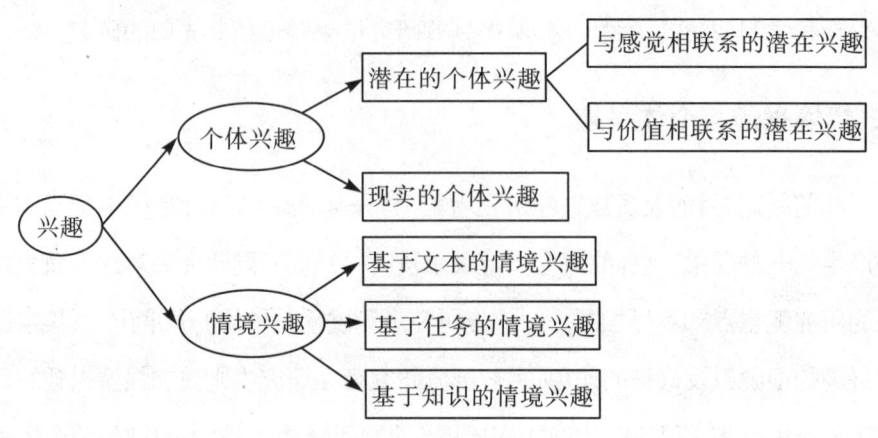

图 8-2 兴趣分类示意图

如图 8-2 所示,德斯(Deci,1992)将个体兴趣进一步划分为潜在的(latent)个体兴趣与现实的(actualized)个体兴趣:①潜在的个体兴趣是指个体长时间地指向某一特定主题的内在倾向状态。希佛尔(Schiefele,1999)又对潜在的个体兴趣做出了细分,将其分为与感觉相联系的潜在兴趣以及与价值相联系的潜在兴趣。与感觉相关的兴趣往往是在个体从事某一特定的主题活动时,当体验到积极的情绪和情感时产生的。与价值相关的兴趣则通常是在个体从事他自认为重要或有意义的主题活动时产生的。②现实的个体兴趣是指个体与特定主题相关的动机状态,它决定的是个体从事某项活动的参与程度。希佛尔认为,对于学习来说,潜在的与现实的个人兴趣都是很重要的。

斯科洛(Schraw,2001)将情境兴趣划分为三类:基于文本的(text-based)情境兴趣、基于任务的(task-based)情境兴趣和基于知识的(knowledge-based)情境兴趣。①基于文本的情境兴趣是指由文本的某些特征所引发的兴趣。②基于任务的情境兴趣是指因为任务编码和文本变换而引发的兴趣。③基于知识的情境兴趣是指由先前知识引发的兴趣。

研究者对于个体兴趣和情境兴趣的进一步细分,使兴趣研究得到了极大的深化和拓展,并且在很大程度上促进了兴趣的影响因素研究。

三、情境兴趣的发展

由于个体兴趣相对而言是持续的、稳定的,而情境兴趣则是由环境因素快速激起,并且随时间的推移可能会迅速消退或者维持相对更长时间。因此,海蒂和贝尔德(Hidi & Baird,1986)对触发情境兴趣的环境因素与保持情境兴趣的环境因素做出了重要的区分。在此基础上,米切尔(Mitchell,1993)提出了兴趣的多阶段(multi-stage)发展模型(如图8-3)。

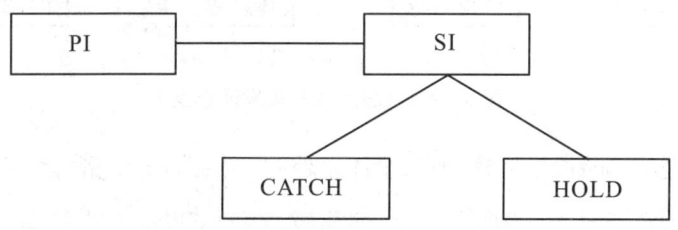

图8-3 米切尔提出的兴趣发展模型①

在此模型中,米切尔(1993)将情境兴趣区分为两个不同的阶段,一是由外部刺激触发而最初发生的情境兴趣,二是被激发后在某一活动中能够保持下来的、相对稳定的情境兴趣。米切尔借用了杜威(Dewey,1913)在兴趣问题论述中所采用的术语,将这两种情境兴趣分别命名为情境兴趣的"引发"(catch)阶段以及情境兴趣的"维持"(hold)阶段。米切尔认为在兴趣的发展过程中存在这样两个重要步骤:①从情境兴趣的"引发"(catch)阶段向情境兴趣的"维持"(hold)阶段的转变,也就是情境兴趣由被好奇激发或被现实吸引的短暂状态转

---

① (PI=Personal Interest;SI=Situational Interest)

向更具稳定性倾向的驱动状态。②从相对稳定的情境兴趣的"维持"阶段向更具稳定性、持久性的个体兴趣的转变。

在情境兴趣被划分为"激起"(triggered)和"保持"(maintained)两个发展阶段的基础上(Mitchell,1993),近年来,研究者们又进一步将个体兴趣也划分为两个阶段,即个体兴趣的"产生"(emerging)阶段和个体兴趣的"充分发展"(well-developed)阶段(Renninger,2000),从而构成了兴趣发展的四阶段模型(The Four-Phase Model of Interest Development)(Hidi & Renninger,2006),如图8-4。

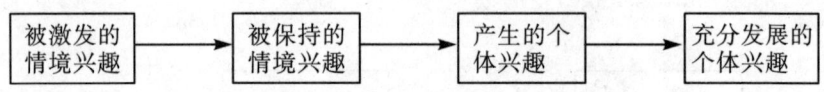

图8-4 兴趣的四阶段发展模型

在兴趣的四阶段发展模型中,个体兴趣的"产生"阶段是指个体在一段时间内对特定内容开始产生相对持久的、重复探求的心理倾向,它是与积极情感以及个体所积累的知识、经验紧密联系的(Bloom, 1985; Renninger,1989,1990,2000; Renninger & Wozniak, 1985)。而个体兴趣的"充分发展"阶段则是指在一段时间内个体对特定内容产生的相对更加持久的重复探求的心理状态,它以个体对特定内容产生的积极情感以及更多的经验和知识积累为标志(Renninger, 1989, 1990, 2000; Renninger, et al., 2002; Renninger & Wozniak, 1985)。

研究者们指出:①兴趣的四阶段发展模型是从情绪和认知两个角度来描述情境兴趣和个体兴趣的发展的。②情境兴趣为个体兴趣的"产生"奠定了基础(Hidi & Renninger,2006)。③兴趣的前两个发展阶段以注意力的集中和积极情感为标志,而后两个发展阶段的特征除了积极情感以外,还包括个体知识和经验的积累(Renninger,1989,1990)。④在兴趣的不同发展阶段,个体的努力程度、自我效能感、目标设定以及自我行为调节能力的水平都不尽相同;并且随着兴趣的发展或消退,这些变量的水平也会随之发生变化(Lipstein & Renninger, in press; Renninger & Hidi,2002)。⑤兴趣的每一个发展阶段都可能会引起兴趣下一阶段的发展,但也可能不会(Hidi & Renninger,2006)。

四、情境兴趣的影响因素

研究者普遍认为个人兴趣更多反映的是一种个性特点,在短期内不易改变,因此对影响兴趣的因素的考察主要集中在情境兴趣方面,而且以研究阅读者对文本的情境兴趣最为多见。以斯科洛(Schraw,2001)对情境兴趣的三类划分法为基础,研究者们认为影响情境兴趣的因素主要包括文本特征、任务呈现方式以及知识经验。

(一)文本因素

文本因素是指那些能引起读者兴趣的文本所具备的一定特征。这里所说的"文本"指的是没有图表只包括文字的阅读材料(章凯,2002)。目前在这个领域研究中所说的"文本"包括普通文本(text,如打印的文字材料)、超文本(hypertext,如电子版的文字资料)以及口头文本(oral text,如课堂讨论)(赵兰兰,汪玲,2006)。

研究者们在系列研究中提出了大量与兴趣相关的文本因素,例如文本的易于理解性(ease of comprehension)、意外性(surprise)、新奇性(novelty)、诱惑性(seductiveness)、生动性(vividness)、连贯性(coherence)、特征识别(character identification)等。研究表明,所有这些文本因素都和被试报告的文本兴趣有关,而且可以产生更高的阅读理解水平和回忆水平(Anderson,1982;Anderson, Shirey, Wilson, 1987; Hidi & Baird, 1988; Schraw, Bruning, & Svoboda, 1995)。研究者们还指出,对个体而言很有意义的教学材料,如被个体认为非常有用或者与其自身有关的教学材料,能更好地激发情境兴趣(Chabay & Sherwood, 1992; Cordova & Lepper, 1996; Mitchell, 1993; Parker & Lepper, 1992; Ross, 1983)。

(二)任务呈现方式

任务的呈现方式也可能通过选择性注意或寻找任务趣味性的渴望来提高情境兴趣。例如,研究表明,在学习者面对学习任务时,教师或指导者如果可以向学习者提供特别的认知目标,会改变学习者对文本材料趣味性的评价以及回忆的成绩(Schraw & Dennison, 1994)。萨森等人(Sansone, 1992, 1999)指出,在被试面对一些令人厌烦或者困难的工作时,给予个体一些坚持任务的理由(如任务是重要或必须的),将会促使个体运用策略进行兴趣水平的自我调节,以达到继续完成任务的目的。德斯(Deci, et al., 1991)等人认为,分配任务时给予学习者更多的选择权和自主性也可以提高兴趣。自我控制和自主的程度越高,对任务的内在兴趣也越高。萨森和史密斯等人(Sansone, Smith, Isaac, 1999)还发现,对有些个体而言,分配任务时,如要求他们在其他人在场的情况下工作,也可提高其兴趣。

(三)经验

知识经验因素主要是指先前知识对兴趣的影响。这方面研究者所得出的结论不尽相同。如韦德(Wade, 1999)等人的研究发现,当读者的知识经验中缺乏与阅读材料相关的知识时,他们会认为文本是无趣的。托巴斯(Tobias, 1994)则认为兴趣与知识经验呈直线关系,而非曲线关系;只有当读者对材料和任务操作不熟悉时,知识经验才对其兴趣产生影响(邢强, 2005)。琴斯科

(Kintsch,1980)则提出了另一种观点,认为先前知识和情境兴趣呈倒"U"形相关。过低或过高水平的知识经验都不利于兴趣的产生,只有适度的、中等量的知识才能激发读者更深学习的愿望,从而产生较高的兴趣水平。到目前为止,还没有出现直接研究情境兴趣和知识经验关系的实证研究(邢强,2005)。但新出现的知识图式理论(knowledge — schema theory,简称 KST) (Yarlas & Gelman,1998)却提出了与兴趣的倒"U"型模型相似的观点。该理论认为过高或过低水平的知识对兴趣都没有影响,只有适度的知识水平才有助于学习者兴趣水平的提高。

第四节 高中生课堂情境兴趣的实证研究[①]

一、高中生课堂情境兴趣的研究背景

(一)问题提出

自 2004 年秋季起,我国普通高中新一轮课程改革开始在广东、山东、海南、宁夏四省区全面展开;2005 年秋季,江苏省进入了实验区;2006 年,辽宁、安徽、浙江、福建、天津五省区也参与了课改实验。至此,全国已有十个省区全面进行了新课程改革实验。这是自新中国成立以来,我国所推行的第八次基础教育课程改革。

中学向来是我国教育的主阵地。中学教学,尤其是学科课堂教学是我国基础教育活动的基本构成部分,是实施素质教育的主渠道。我国向来有"重视学习成绩"以及"教学为应试服务"的传统,因此当前我国中学课堂教学存在种种

---

① 艾俊汝. 高中生课堂情境兴趣研究[D]. 中国人民大学, 2008.

问题和弊端,主要表现在:(1)教材内容陈旧枯燥,脱离现实,形式呆板教条,了无生趣;(2)教师仍是教学活动的启动者和控制者,学生只是接受知识的对象和容器,学生的主体地位受到遏制(田红霞,2001);(3)忽视了教学情境的创设,课堂成为老师的一言堂和展示课,无法引起学生参与的积极性,没有形成学生感同身受、全身心投入的学习氛围;(4)只重视"知识传授"与"应试"的教育理念造成了课堂"人文精神的严重流失",导致学生虽拥有许多知识,感情却日益冷漠、贫乏,甚至荒芜(闵海燕,2005)等等。这些现实直接导致了学生课堂学习效率低下,学习兴趣大幅下降甚至丧失,学习动力不足,厌学情绪严重的恶果。"非不能也,实不为也。"学生学习兴趣的大幅下降已成为中学教育中的棘手问题。

教育作为人类发展需要得以满足的媒介之一,其核心作用就体现在如何最大限度地激发学生的学习兴趣与学习动机,使学生得到最大限度的发展(郭娅,2000)。新一轮基础教育课程改革要求学校教育重新认识教育的价值,更新教育观念,改变传统教育方式,将课程改革目标重点定位在促进学生全面和谐的发展、自主的发展、有个性的发展之上。因此,如何在中学学科课堂教学中激发和培养学生的学习兴趣就成了当前我国教育理论和教育实践所要解决的核心问题,引起了教育界、心理学界和其他社会各界的广泛关注。

二十世纪八九十年代之交,海蒂、贝尔德(Hidi & Baird, 1988)以及科拉普(Krapp, 1989)提出了将兴趣划分为个体兴趣与情境兴趣的观点。个体兴趣在学生学习中所起的强大推动作用可谓得到举世公认,并且一直以来都受到教育界、心理学界的研究和重视。但在实际的教育情境中,要对个体兴趣加以利用还存在一定的问题和局限。这是因为个体兴趣是因人而异的,在我国目前大班制、师生比极高的教育大环境下,并不是所有学生的兴趣都能轻易地与学校背景相适应,而教师如果想要迎合每个学生的个体兴趣、针对差异做到因材施教,是极端费时费力而且基本不可能的事情。因此,近年来,西方教育心理学界转而呼吁教育界要关注情境兴趣概念对教育可能具有的重大潜在利益和现实意义。这是因为,当个体无预存的兴趣以及无学业动机时,情境兴趣所起的激发作用就显得尤为重要了(Hidi & Harackiewicz,2000)。如何在课堂中激发学生的情境兴趣,如何使所触发的情境兴趣保持一定的持续状态,并努力促使这种持续的"工作兴趣"向个体对某一主题的稳定的个体兴趣转变,对教育而言具有重大的现实启发意义和应用价值(Hidi & Baird,1988;Krapp,1989)。这种观点与教育界所面临的现实需要相契合,从而引起了国内外教育心理学界的普遍认同和广泛关注,引发了心理学界对于情境兴趣的一系列后续深入研究,成为心理学兴趣研究领域的新亮点。

反观我国的兴趣研究现状,主要存在以下几个问题:

首先,缺乏心理学研究范式下对情境兴趣的研究。事实上,对课堂教学如何激发学生学习兴趣的研究,也就是情境兴趣的激发研究是国内学习兴趣研究的重点,也是成果取得最多的部分。以中国期刊网上发表的文章为例,从1994年1月到2005年10月,研究学习兴趣的文章有5122篇,其中涉及情境兴趣的就达5056篇(刘丽琼,杨霞,2006)。但国内兴趣的主要研究者却是一线教师,而非专业的教育心理学工作者,因此虽然国内关于兴趣的研究此起彼伏,看似高潮迭起,但研究的基本——"兴趣"的概念却仍然界定不清,众说纷纭,莫衷一是。通过文献综述,我们发现中文文献中的"兴趣"还有如下表述:"喜欢"、"爱好"、"乐学"等,反映出研究者自身对"兴趣"概念界定的不清晰。虽然国内已经有若干文献对"情境兴趣"和"个体兴趣"的区分做出介绍,但这一概念还没有得到推广和实际的应用,大部分研究者仍将二者混为一谈。这就给学术的沟通和交流造成了干扰和障碍。另外,这些研究者大多把精力放在如何更好地改进自己的教学方面,而缺乏从学生的角度对情境兴趣进行具体的、细致的研究。

其次,实证研究缺乏。近年来,国内兴趣研究涌现出的数目虽多,但大部分都是一线教师的经验研究,而非实证研究。还是以中国期刊网上的文献为例,从1994年1月到2005年10月,研究学习兴趣的文章有5122篇,其中对学习兴趣进行实证研究的却只有66篇(刘丽琼,杨霞,2006)。这些文章涉及学习兴趣的水平、学习兴趣的发展特点、影响学习兴趣的因素以及学习兴趣与其他非智力因素、人格特征和学习成绩之间的关系等。如李洪玉、何一粟(1994)以小学生为被试,研究了学习兴趣与其智力特征、性格特征之间的相关关系。沃建中(2002)主持的课题组对中小学生的学习动机和学习兴趣做了详细的实证研究。但这些实证研究,无论从研究的数量或者质量上来看,都是远远不够的。

最后,学习兴趣的测量工具极度缺乏。国内研究者在编制兴趣测量工具方面也做出了一些尝试,比如李洪玉(1994)编制了《小学生学习兴趣调查问卷》。胡象岭和李新乡(1997)编制的一个物理学习兴趣的量表。郭德俊等人(2000)编制的 ARCS 兴趣问卷。彭纯子(2005)编制的高中生学科学习的问卷。但总的来说,国内还缺乏测量学指标比较理想的标准化量表,对情境兴趣做出定量评定的权威成果至今尚未出现。

因此,本研究拟寻找高中生课堂情境兴趣的评价方法,编制测量学指标比较理想的测量高中生课堂情境兴趣及其影响因素的问卷,为开展高中生课堂情境兴趣课题研究提供量化工具,并了解高中生课堂情境兴趣的总体情况,考察是否存在年级、性别差异;考察高中生课堂情境兴趣、学习自我效能感、成就目标定向与学习成绩之间的关系,以及课堂情境兴趣、学习自我效能感、成就目标定向是如何影响学习成绩的;考察高中生课堂情境兴趣的影响因素有哪些,以及这些影响因素是否存在年级、性别差异以及它们是如何对课堂情境兴趣产生影响的。

(二)研究意义

第一,有关学习兴趣的研究,无论是将兴趣作为课题研究的自变量还是因变量,如果没有对学习兴趣的评价标准,研究的信度和效度都会受到置疑。因此,寻找学习兴趣的评价方法,本身就是一个需要研究的重要课题,而且应该受到学习兴趣研究者们的足够重视。情境兴趣是当今国际教育心理学领域的研究热点。但在国内,关于情境兴趣的研究还远远不够,特别是定量评价情境兴趣的成果至今尚未见到。因此,《高中生课堂情境兴趣问卷》以及《高中生课堂情境兴趣影响因素问卷》的编制,作为一次量化研究的努力,是一件有意义的创造性工作,具有重要的学术价值。

第二,由于目前我国的兴趣研究大多是一线教师的经验研究,定性研究多、实证研究少,相关研究多、因果研究少,测量工具又极度缺乏。因此,本研究的开展作为一项基础研究,可以帮助人们了解高中生课堂情境兴趣的发展现状、特点以及影响因素,具有非常重要的理论意义。

第三,良好的《高中生课堂情境兴趣问卷》以及《高中生课堂情境兴趣影响因素问卷》不仅是测量高中生课堂情境兴趣、进行有关课题研究的重要工具,而且为教育者有针对性地采取策略、激发学生课堂情境兴趣提供借鉴和参考。

第四,高中生课堂情境兴趣影响因素研究可以丰富人们对课堂情境兴趣以及课堂学习过程的认识,指导教学实践,对提高课堂教学成效大有裨益。因此具有重要的实践意义。

(三)研究方法

预测被试来自浙江省杭州市一所普通高中的高一、高二两个年级。随机抽取6个整班,共选取样本603人。高三年级由于面临紧张的考试任务,因此未参加此次施测。

用于问卷验证性因素分析、信度检验以及影响因素研究的被试来自山西省吕梁市一所普通高中的高一至高三年级。随机抽取三个班级，高三随机抽取两个班级，共选取样本 394 人。

本研究中所使用的工具主要是高中生课堂情境兴趣与影响因素问卷。该问卷由《高中生课堂情境兴趣问卷》和《高中生课堂情境兴趣影响因素问卷》两部分组成，每个问卷又各分为英语、数学和语文三个分问卷(详见附录8)。该问卷在编制时主要参考了米切尔(1993)所提出的数学课堂情境兴趣发展模型，在该模型中，米切尔认为，数学课堂情境兴趣的影响因素有五种，分别是"小组工作"(group work)、"计算机"(computers)、"智力谜题"(puzzles)、知识的"意义性"(meaningfulness)以及学生的"参与性"(involvement)。根据我国教育的实际情况，我们认为在我国高中生的课堂学习中，影响学生课堂情境兴趣的主要有"小组学习"、"辅助材料"、"意义性"、"参与性"四个因素。在模型中，我们以"辅助材料"因素代替米切尔所提出的"智力谜题"因素，同时删去了米切尔所提出的"计算机"因素。

《高中生课堂情境兴趣问卷》包括 21 个项目，每个分问卷各含 7 个项目。采用六点计分法，正向题回答"非常同意"计 6 分，"同意"计 5 分，"有点同意"计 4 分，"有点不同意"计 3 分，"不同意"计 2 分，"非常不同意"计 1 分；反向题回答"非常同意"计 1 分，"同意"计 2 分，"有点同意"计 3 分，"有点不同意"计 4 分，"不同意"计 5 分，"非常不同意"计 6 分。《高中生课堂情境兴趣影响因素问卷》包含 42 个项目。分 4 个维度：辅助材料、小组学习、参与性、意义性，计分法同上。探索性因素分析和验证性因素分析表明，高中生课堂情境兴趣和影响因素问卷具有良好的结构效度，各分问卷模型的失拟指数 χ^2/df 均在 2.0~5.0

之间,并且三个分问卷的各项拟合指数值均大于 0.90。对问卷进行内部一致性考查,结果表明,问卷的信度比较好。

在问卷施测后,对问卷进行了清理。剔除废卷后,预测得到有效问卷 510 份。正式施测得到有效问卷 300 份。

二、高中生课堂情境兴趣的总体情况

(一)高中生课堂情境兴趣的总体分析

计算三个年级被试在高中生课堂情境兴趣问卷三个分问卷上得分的平均数和标准差,如表 8-1。

表 8-1 各年级学生在课堂情境兴趣问卷上得分的平均数和标准差

	语文		英语		数学	
	平均数 M	标准差 SD	平均数 M	标准差 SD	平均数 M	标准差 SD
高一	24.69	7.43	25.62	6.81	31.23	5.67
高二	21.24	6.76	25.62	6.60	30.74	6.39
高三	18.90	7.15	28.33	6.34	28.26	5.62
总体	22.09	7.48	26.24	6.70	30.40	6.03

由于各分量表的得分的取值范围是 0～42,最高分为 42 分,中间值是 21,从表中各分问卷的得分情况看,高中学生的课堂情境兴趣的总体水平不高,相对而言,语文课的课堂情境兴趣水平较高,数学课略低,英语课最低。

(二)高中生课堂情境兴趣的性别差异

对被试的课堂情境兴趣进行了性别差异 t 检验,结果表明,无论是英语、数学还是语文,高中生在课堂情境兴趣方面不存在性别差异。统计结果如表 8-2。

表 8-2　男女生在三个分问卷上得分的平均分与差异显著性检验

		英语分问卷	数学分问卷	语文分问卷
男生	平均数 M	22.16	26.65	30.88
	标准差 SD	7.62	6.77	6.24
女生	平均数 M	22.02	25.81	29.92
	标准差 SD	7.35	6.62	5.77
	t	−0.17	−1.08	−1.34
	p	0.87	0.28	0.18

(三)高中生课堂情境兴趣的年级差异

对年级影响课堂情境兴趣的显著性进行方差分析,结果表明,高中生课堂情境兴趣存在显著的年级差异。如表 8-3。

表 8-3　不同年级学生在三个分问卷上得分的平均分与差异显著性检验

		英语分问卷	数学分问卷	语文分问卷
高一	平均数 M	24.69	25.62	31.23
	标准差 SD	7.43	6.81	5.67
高二	平均数 M	21.24	25.62	30.74
	标准差 SD	6.76	6.60	6.39
高三	平均数 M	18.90	28.32	28.26
	标准差 SD	7.15	6.34	5.62
总分	平均数 M	22.09	26.24	30.40
	标准差 SD	7.48	6.70	6.03
	F	15.66	4.30	5.35
	p	0.000***	.014*	0.005**

a. * $p<.05$, ** $p<.01$

我们对年级影响课堂情境兴趣的显著性进行事后检验,发现:在英语分问卷中,高一年级的情境兴趣水平最大,而高三年级的情境兴趣水平最小,各年级水平存在显著差异。在数学分问卷中,高三年级的情境兴趣水平大于高一年级,高三年级的情境兴趣水平也大于高二年级,但高一年级和高二年级的情境兴趣水平不存在显著差异。在语文分问卷中,高一年级的情境兴趣水平大于高三年级,高二年级的情境兴趣水平也大于高三年级,但高一年级和高二年级的情境兴趣水平不存在显著差异。

三、高中生课堂情境兴趣与影响因素的相关分析

以被试 2007 年 1 月的英语、数学、语文课的期末考试成绩作为学习成绩的标准,分别计算了学习成绩、学习自我效能感与成就目标定向与课堂情境兴趣的相关关系,如表 8-4。

表 8-4 高中生学习成绩、学习自我效能感、成就目标定向与课堂情境兴趣之间的相关关系

		学习成绩	学习自我效能感	成就目标定向	
				成绩目标	掌握目标
高中生课堂情境兴趣	英语	0.223**	0.108	−0.022	0.110
	数学	0.464**	0.059	0.079	0.202**
	语文	0.132**	0.175**	0.124**	0.237**

*$p<.05$, **$p<.01$

结果显示,三个分问卷中,学习成绩与课堂情境兴趣之间都存在显著相关。只有语文分问卷中显示自我效能感与情境兴趣之间存在显著相关,而在英语、数学分问卷中,自我效能感与情境兴趣之间不存在显著相关。在数学、语文分

问卷中,高中生掌握目标定向与高中生课堂情境兴趣存在显著正相关,而在英语、数学分问卷中,成绩目标定向与语文课堂情境兴趣存在显著负相关,与英语和数学成绩不存在显著相关。

从以上研究可以看出,高中生课堂情境兴趣、掌握目标定向对高中生学习成绩均有非常显著的影响,为了比较它们的影响程度,我们进行了高中生学习兴趣、高中生学习自我效能感、掌握目标定向与成绩目标定向对学习成绩的回归分析,结果表明,在英语分问卷中,课堂情境兴趣对英语学习成绩有显著的影响。在语文分问卷中,课堂情境兴趣和掌握目标定向对高中生语文学习成绩都有显著的影响。

四、高中生课堂情境兴趣影响因素的总体情况

(一)高中生课堂情境兴趣影响因素的总体分析

三个年级的学生在高中生课堂情境兴趣影响因素全问卷以及各因素上得分的平均数和标准差,如表8-5。

表8-5 课堂情境兴趣影响因素问卷上各因素得分及其总分的平均数和标准差

	语文分问卷		英语分问卷		数学分问卷	
	平均数 M	标准差 SD	平均数 M	标准差 SD	平均数 M	标准差 SD
意义性	11.18	3.39	10.91	3.64	13.43	2.94
参与性	8.85	3.03	10.37	3.03	11.94	2.90
小组学习	15.36	4.11	16.49	4.09	18.02	3.68
辅助材料	13.85	4.79	14.73	4.91	18.15	3.89
总体	49.38	10.53	52.68	11.41	61.64	9.12

结果显示,英语分问卷中,学生在各因素上的得分总分为49.3781。数学分问卷中,学生在各因素上的得分总分为52.6818。语文分问卷中,学生在各

因素上的得分总分为61.6351。该值的取值范围是0－84,中间值为42。各因素得分上有差异,其中在"参与性"因素上的得分比较低,三个分问卷学生的得分总分在8.8532到11.9394之间。在其他三个因素上的得分较高,在10.9122到18.1486之间。

(二)高中生课堂情境兴趣影响因素的性别差异

对被试课堂情境兴趣的各影响因素进行了性别差异t检验,结果表明,无论是英语、数学还是语文,高中生在课堂情境兴趣的影响因素方面不存在性别差异。

(三)高中生课堂情境兴趣影响因素的年级差异

对课堂情境兴趣影响因素的年级差异的显著性进行方差分析,如表8－6。结果表明,高中生课堂情境兴趣存在显著的年级差异,尤其在小组学习和辅助材料两个方面差异非常显著。

表8－6 不同年级学生在四个因素上得分以及总分的平均分与差异显著性检验

		意义性	参与性	小组学习	辅助材料	全问卷
高一	平均数 M	11.41	8.91	16.18	15.35	51.88
	标准差 SD	3.33	3.08	4.01	4.34	10.50
高二	平均数 M	11.18	9.15	15.12	13.83	49.42
	标准差 SD	3.59	3.11	4.25	4.82	9.80
高三	平均数 M	10.74	8.27	14.25	11.26	44.50
	标准差 SD	3.13	2.73	3.81	4.42	10.23
总体	平均数 M	11.18	8.85	15.36	13.85	49.38
	标准差 SD	3.39	3.03	4.11	4.79	10.54
	F	0.84	1.76	5.24	17.80	10.70
	p	0.43	0.18	0.006**	0.000**	0.000**

* $p<0.05$,** $p<0.01$

我们对课堂情境兴趣影响因素的年级差异进行事后检验,结果发现:高三年级在高中生课堂情境兴趣影响因素问卷各因素上的得分均显著低于高一、高二学生;在英语分问卷中,高一年级在小组学习和辅助材料两个因素上显著高于高二、高三学生;在数学分问卷中,高一年级在意义性因素上高于高三学生;在语文分问卷中,高一年级在小组学习、辅助材料两个因素上高于高三学生。在英语分问卷中,高二年级在小组学习和辅助材料两个因素上高于高三学生;在数学分问卷中,高二年级在小组学习、意义性两个因素上高于高三学生,在参与性因素上高于高一、高三学生;在语文分问卷中,高二年级在小组学习因素上高于高三学生。总之,高一和高二学生分别在问卷各因素上高于高三学生。

(四)影响高中生课堂情境兴趣诸因素的回归分析

为了比较各影响因素对高中生课堂情境兴趣的影响程度,我们进行了小组学习、辅助材料、意义性和参与性对高中生课堂情境兴趣的回归分析,结果表明,在英语和数学分问卷中,小组学习、辅助材料和意义性三个因素对英语和数学课堂情境兴趣有显著的影响;在语文分问卷中,四个因素对高中生语文课堂情境兴趣都有显著影响。

五、高中生课堂情境兴趣的特点分析

(一)关于高中生课堂情境兴趣的性别差异

通过调查,我们发现高中生课堂情境兴趣水平不存在性别方面的显著差异,这与以往一些研究的结果不一致。以往一些研究证实,在高中不同学科的学习中,男女生存在较显著的性别差异。如彭纯子、周世杰(2004)的研究表明男生的数理兴趣高于女生。李长河(1982)等人对中学生学习兴趣的调查也发现,最喜欢学习物理的男生多于女生。

我们认为,以往研究结果的出现主要是基于以下两个原因:一是男生和女生由于生理结构的天然差异,如女性偏重于机械记忆和形象思维,男性偏重于理解力和抽象思维,造成了两性之间在学科兴趣及其各因素上存在差异;二是受到高中学习期间外部因素的影响,教师刻板印象和社会舆论偏见都会潜移默化地对男女生的学习兴趣造成一定影响。由于本研究的研究对象是课堂引发的相对短暂的情境兴趣,不同于以往研究中相对稳定的针对某学科的个体兴趣。因此,我们认为,可能从课堂情境兴趣激发的角度而言,男女生并不存在显著差异。当然,这只是对结果解释的一种假设,也不排除本研究取样偏差的原因。这个问题仍需要在今后研究中进一步探讨。

(二)关于高中生课堂情境兴趣的年级差异

通过调查,我们发现高中生课堂情境兴趣水平存在年级方面的显著差异。从英语、语文学科的整体情况来看,高一年级的课堂情境兴趣水平最高,高二年级其次,而高三年级则最低。数学则相反,高三年级的课堂情境兴趣水平最高,高二年级其次,而高一年级则最低。

我们认为,这与教学的一般经验是一致的。高一年级由于相对没有背负沉重的升学和考试压力,因此教师在课堂上相对会采取较多的教学形式和辅助教学手段,更加重视学生学习兴趣的培养,相应的,学生对于课堂教学的兴趣和热情也比较高。随着年级的升高,升学、考试压力日益增大,老师在课堂上更加强调应试,一切跟着高考"指挥棒"进行,"题海战术"、"满堂灌"等成为课堂上屡见不鲜的现象,因此,造成了课堂的枯燥乏味,学生在课堂上消极听讲,昏昏欲睡,情境兴趣也会显著降低。本研究中高三年级的数学课堂情境兴趣较高,可能是因为高二以后分文理科,我们抽取的被试来自高三年级的两个理科班,而理科班的很多学生本身对数学课堂兴趣就比较高的缘故。

六、高中生课堂情境兴趣影响因素分析

米切尔(1993)认为,影响高中生数学课堂情境兴趣的因素主要有五种,分别为小组学习、智力谜题、计算机、意义性和参与性。以此为参考,在对我国学习兴趣文献进行深入分析的基础上,我们认为我国高中生课堂情境兴趣的影响因素主要包括如下四种:小组学习、辅助材料、意义性和参与性。从本研究的研究结果来看,证明了我们所提出的高中生课堂情境兴趣影响因素的存在。

(一)小组学习

小组合作学习是自 20 世纪 90 年代以来,在我国教育科学研究和教学实践活动中受到极大关注的课堂教学形式。一些机构和研究者都展开了对小组合作学习的实验和研究,如 20 世纪 90 年代初浙江杭州大学教育系进行了"合作学习小组教学实验";20 世纪 90 年代中期山东教育科学研究所开展了"合作教学研究与实验";黄冰与蔡寒松(2000)调查了我国中学生的外语学习方式,并对小组学习和单独学习的效果做了比较研究;周桂英(2003)的研究检验了小组学习在中学英语课堂教学实践中的效果等。这些研究一致认为,小组合作学习可以发挥小组成员间面对面的相互促进作用,使学生知道自己不但要为自己的学习负责,而且要为本组其他成员的学习负责,从而形成小组成员间积极的互赖关系,有助于学生社交技能的培养。

我们的研究同样显示出,小组学习是一种可以有效地激发学生课堂学习兴趣的课堂组织形式。这是因为,小组学习同时融合认知活动系统与社会活动系统于教学过程中,可以有效地促进学生非智力因素的发展。会学习、会合作、善交往、能创新,这是二十一世纪人才必备的素质。而这种素质的培养,有赖于学校教育的点滴渗透。正处于青春期的高中生身心发育迅速且亟待成熟,他们思

维敏捷、情感丰富,渴望交流、渴望得到别人的赏识,尤其渴望得到同伴的认可。而小组合作学习正可以将个别化与人际互动有机地融合在一起,把教学建立在满足学生心理需要的基础上。在小组合作活动中,成员间互相交流,彼此争论,互教互学,共同提高,既满足了温情和友爱,又充满互助与竞争,同学间既通过提供帮助满足了自己影响别人的需要,又通过互相关心满足了归属需要。在小组中,每个人都有机会发表自己的观点与看法,倾听他人的意见,使学生有机会掌握良好的人际交流技能,而这正是许多独生子女所缺乏的。

当然,小组学习的课堂形式需要教师的精心设计、安排和组织,否则便容易流于形式,起不到预期的效果。国内一些座谈和调查也反映出当前我国课堂小组学习中存在的一些问题,如很多情况下,小组处理收集背景知识以及角色复述活动的方式只是由个别成绩较好的同学或组长代劳,其他同学并未真正参与活动。课堂上,各小组成员在小组活动中表现出的热情以及任务完成的质量有很大差别,很多同学并未真正参与到活动中来等。研究者认为,这主要是由于缺乏指导,个人任务不清晰,个人评估太少以及活动类型吸引力不够等原因造成的。因此,他们提出了一些针对小组学习的策略,如活动责任到人,在个体活动的基础上开展小组活动;加强个体性指导;增强个体评估成分;设计开放性集体任务等(王笃勤,2004;郭书彩,2002;史晓燕,1999)。

(二)辅助材料

在我们的研究中,教师所使用的辅助材料(包括:教师所提供的课本以外的文本、读物,上课时所使用的计算机、多媒体,所放映的电视、电影、录像、录音,以及所讲的故事、笑话等)同样被证明是一种有效的兴趣激发策略。

高中生正处于身体逐渐发展成熟、人生观和世界观逐渐形成的时期,他们的特点是精力充沛、求知欲强、记忆清新。他们痛恨那种陈旧枯燥、脱离现实的教材内容和呆板教条、了无生趣的上课形式，因此，要充分利用声、像、图、文的多种教学信息，激发学生的好奇心和求知欲。国外有大量研究报告，文本的连贯性、完整性、诱惑性、生动性、未知性、易于理解性等特征，都与被试的文本兴趣有关(Hidi,1990;Garner,1992;Schraw,1995;Jetton & Alexander,2001)。国内研究也表明，多媒体丰富多彩的视听效果，可以增强教学的直观性和生动性，大大提高课堂教学和训练的效率，让学生在更加轻松的氛围中快乐学习(周岚,2007)。

当然，辅助材料的选择和使用要把握适当的原则，否则便起不到优化课堂教学效果的作用，反而有可能分散学生注意力，喧宾夺主。目前国外对文本内容兴趣的研究主要集中在诱惑性(seductiveness)、生动性(vividness)、连贯性(coherence)三个方面。(1)诱惑性是指那些能引起读者浓厚兴趣但并不是文章的重要部分的文本，它们通常包含与故事的主题相关的信息，因为是一些具有争议的或敏感的话题，例如死亡或传奇，因此很容易被记住(Wade & Adames,1990;Harp & Mayer,1997,1998);(2)生动性是指那些在文本中容易被读者注意、能引起读者的悬念、使人感到惊奇或具有吸引力的文本。研究表明，生动性有助于提高读者对文本的兴趣和学习热情，并且个体对这样的文本回忆时，成绩会更好(Jose & Brewer,1984;Iran—Nejad,1987;Wade,1993;Schraw,1995,1997);(3)连贯性主要是指那些影响读者组织文本主要思想的因素。如果文本的各部分组织得较好并且使读者容易读下去，那么这篇文本的连贯性就高。读者对组织得好的文本具有更浓厚的兴趣。如果文本难于理解以及连贯性较差，就会对读者的兴趣产生消极影响(Kintsch,1998;Wade,1993)。国内研究者(夏丽丹,2007;梁方利,2007)也指出，在利用多媒体进行辅助教学之前，首先要明确这堂课使用多媒体的目的何在，所选用的多媒体课件能不能使学生更容易理解、掌握教学内容,绝不能为了形式上的多样化搞多种媒体的凑合,哗众取宠。因此,我们要根据教学内容综合安排教学过程,综合考虑如何充分发挥多种辅助教学材料的组合功能,以取得最佳的教学效果。

(三)意义性

从我们的研究结果来看,让学生体会到学习对于自身生活的意义性,这一点对于学习兴趣的激发非常重要。

研究者们(李定仁等,2006)指出,应试教育的大行其道,"分数至上"理念的尘嚣至上,造成了我国教育界不断蔓延的功利主义,导致教学世界与生活世界逐步隔离,课堂正在慢慢远离生活。这是我国教育界正在面临的不容小觑的危机。很多情况下,学生在课堂上所学到的知识只在应对考题的时候才能够发挥其效用,在生活中却无用武之地。生活中,这样的例子屡见不鲜:很多学生从小学开始学语文,却写不出一个简单的应用文;很多英语考试的尖子生,在日常生活中见到"老外"却瞠目结舌,面红耳赤,还是"聋子"、"哑巴"一个。这种学习、生活"两张皮"的窘境导致了"知识无用论"、"读书无用论"在校园的蔓延,导致了学生学习兴趣的大幅下降。因此,我国教育界开始呼吁,只有把教学看做是教师和学生的特殊交往生活,以生活的视角看待教学,促进教学、生活两个世界的高度结合,才能够从根本上解决我国目前教学面临的实践困境(刘硕,张广君,2006)。

事实上,每门课程都是来源于生活,与生活中的现象息息相关、紧密联系。因此,教学内容设计应该尽量贴近学生的生活和实际,尤其是要注重引进现实生活中的热点、焦点,以及学生感兴趣的题材,吸引同学认真听讲、分析和思考,让学生能将学到的知识与日常生活实际相联系,能用所学解决日常生活中的实际问题,让学生感到"学以致用",这样才能有效调动学生学习的热情和积极性。

(四)参与性

本研究中,除了语文分问卷,"参与性"这一影响因素对情境兴趣的影响并没有达到显著水平。这与米切尔(1993)以及国内诸多研究的结果不一致。我们认为,这一现象可能与我们所选取的调查样本有关。正式施测的调查样本来自山西吕梁地区一所普通高中。吕梁地区交通闭塞,属于山西省经济、文化、教育发展较落后的地区,每年的学生升学率在全省排名中也居于较落后的位置。从问卷得分来看,"参与性"在全问卷中得分最低。这可能是由于样本所在高中的教师在教学中并没有充分重视课堂教学中学生的主体地位,学生参与课堂的程度较低。

事实上,诸多教育学家和心理学家都强调学生主动参与的重要性。美国心理学家布鲁纳的"发现学习"理论认为,学习应该是学生主动探求知识的过程,而不是被动接受的过程。因此,教学过程首先必然是学生主动地学,而不是教师单纯地讲解传授。陶行知先生也提出"在做中学"的理念。国内众多研究和实践也指出,要在尊重学生个性的前提下,强调以学生活动为中心,促使学生主动参与教学过程,充分发挥学生的主体作用,充分相信学生的能力;通过安排学生参与教学活动的过程,引导学生自主学习、自主探索、自我解决问题,使每一个学生体会到做一个发现者、研究者、探索者的乐趣。因此,参与性对于情境兴趣的影响作用,还有待以后进一步的研究来考察和证明。

七、高中生课堂情境兴趣与影响因素的关系

(一)高中生课堂情境兴趣与高中生学习成绩的关系

在研究中,我们发现高中生英语课堂情境兴趣与英语学习成绩存在显著的正相关,高一、高二、高三年级的相关系数分别为 0.391、0.363 和 0.374。且在英语和语文分问卷中,课堂情境兴趣对学生学习成绩的影响作用都达到显著。

这一结果基本与以往的研究结果一致。希佛尔(1990)等人的研究发现,兴

趣和成就之间的相关达到0.3。胡象岭(1997)等人的研究也发现,物理学习成绩与物理学习兴趣的相关系数为0.30。这一结果也与人们的经验认识基本吻合。课堂学习作为学生学习的最基本形式,在学生的学习生活中起着至关重要的作用。而课堂情境兴趣作为学生课堂学习活动的动力,是学生课堂学习得以发动、维持、完成的重要条件,并以此影响到学生课堂学习的效果。因此,课堂情境兴趣对于学生的学习成绩有较大的促进或阻碍作用。

(二)高中生课堂情境兴趣与高中生学习自我效能感的关系

本研究未发现学习自我效能感与课堂情境兴趣之间存在显著相关。这与一般经验认识和以往的研究结果不一致。

自我效能感是指学生对自己实现特定领域或行为目标所需能力的信心或者信念。一般研究认为,学习自我效能感与学习兴趣之间存在极其显著的相关。这是因为学习自我效能感比较强的学生,对自己的学习能力充满信心,在课堂学习和课下自学时往往都能够精神饱满、积极主动,遇到困难时敢于直面现实,并通过自己的努力,克服不适感,表现出知难而进的积极倾向。而学习自我效能感比较低的学生,对学习有一种惧怕心理,信心不足,往往会采取消极、被动、应付的学习方式,遇到困难比较容易放弃,因此在课堂学习中,往往精神紧张、胆小、不敢回答提问和积极参与,遇到困难时往往容易精神萎靡、消极应付或者轻易放弃,表现出较低的学习积极性。长此以往,就会导致学习兴趣的下降。对学习的兴趣需要有积极进取的精神作支撑,而自我效能感正是这种自信心和进取心的保证。

然而,为什么在本研究中出现这样的结果是需要进一步探讨的问题。当然,不排除本研究取样偏差的原因。

(三)高中生课堂情境兴趣与成就目标定向的关系

本研究发现在数学和语文分问卷中,掌握目标定向与课堂情境兴趣之间存在显著相关；而成绩目标定向则与课堂情境兴趣没有出现显著的相关。这与以往的研究结果基本一致。

成就目标定向是促使学生努力学习以取得学业成就的动力和心理因素。德维克等人(Dweck,1988)认为,在学习情境中,学习者追寻的成就目标可分为掌握目标和成绩目标。这两种不同的成就目标对学习者的行为有着不同的影响。掌握目标促使个体在学习中力求掌握新的知识、提高个人的能力；而追寻成绩目标的个体则注重努力赢得他人的积极评价,避免消极评价。章凯的研究发现,掌握目标定向与学习兴趣之间存在显著的正相关,成绩目标定向与兴趣水平之间不存在显著的相关。这与本研究的研究结果基本一致。这是因为具有掌握目标定向的学生对学习本身感兴趣,课堂学习是为了获得知识和掌握技能。在这种积极学习目标的驱使下,学生往往善于钻研,喜欢探索,积极参与课堂学习,课堂学习过程中充满了愉悦和满足,课堂学习兴趣相应地也就会达到较高的水平。而具有成绩目标定向的学生是为了应付检查、考试或者取悦家长和老师而学习,这种目标定向驱使下的学生往往在课堂学习中也采取应付性的、肤浅的、消极被动的态度和方法,课堂情境兴趣相应地也就难以激发或者保持在较低水平。

综上所述,根据本研究结果,为提高学生课堂情境兴趣,在课堂教学中,老师要选择生动的、组织结构良好的文章,并给学生提供一些相关的背景信息；要帮助学生对学习材料进行有意义的选择,并提供反馈；要帮助学生掌握学习策略以及设定适当的学习目标可以促使学生成为主动的学习者。

参考文献

[1] 艾俊汝. 高中生课堂情境兴趣研究[D]. 中国人民大学, 2008.

[2] [美]艾里克. J. 马施, 大卫. A. 沃尔夫. 儿童异常心理学[M]. 孟宪璋等译. 广州: 暨南大学出版社, 2004: 242—277.

[3] [美]艾森克, 基恩. 认知心理学[M]. 第四版 高定国, 肖晓云译. 上海: 华东师范大学出版社, 2003: 749—785.

[4] [美]保罗·艾克曼著. 情绪的解析[M]. 杨旭译. 海口: 南海出版公司, 2008: 1—6.

[5] [美]B Jere. 激发学习动机[M]. 陆怡如译. 上海: 华东师范大学出版, 2005.

[6] 蔡婕盛. 激发学生英语学习兴趣的策略[J]. 宁波职业技术学院学报, 2002, (1): 65—66.

[7] 陈发泰. 激发学习兴趣, 提高语文素质[J]. 甘肃教育(语文教学), 2005(3): 30.

[8] 陈琦, 刘儒德. 当代教育心理学[M]. 北京北京师范大学出版社, 1997.

[9] 陈文峰. 情绪干扰的个体差异研究[D]. 中科院心理研究所博士论文, 2005.

[10] 陈向红. 关于激发学生英语学习兴趣的思考[J]. 宿州教育学院学报, 2003, (4): 107—108.

[11] 陈志霞, 吴豪. 内在动机及其前因变量[J]. 心理科学进展, 2008, 16: 98—105.

[12] 董妍, 俞国良, 马丽华. 学业羞愧研究及其对学校教育的启示[J]. 教育理论与实践, 2009, 29(5): 59—62.

[13] 董妍,俞国良.青少年学业情绪问卷的编制及应用[J].心理学报,39,852—860.

[14] 董妍.学习不良青少年学业情绪研究[D].中科院心理研究所,2006:25—37.

[15] 杜建政,高妍春.情绪对错误记忆的影响[M].心理科学,2008,31(3):571—574.

[16] 范伟敏.关于实施小组合作学习的探讨[J].天津教育,2000,(4):9—10.

[17] 傅道春.新课程中教师行为的变化[M].首都师范大学出版社,2001.

[18] [美]戈登·德莱顿,珍妮·沃斯.学习的革命[M].上海:上海三联书店,1998.

[19] 耿柳娜,陈英和.数学焦虑对儿童加减法认知策略选择和执行的影响[J].心理发展与教育,2005,4:24—27.

[20] 古若雷,罗跃嘉.焦虑情绪对决策的影响[M].心理科学进展,2008,16(4):518—523.

[21] 郭德俊,马庆霞,赵凤贞,袁惠萱,林海波.《ARCS兴趣问卷》的编制[J].心理发展与教育,2000,(2):33—37.

[22] 郭德俊.动机心理学[M].北京:人民教育出版社,2006.

[23] 郭宏燕.初中生学业情绪的干预研究[D].山西大学,2008.

[24] 郭秀艳.实验心理学[M].北京:人民教育出版社,2004:604.

[25] 候杰泰,忠麟,成子娟.结构方程模型及其应用[M].教育科学出版社,2004.

[26] J W Kalat,M N Shiota.情绪[M].周仁来等译.北京:中国轻工业出版社,2009:43.

[27] 胡昆,赵春妮.韦纳动机和情绪的归因理论及其教育蕴涵[J].湘潭师范学院学报(社会科学版),2003,25(5):118—120.

[28] 胡明珠,平克虹.教学材料与中学生英语学习兴趣之间的关系[J].教学与管理,2003,(12):56—58.

[29] 胡象岭.物理学习兴趣量表的设计与试测[J].课程·教材·教法,1996,(2):30—32.

[30] 黄敏儿.情绪调节过程与个体差异[D].首都师范大学博士论文,2001.

[31] 黄宇霞,罗跃嘉.国际情绪图片系统在中国的试用研究[J].中国心理卫生杂志,2004:18(9):631—634.

[32]黄宇霞.情绪加工负性偏向的事件相关点位研究[D].中国科学院心理研究所,博士论文,2005:7.

[33]李爱梅,梁颖,田婕.情绪与决策研究的心理学和经济学视角[J].经济问题探索,2009,7:87—92.

[34]李洪玉,何一粟.学习动力[M].湖北:湖北教育出版社,1999.

[35]李洪玉,何一粟.学习能力发展心理学[M].合肥:安徽教育出版社,2004,320—321.

[36]李俊青.学业情绪历程模式之分析[D].台湾国立成功大学,2007.

[37]李雪冰,罗跃嘉.情绪和记忆的相互作用[J].心理科学进展,2007,15(1):3—7.

[38]李彦玲.英语教学与兴趣激发[J].教育探索,1996,(3):41—43.

[39]李艳红.学习不良儿童焦虑及其相关因素分析[J].健康心理学,2003(6):35—36.

[40]李艳丽.激发英语学习兴趣,提高英语教学质量[J].教学与管理,2003,(2):79—80.

[41]梁芳利.多媒体辅助教学在英语课堂中的合理应用[J].教育科学论坛,2006,(4):63.

[42]梁启超.趣味教育与教育趣味.梁启超文选(下册)[M],百花文艺出版社,2006.

[43]廖声立,陶德清.情绪对不同智力水平学生推理操作的影响[J].心理发展与教育,2004(2):34—39.

[44]林崇德,章建跃等.中学数学教育心理学[M].北京:北京教育出版社,2001.

[45]林崇德.教育与发展[M].北京:北京师范大学出版社,2002:151.

[46]林崇德.学习动力[M].湖北教育出版社,2001.

[47]林崇德.学习与发展[M].北京:北京师范大学出版社,1999:95.

[48]刘聪慧.外语学习焦虑影响第二语言产生的认知神经机制研究[D].北京师范大学,2006:8—9.

[49]刘电芝.学习策略研究[M].北京:北京人民教育出版社,1999.

[50]刘丽琼,杨霞.中国学习兴趣研究述评[J].怀化学院学报,2006,25(1):161-163.

[51]刘卫华,黄雄文.心理健康与兴趣的关系研究[J].湖北职业技术学院学报,2003,(4):70-73.

[52]刘晓惠,周林,查子秀.对超常教育实验班与普通班学生学业情感态度的研究[J].心理发展与教育,1999(3):31-34.

[53]刘正萍,阴国恩.简论中学生学习兴趣的培养[J].天津师范大学学报(基础教育版),2006,(3):22-25.

[54]卢家楣.发掘情感策略的实验研究[J].心理科学,2001,24(6):690-693.

[55]卢家楣,刘伟,贺雯,卢盛华.情绪状态对学生创造性的影响[J].心理科学,2002,34(4):381-386.

[56]吕瑞红.促进语文学习兴趣提高语文学习效果[J].中国科技信息,2005,(4):139.

[57]马丽华.小学生英语学院情绪的发展特点及其影响因素[D].中国人民大学,2009.

[58][美]马斯洛.动机与人格[M].许金声等.北京:华夏出版社,1987.

[59]马寅初,姜宁.中学英语教学心理研究[M].长沙:湖南师范大学出版社,1999.

[60]孟昭兰,Joseph Campos.幼儿不同情绪状态对其智力操作的影响[J].心理学报,1984,16(3):231-239.

[61]孟昭兰,邓惠.爆发怒与潜在怒及其再认知操作中的功能[J].心理学报,2000,32(1):49-53.

[62]孟昭兰.情绪的组织功能[J].心理学报,1988,20(2):118-126.

[63]孟昭兰.情绪心理学[M].北京:北京大学出版社,2005:12-16.

[64]彭本辉.探索数学教学语言,激发学生学习兴趣[J].数学教学研究,2001,(3):4-5.

[65]彭聃龄.普通心理学[M].北京:北京师范大学出版社,2001.

[66]钱铭怡,刘嘉,张哲宇.羞耻易感性差异及对羞耻的应付[J].心理学报,2003,35:387-392.

[67]钱铭怡,戚健俐.大学生羞耻和内疚差异的对比研究[J].心理学报,2002,34:626-

633.

[68]乔建中,朱晓红,孙煜明.学习焦虑水平与成败归因倾向关系的研究[J].南京师大学报(社会科学版),1997,

[69]乔建中.情绪研究:理论与方法[M].南京:南京师范大学出版社,2003:38-39.

[70]任长松.走向新课程:给教师的18条建议[J].教育理论与实践,2003,(2):79.

[71]沈德立,阴国恩.非智力因素与人才培养[M].北京:教育科学出版社,1992.

[72]沈德立.非智力因素的理论与实践[M],北京:教育科学出版社,1997.

[73]石绍华,高晶等.中学生学习动机及其影响因素研究[J].教育研究,2002,(1):65-70.

[74]宋飞,张建新.考试焦虑量表(TAS)在北京市中学生中的适用性[J].中国临床心理学杂志,2008,16(6):623-624.

[75]隋光远.中学生学业成就动机归因训练效果的追踪研究[J].心理科学,2005,28(1):52-55.

[76]孙维胜.论合作学习在促进儿童社会化发展中的作用[J].中小学教育,1996,(1):36-37.

[77][美]索里,特尔福德著.教育心理学[M].高觉敷等译,北京:人民教育出版社,1982.

[78]索涛,冯廷勇,贾世伟,李红.决策失利后情绪的接近性效应与ERP证据[J].中国科学C辑:生命科学,2009,39(6):611-620.

[79]田宝,郭德俊.考试焦虑影响考试成绩的基本模式[J].心理科学,2004,27(6):1360-1364.

[80]田良臣,刘电芝.教学策略:沟通教学观念与教学行为的中介桥梁——兼论新课程方案的实施[J].贵州师范大学学报(社会科学版),2003,(4):98-102.

[81]涂阳军.情境兴趣与教育:国外兴趣研究新取向[J].焦作师范高等专科学校学报,2006,22(1):36-38.

[82]王才康.考试焦虑量表(TAI)的信度和效度研究[J].中国临床心理学杂志,2003,

11(1).

[83] 王翠艳,刘昌.数学焦虑对心算加工的影响[J].心理科学进展,2007,15(5):795-801.

[84] 王俊山,卢家楣.初中生数学焦虑的调查及其调控研究[J].心理科学,2006,29(3):605-608.

[85] 王同军,司继伟.兴趣研究现状与进展[J].山东教育学院学报,2006,(6):11-14.

[86] 文静,吴庚香,梁凡.兴趣爱好对大学生心理健康状况及性格影响的调查分析[J].数理医药学杂志,2006,19(4):405-407.

[87] 夏丽丹.关于多媒体辅助教学的思考[J].中国科教创新导刊,2007,(8):144.

[88] 夏凌翔,张世宇,王振勇.高中生学习兴趣结构的探索性因素分析[J].辽宁师范大学学报(社会科学版),2002(11):58-60.

[89] 谢波,钱铭怡.中国大学生羞耻和内疚的现象学差异[J].心理学报,2000,32:105-109.

[90] 辛自强,林崇德.微观发生法:聚焦认知变化[J].心理科学进展,2002,10(2):206-217.

[91] 辛自强,俞国良.学习不良的界定与操作化定义[J].心理学动态,1999,7(2):52-62.

[92] 邢强.20世纪80年代后兴趣研究述评[J].广州大学学报(社会科学版),2005,4(2):70-76.

[93] 徐琴美,鞠晓辉.7~11岁小学生对学习成功和失败的情绪反应与情绪归因研究[J].中国临床心理学杂志,2004,12(3):239-243.

[94] 徐先彩,龚少英.学业情绪及其影响因素[J].心理科学进展,2009,17(1):92-97.

[95] 徐英.论非智力因素及其在教育中的作用[J].心理科学,2000,23(2):242-243.

[96] 颜中玉.非智力因素对高师数学学习影响的调查[J].数学教育学报,2001,10(2):44-47.

[97] 燕国材.非智力因素的理论实证与实际研究[J].华东理工大学出版社,1994.

[98]杨红艳.激发学生兴趣是英语教学成功的关键[J].内蒙古农业大学学报,2005,(4):274—276.

[99]杨继平,郑建君.情绪对危机决策质量的影响[M].心理学报,2009,41(6):481—491.

[100]杨小冬,罗跃嘉.注意受情绪信息影响的实验范式[J].心理科学进展,2004,12(6):833—841.

[101]杨心德.中小学学习困难学生焦虑的研究[J].心理发展与教育,1994(2):55—58.

[102]杨秀君,孔克勤.抱负水平指导和归因训练对提高学生成功感的影响研究[J].心理科学,2005,28(1):99—103.

[103]俞国良,董妍.学业情绪研究及其对学生发展的意义[J],教育研究,2005(5):39—43.

[104]俞国良,董妍.情绪对学习不良青少年选择性注意和持续性注意的影响[J].心理学报,2007,39:679—687.

[105]俞国良,董妍.学习不良青少年与一般青少年学生情绪特点的比较研究[J].心理科学,2006,29(4):811—814.

[106]俞国良,辛自强,罗晓路.学习不良儿童孤独感、同伴接受性的特点及其与家庭功能的关系[J].心理学报,2000,32(1):59—64.

[107]俞国良.论个性与创造力[J].北京师范大学学报(社会科学版),1996,(4):83—89.

[108]俞国良.现代心理健康教育[M].北京:人民教育出版社,2007,1—2.

[109]俞国良.学习不良:一个有待拓展和深化的研究领域[J].心理科学进展,2005,13(5):545—546.

[110]俞国良.学习不良儿童的家庭环境及其与社会性发展的关系[J].心理发展与教育,1997(1):44—48.

[111]俞国良.学习不良儿童的评价[J].心理发展与教育,1995,(1):48—52.

[112]袁方.社会研究方法教程[J].北京大学出版社,1997.

[113]袁智强.关于计算机辅助教学的调查与分析[J].数学教育学报,2002:(2):95—97.

[114]张绍波.高校教师有效激发学生学习兴趣的策略研究[J].齐齐哈尔大学学报(哲学社会科学版),2006,(7):167-169.

[115]张文彤.SPSS11统计分析教程(高级篇)[M].北京希望电子出版社,2002,27-31

[116]张雅明,俞国良.美国学习不良的概念及发展[J].中国特殊教育,2003(5):51-55.

[117]张雅明.小学高年级学习不良儿童元认知发展特点及其干预[D].中科院心理研究所博士论文,2005.

[118]章凯,张必隐.兴趣对不同理解水平的作用[J].心理科学,2000,23(4):482-483.

[119]章凯.兴趣发生机制研究的进展与创新[J].心理科学,2003,26(2):364-365.

[120]章凯.兴趣研究的进展[J].江西教育科研,1996,(5):60-62.

[121]章凯.兴趣与学习:一个正在复兴的研究领域[J].宁波大学学报(教育科学版),2000,22(1):27-33.

[122]赵兰兰,汪玲.学习兴趣研究综述[J].首都师范大学学报(社会科学版),2006,(6):107-112.

[123]郑英娟.中学生物理学业情绪研究[D].陕西师范大学,2007.

[124]郑毓信.数学教育之动态与思考[J].数学教育学报,2002,11(1):9-15.

[125]中华人民共和国教育部.全日制义务教育普通高级中学英语课程标准(实验稿)[M].2001.

[126]中华人民共和国教育部.小学英语课程教学基本要求[M].2001.

[127]周娟芬.学习兴趣的培养与提高[J].西安外国语学院学报,1999,(4):79-81.

[128]周林,查子秀.对数理超智儿童学业情感作用的探讨[J].心理科学,1997,20:82-83.

[129]朱建国.创设情境,培养兴趣[J].教学管理,2007,(2):20.

[130]左斌著.师生互动论-课堂师生互动的心理学研究[M].华中师范大学出版社,2002.

[131]A Assor,H Kaplan,G Roth. Directly controlling teacher behaviors as predictors of poor motivation and engagement in girls and boys: The role of anger and anxiety

[J]. Learning and Instruction,2005,15:397—413.

[132]A Bandura. Negative self—efficacy and goals revisited[J]. Journal of Applied Psychology,2003,88(1):87—99.

[133]A Bandura. Self—Efficacy: The Exercise of Control[M]. New York: W. H. Freeman and Company. 1997.

[134]A Bandura. Self—Efficacy: Toward a Unifying Theory of Behavioral Change[J]. Psychology Review,1997,84:191—215.

[135]A C Frenzel,R Pekrun,T Goetz. Perceived learning environment and students' emotional experiences:A multilevel analysis of mathematics classrooms[J]. Learning and Instruction,2007,17:478—493.

[136]A C Frenzel,T M Thrash,R Pekrun,T Goetz. Achievement emotions in Germany and China a cross—cultural validation of the academic emotions questionnaire—mathematics[J] . Journal of Cross—Cultural Psychology,2007,38(3):302—309.

[137]A Chen,P W Darst,R P Pangrazi. An Examination of Situational Interest and Its Sources[J]. British Journal of Educational Psychology,2001,71:383—400.

[138]A E Gottfried. Relationships between academic intrinsic motivation and anxiety in children and young adolescents[J]. Journal of School Psychology,1982,20: 205—215.

[139]A Efklides,S Volet. Emotional experiences during learning: multiple,situated and dynamic[J]. Learning and Instruction,2005,15:377—380.

[140]A Efklides. Emotional experiences during learning: multiple, situated and dynamic [J]. Learning and Instruction,2005,15:377—380.

[141]A M Isen,K Daubmann,Nowicki. Positive affect facilitates creative problem solving[J]. Journal of Personality and Social Psychology,1987,52:1122—1131.

[142]P A Alexander,T L Jetton. The Role of Importance and Interest in the Processing

of Text[J]. Educational Psychology Review,1995,8:89—121.

[143] B C Patrick, E A Skinner, J P Connell. What motivates children's behavior and emotion? Joint effects of perceived control and autonomy in the academic domain [J]. Journal of Personality and Social Psychology,1993,65:781—791.

[144] B Weiner. Anattributional theory of achievement motivation and emotion[J]. Psychological Review,1985,92(4):548—573.

[145] C H Utman. Performance effects of motivational state: A meta—analysis[J]. Personality and Social Psychology Review,1997,1:170—182.

[146] D C Smith, et al. Development of the multidimensional school anger inventory for males. Psychology in the schools,1998,35(1):1—15.

[147] E Eich, J F Kihlstrom, G H Bower, et al. Cognition and emotion[M]. New York: Oxford University Press,2000.

[148] E K Pérez, N A Fox. Individual differences in children's performance during an emotional Stroop task: A behavioral and electrophysiological study[J]. Brain and Cognition,2003 (52):33—51.

[149] E L Deci, R M Ryan. The "what" and "why" of goal pursuits: Human needs and the self determination of behavior[J]. Psychological Inquiry,2000,11 (4):227—268.

[150] E T Higgins. Value from hedonic experience and engagement[J]. Psychological Review,2006,113,439—460.

[151] F Belmechri, K Hummel. Orientations and motivation in the acquisition of English as a second language among high school students in Quebec city[J]. Language learning,1998,48:219—224.

[152] F G Ashby, A M Isen, A U Turken. A neuropsychological theory of positive affect and its influence on cognition[J]. Psychological Review,1999,106:529—550.

[153]G Coricelli, H D Critchley, M Joffily, et al. Regret and its avoidance: A neuroimaging study of choice behavior[J]. Nature Neuroscience, 2005, 8: 1255—1262.

[154]G Coricelli, R J Dolan, A Sirigu. Brain, emotion and decision making: The example of regret[J]. Trends in Cognitive Sciences, 2007, 11: 258—265.

[155]G D Sideridis. On the origins of helpless behavior of students with learning disabilities: avoidance motivation? [J]. International journal of Educational Research, 2003, 39: 497— 517.

[156]G Gumora, W F Arsenio. Emotionality, emotion regulation, and school performance in middle school children[J]. Journal of School Psychology, 2002, 40: 395—413.

[157]G Z Michaela, F Stefan, L Matthias, etal. Promoting students' emotions and achievement—Instructional design and evaluation of the ECOLE—approach[J]. Learning and Instruction, 2005, 14: 481—495.

[158]H Bless, G L Clore, N Schwarz. Mood and the use of scripts: Does a happy mood really lead to mindlessness? [J]. Journal of Personality and social Psychology, 1996, 71: 665—679.

[159]H C Ellis, S C Ottaway, L J Varner, etal. Emotion, Motivation, and Text Comprehension: The Detection of Contradictions in Passages[J]. Journal of Experimental Psychology: General, 1997, 126(2): 131—146.

[160]H J Vermeer, M Boekaerts, G Seegers. Motivational and gender differences: Sixth—grade students' mathematical problem—solving behavior[J]. Journal of Educational Psychology, 2000, 92, 308—315.

[161]H T Everson, S Tobias, H Hartman, et al. Test anxiety and the curriculum: The subject matters[J]. Anxiety, Stress and Coping: An International Journal, 1993, 6: 1—8.

[162]H W Marsh, A SYeung. The distinctiveness of affects in specific school subjects:

An application of confirmatory factor analysis with the National Educational Longitudinal Study of 1988[J]. American Educational Research Journal,1996,33,665—689.

[163] H W Marsh. Relations among dimensions of self—attribution, dimensions of self—concept, and academic achievements[J]. Journal of Educational Psychology, 1984, 76, 1291—1308.

[164] H W Marsh. The content specificity of math and English anxieties: The high school and beyond study[J]. Anxiety Research, 1988, 1:137—149.

[165] H W Marsh. The self—serving effect in academic attributions: Its relation to academic achievement and self—concept[J]. Journal of Educational Psychology, 1986, 78, 190—200.

[166] H W Marsh. Verbal and math self — concepts: An internal/external frame of reference model[J]. American Educational Research Journal, 1986, 23: 29—149.

[167] H Markus, S Kitayama. Culture and the self: Implications for cognition, emotion, and motivation[J]. Psychological Review, 1991, 98: 224—253.

[168] J C Gorman. Emotional disorders & learning disabilities in the elementary classroom: interactions and interventions[M]. UAS: Corwin Press, A sage publications company, 2001.

[169] J E Turner, L Schallert. Expectancy—value relationships of shame reactions and shame resiliency[J]. Journal of Educational Psychology, 2001, 93: 320—329.

[170] J L Tracy, R W Robins. Appraisal antecedents of shame and guilt: support for a theoretical model[J]. Personality and Social Psychology Bulletin, 2006, 32: 1339—1351.

[171] J L Tracy, R W Robins. The psychological structure of pride: A tale of two facets [J]. Journal of Personality and Social Psychology, 2007, 92: 506—525.

[172] J L Tracy, R W Robins, K H Lagattuta. Can children recognize pride? [J]. Emotion, 2005, 5: 251—257.

[173] J A Russell. A circumplex model of affect [J]. Journal of Personality and Social Psychology, 1980, 39(6): 1161—1178.

[174] J A Russell. Core affect and the psychological construction of emotion. [J] Psychological Review, 2003, 110(1): 145—172.

[175] J M Harackiewicz, K E Barron, S M Carter, et al. Predictors and consequences of achievement goals in the college classroom: Maintaining interest and making the grade [J]. Journal of Personality and Social Psychology, 1997, 73: 1284—1295.

[176] J M Leppanen. Emotional information processing in mood disorders: a review of behavioral and neuroimaging findings [J]. Current Opinion in Psychiatry, 2006, 19: 34—39.

[177] J M Harackiewicz, K E Barron, J M Tauer et al. Predicting Success in College: A Longitudinal Study of Achievement Goals and Ability Measures as Predictors of Interest and Performance From Freshman Year Through Graduation [J]. Journal of Educational Psychology, 2002, 94(3): 562—575.

[178] J Möller, O Köller. Dimensional comparisons: An experimental approach to the Internal/External frame of reference model [J]. Journal of Educational Psychology, 2001, 93: 826—835.

[179] J Meinhardt, R Pekrun. Attentional resource allocation to emotional events: An ERP study [J]. Cognition and Emotion, 2003, 17: 477—500.

[180] J W Maag, Reid R. Depression among students with learning disabilities [J]. Journal of Learning disabilities, 2006, 39(1): 3—10.

[181] K A Renninger, L Ewen, A K Lasher. Individual Interest as Context in Expository Text and Mathematical Word Problems [J]. Learning and Instruction, 2002, 12: 467

—491.

[182] K L Phan, T Wager, S F Taylor, I Liberzon. Functional Neuroanatomy of emotion: A Meta-Analysis of Emotion Activation Studies in PET and FMRI[J]. NeuroImage, 2002, 16(2): 331—348.

[183] K R Scherer. On the nature and function of emotion: A component process approach. In: K R Scherer, P Ekman. (Eds.), Approaches to Emotion[M]. Erlbaum, Hillsdale, NJ, 1984: 293—318.

[184] M Ainley, M Corrigan, N Richardson. Students, tasks, and emotions: Identifying the contribution of emotions to students' reading of popular culture and popular science texts[J]. Learning and Instruction, 2005, 15: 433—447.

[185] M Bong, E M Skaalvik. Academic self-concept and self-efficacy: How different are they really[J] Educational Psychology Review, 2003, 15: 1—40.

[186] M Bong. Tests of the internal/external frames of reference model with subject-specific academic self-efficacy and frame-specific academic self-concepts[J]. Journal of Educational Psychology, 1998, 90: 102—110.

[187] M Covington. Making the grade: A self-worth perspective on motivation and school reform[M]. New York: Cambridge University Press. 1992.

[188] M H Johnson, P A Magaro. Effects of mood and severity on memory processes in depression and mania[J]. Psychological Bulletin, 1987, 101: 28—40.

[189] M J Buehner, P W Cheng, D Clifford. From covariation to causation: A test of the assumption ofcausal power[J]. Journal of Experimental Psychology: Learning, Memory, and Cognition, 2003, 29: 1119—1140.

[190] M Judith, K E Harackiewicz, Barron, et al. Short-Term and Long-Term Consequences of Achievement Goals: Predicting Interest and Performance Over Time[J]. Journal of Educational Psychology, 2000, 92(2): 316—330.

[191] M M Abu—Hilal, T M Bahri. Self—concept: The generalizability of research on the SDQ, Marsh/Shavelson model and I/E frame of reference model to the United Arab Emirates students[J]. Social Behavior and Personality, 2000, 28: 309—322.

[192] M Miceli, C Castelfranchi. Anxiety as an "epistemic" emotion: An uncertainty theory of anxiety[J]. Anxiety, Stress and Coping: An International Journal, 2005, 18: 291—319.

[193] M Mitchell. Situational interest: Its multifaceted structure in the secondary school mathematics classroom[J]. Journal of Educational Psychology, 1993, 85: 424—436.

[194] M M Clifford, A KimA, B A McDonald. Responses to failure as influenced by task attribution, outcome attribution, and failure tolerance[J]. Journal of Experimental education, 57: 19—37.

[195] M V Svetaz, M Ireland, R Blum. Adolescents with learning disabilities: Risk and protective factors associated with emotional wellbeing: Findings from the national longitudinal study of adolescent health[J]. Journal of Adolescent Health, 2000, 27: 340—348.

[196] M Vansteenkiste, B Duriez, J Simons, et al. Materialistic values and well—being among business students: Further evidence of their detrimental effect[J]. Journal of Applied Social Psychology, 2006, 6: 2892—2908.

[197] M W Esyenck. Anxiety and attention[J]. Anxiety Research, 1988, 1: 9—15.

[198] N Camille, G Coricelli, J Sallet, et al. The involvement of the orbitofrontal cortex in the experience of regret[J]. Science, 2004, 304: 1167—1170.

[199] N Ravaja, K Kallinen, T Saari, et al. Suboptimal exposure to facial expressions when viewing video messages from a small screen, effects on emotion, attention, and memory [J]. Journal of Experimental Psychology: Applied, 2004, 10: 120—

128.

[200] N Schwarz, H Bless. Happy and mindless, but sad and smart? The impact of affective states on analytic reasoning[M]. In Forgas J P (Ed.) Emotion and Social Judgments. Oxford:Pergamon. 1991:55—71.

[201] P A Alexander, T L Jetton, J M Kulikowich. Interrelationship of Knowledge, Interest, and Recall: Assessing a Model of Domain Learning[J]. Journal of Educational Psychology,1995,87:559—575.

[202] P A Alexander, J M Kulikowich, S K Schulze. How Subject—matter Knowledge Affects Recall and Interest on the Comprehension of Scientific Exposition[J]. American Educational Research Journal,1994,31:313—337.

[203] P A Schutz, S L Lanehart. Introduction: Emotions in education[J]. Educational Psychologist,2002, 37(2): 67—68.

[204] P H Blaney. Affect and memory: A review[J]. Psychological Bulletin,1986,99: 229—246.

[205] P J Silvia. What is interesting? Exploring the appraisal structure of interest[J]. Emotion,2005,5(1):89—102.

[206] P L Lang, M M Bradley, B N Cuthbert. International Affective Picture System: Technical manual and affective ratings[D]. NIMH Center for the Study of Emotion and Attention,2001,1.

[207] P S Seibert, H C Ellis. Irrelevant thoughts, emotional mood states, and cognitive task performance[J]. Memory and Cognition,1991,19:507—513.

[208] R Hembree. Correlates, causes, and treatment of test anxiety[J]. Review of Educational Research,1988,58:47—77.

[209] R Hembree. The nature, effects and relief of mathematics anxiety[J]. Journal for Research in Mathematics Education,1990,21:33—46.

[210]R P Perry,S Hladkyi,R Pekrun,S Pelletier. Academic control and action control in college students: A longitudinal study of self—regulation[J]. Journal of Educational Psychology,2001,93:776—789.

[211]R Pekrun,A C Frenzel,T Goetz. Manual for Achievement Emotions Questionnaire — Mathematics[J]. Retrieved from A C Frenzel via Email. 2005.

[212]R Pekrun,A J Elliot,M A Maier. Achievement goals and discrete achievement emotions: a theoretical model and prospective test[J]. Journal of Educational Psychology,2006,98(3):583—597.

[213]R Pekrun,T Gortz,W Titz, R P Perry. Academic emotions in students' self—regulated learning and achievement:a program of qualitative and quantitative research [J]. Educational Psychologist,2002,37: 91—105.

[214]R Pekrun. A social —cognitive,control—value theory of achievement emotions. In J Heckhausen (Ed.),Motivational psychology of human development[M]. Oxford:Elsevier,2000:143—163.

[215]R Pekrun. The Control—Value theory of achievement emotions:Assumptions,corollaries,and implications for educational research and practice Education [J]. Psychology Review,2006,18:315—341.

[216]R Pekrun. The impact of emotions on learning and achievement: Towards a theory of cognitive/motivational mediators[J]. Applied Psychology:An International Review,1992,41:359—376.

[217]S A Stevens. Test anxiety and beliefs about testing incollege students with and without learning disabilities[J]. DissertationAbstracts International,2001,61.

[218]S D Krashen. Second Language Acquisition and Second Language Learning[J]. Oxfordshire:Pergamon,1981.

[219]S E Volet. Cognitive and affective variables in academic learning:the significance of

direction and effort in students' goals[J]. Learning and Instruction, 1997, 7(3): 235—254.

[220] S Folkman, R S Lazarus. If it changes it must be a process: Study of emotion and coping during three stages of a college examination[J]. Journal of Personality and Social Psychology, 1985, 48: 150—170.

[221] S Hidi, J M Harackiewicz. Motivating the Academically Unmotivated: A Critical Issue for the 21st Century[J]. Review of Educational Research, 2000, 70(2): 151—178.

[222] S Hidi, Renninger K Ann. The Four—Phase Model of Interest Development. Educational Psychology, 2006, 41(2): 111—127.

[223] S Hidi. Interest and Its Contribution as a Mental Resource for Learning[J]. Review of Educational Research, 1990, 60(4): 594—571.

[224] S Hidi. Interest, Reading and Learning: Theoretical and Practical Considerations [J]. Educational Psychology Review, 2001, 13: 191—210.

[225] S Swanson, C Howell. Test anxiety in adolescents with learning disabilities and behavior disorders[J]. Exceptional Children, 1996, 62(5): 389— 397.

[226] T Goetz, A C Frenzel, N C Hall. Antecedents of academic emotions: Testing the internal/external frame of reference model for academic enjoyment[J]. Contemporary Educational Psychology, 2008, 33: 9—33.

[227] T Goetz, A C Frenzel, R Pekrun, NC Hall. The domain specificity of academic emotional experiences[J]. Journal of Experimental Education, 2006, 75: 5—29.

[228] T Goetz, A C Frenzel, R Penkrun, A C Hall. Between— and within—domain relations of student's academic emotions[J]. Journal of Educational Psychology, 2007, 99(4): 715—733.

[229] T Goetz, F Pekrun, N Hall. Academic emotions from a social—cognitive perspec-

tive:Antecedents and domain specificity of students' affect in the context of Latin instruction[J]. British Journal of Educational Psychology,2006,76: 289—308.

[230]T John,L W Futhrie,A W Hoa,et al. From Spark to Fire: Can Situational Reading Interest Lead to Long—term Reading Motivation? [J]. Reading Research and Instruction,2006,45:91—131.

[231]T Kasser,R M Ryan. Dark side of the American dream:Correlates of financial success as a central life aspiration[J]. Journal of Personality and Social Psychology,1993,65:410—422.

[232]T T Matthew. G P Peggy,Putney L G. Self—Efficacy and Interest in the Use of Reading Strategies[J]. Journal of Research in Childhood Education,2005,20(2): 119—131.

[233]U Schiefele. Interest and Learning from Text[J]. Scientific Studies of Reading,1999,3:257—280.

[234]U Schiefele. Topic Interest, Text Representation,and Quality of Experience[J]. Contemporary Educational Psychology,1996,21:3—18.

[235]W N Bender,Wall M E. Social— emotional development of students with learning disabilities[J]. Learning Disability Quarterly,1994,17:323— 341.

[236]W Titz. University Students' Emotions at Learning[M]. Germany: Waxmann. 2001.

附 录

附录一 青少年学业情绪访谈提纲

1. 请您尽可能多地说出您在课堂学习过程中的情绪感受或想法;

2. 请您尽可能多地说出您在做作业时候的情绪感受或想法;

3. 请您尽可能多地写出您在考试期间的情绪感受或想法。

附录二 青少年学业情绪半开放式问卷

该问卷具体内容为:"你在学习中,是否产生过厌倦(或其他)情绪?具体表现是什么?"一共包括23种具体情绪,分别为:厌倦、快乐、自豪、希望、放松、焦虑、无助、羞愧、生气、高兴、满意、难过、嫉妒、憎恨、痛苦、愉快、感激、羡慕、轻视、厌恶、沮丧、惊奇、兴奋。

附录三 青少年学业情绪问卷(正式用)

积极高唤醒学业情绪分问卷部分题目

3. 学习带给我很多快乐

12. 我很骄傲我比别的同学做题快

26. 我总希望自己能学得更好一些

积极低唤醒学业情绪分问卷部分题目

22. 在学习上我经常受到别人的夸奖和赞扬

34. 我能安心学习

53. 我能轻松地面对考试

消极高唤醒学业情绪分问卷部分题目

5. 考试前我会紧张不安

13. 我会由于很长时间解不出一道题而恼火

15. 在学习时,我经常感觉自己很笨

消极低唤醒学业情绪分问卷部分题目

4. 我觉得学习枯燥无味

7. 老师讲课内容太难,我跟不上

17. 我常对学习有一种倦怠感

29. 我学习时经常会头昏脑胀

附录四 成就目标问卷

成绩接近目标

1. 对我来说,比其他同学学得好是很重要的。

2. 对我来说,在班级当中,与其他同学学得一样好是很重要的。

掌握避免目标

1. 我担心课堂上本应该能学会的所有内容,但是我却没能学会。

2. 有时,我害怕不能像我想象的那样彻底地理解课程的内容。

掌握接近目标

1. 我想从课堂上学到尽可能多的知识。

2. 对我来说尽可能全面地理解课程内容是很重要的。

成绩避免目标

1. 我只是希望避免在课程学习中做得太差。

2. 我在课程学习上的目标是避免表现太差。

附录五 学业效能问卷

我确定我能掌握今年在课堂上学的知识内容。

我确定我能想出办法来完成最困难的功课。

只要我不放弃,我就能完成几乎所有的功课要求。

即使功课很难,我也能学会。

只要我努力,即使是最难的功课我也能完成。

附录六 学习策略问卷(部分题目)

动机:

1. 在老师教过之后我可以没有任何困难的开始学习

2. 即使有其他有趣的事情做时,我也会去学习

方法:

1. 在完成作业时我会做一个计划

2. 我会记住课本和实验中所提供的信息

成绩结果

1. 如果我发现我使用的方法不起作用时,我会改进我的方法

2. 我会准确地记录我以前得到的分数

元认知知识

我知道什么时候我理解了学习的内容。

当需要的时候,我能让我自己学习。

元认知调节

1. 当学习的时候,我会画图或线段来帮助自己理解。

2. 当我做功课的时候,我会问我自己是否学会了我想要学的内容。

附录七　学业情绪调节训练提纲(举例)

一、认识情绪

目标

1. 了解什么是情绪

2. 了解情绪的种类

步骤

1. 教师介绍本次活动课的主题

2. 猜图游戏

(1)教师在黑板上呈现情绪脸谱,让学生猜测图片上表示的是什么情绪。

(2)教师告诉学生每一幅图片都代表什么情绪。

(3)教师总结情绪是什么,与生活有什么关系。

3. 情绪表演

(1)将学生进行分组,每组选择一名自愿进行情绪表演的学生。

(2)教师拿出事前准备好的写着情绪词的纸条,让每组表演的同学抽2张,并在小组同学面前进行表演。

(3)表演结束后,让小组同学猜测是什么。

(3)表演的同学告诉大家他表演的是什么情绪。

4. 总结

让全班同学们自由发言,总结情绪有多少种,自己在生活中都体验到了哪些情绪。

二、把握学习情绪

目标

了解自己惯有的学习情绪调节方法

学会以适当的方式调节自己的学业情绪

步骤

引导活动

(1)教师在上课之初,先给学生播放几段不同的音乐。

(2)询问学生听到这些不同的音乐有什么样的情绪感受。

(3)教师向学生介绍调节音乐调节学习情绪的方法。

脑力激荡

(1)将学生分组,讨论还有哪些调节学习情绪的好方法。要求:一是在讨论的时候不评价他人意见正确与否;二是尽可能多地说出好方法;三是争取超过别的小组。每个小组由一人记录,其他人出主意,相互启发,集思广益,列举出各种可能的方法。

(2)各组将讨论结果在全班同学面前公布,由全体成员一起评论,看哪个小组办法最多,可以获"优胜奖",哪个小组的方法最实用、最幽默、最有想象力,可以评为"幽默奖"、"实用奖"、"有趣奖"、"认真奖"、"好主意奖"等。(有几个组有几项奖)

教师总结

教师结合学生的讨论结果,补充一些其他有效的学习情绪调节方法。

附录八 高中生课堂情境兴趣问卷和高中生课堂情境兴趣影响因素正式问卷

亲爱的同学:您好!

这是一份用于科学研究的调查表,填写这份调查表与您的任何学业成绩和操行评定都毫无关系,不会给您带来任何不良影响;所有的答案也没有"对""错"之分。您只要根据实际情况如实回答就可以了,我们希望您能表达您的真实想法。在回答每一个问题时请不要停留太长时间,凭自己的感觉回答即可。我们将对您的回答内容给予严格保密。请您放心。

最后,请您看清答题要求,按照规定的要求回答。谢谢您参与我们的研究!

学号_____ 姓名_____ 性别_____ 年级_____

上学期期末考试英语课满分为_____,您的分数是_____。

上学期期末考试数学课满分为_____,您的分数是_____。

上学期期末考试语文课满分为_____,您的分数是_____。

下面的三个问卷分别用来调查您英语、数学、语文课堂学习方面的一些情况。

请您仔细阅读每一个题目,每个题目后面都有六个选项供您选择,请您注意:

每个题目只能选一个选项,在相应的数字上划"√"即可;

每个题目都要回答,做完后请检查一遍,不要有漏掉的题目;

对于题目中不清楚的地方,请举手提问。

问卷一用来调查您英语课堂学习方面的一些情况。

1 非常同意　2 同意　3 有点同意　4 有点不同意　5 不同意　6 非常不同意						
1	我觉得英语课的时间特别短,一会就下课了。	1	2	3	4	5	6
2	英语课激发了我学英语的兴趣。	1	2	3	4	5	6
3	课堂上所学的英语只在考试的时候有用。	1	2	3	4	5	6
4	分小组学习英语,让我觉得学习更有意思。	1	2	3	4	5	6
5	英语课很枯燥、很无聊。	1	2	3	4	5	6
6	我觉得英语课没什么意思。	1	2	3	4	5	6
7	英语课充满了乐趣。	1	2	3	4	5	6
8	课堂上所学的英语在日常生活中也很有用。	1	2	3	4	5	6
9	英语课上,绝大部分时间我们都是在听老师讲,抄笔记。	1	2	3	4	5	6
10	小组的其他同学经常给我很多启发和帮助。	1	2	3	4	5	6
11	英语课上,总是老师一直在讲,我们就是坐着听。	1	2	3	4	5	6
12	分小组学习英语,让学习变得更容易。	1	2	3	4	5	6
13	英语课上所学的知识在生活中的用处不是很大。	1	2	3	4	5	6
14	英语课上,我们自己说英语的机会太少。	1	2	3	4	5	6
15	我经常盼着去上英语课。	1	2	3	4	5	6
16	我喜欢这个学期的英语课。	1	2	3	4	5	6
17	分小组学习英语,让我们的课堂更有趣。	1	2	3	4	5	6

我们英语老师所使用的辅助材料＿＿＿＿＿

辅助材料包括:老师课上所使用的 PPT、录音带/录像带、补充读物以及老师所讲的故事、笑话等。

18	通俗易懂。	1	2	3	4	5	6
19	让我们的学习更有乐趣。	1	2	3	4	5	6
20	对我们理解所讲的内容非常有帮助。	1	2	3	4	5	6
21	让我对英语更感兴趣了。	1	2	3	4	5	6

问卷二用来调查您数学课堂学习方面的一些情况。

1 非常同意　2 同意　3 有点同意　4 有点不同意　5 不同意　6 非常不同意						
1	数学课很枯燥、很无聊。	1	2	3	4	5	6
2	数学课上所学的知识在生活中的用处不是很大。	1	2	3	4	5	6
3	数学课上,绝大部分时间我们都是在听老师讲、抄笔记。	1	2	3	4	5	6
4	数学课上和同学一起讨论数学问题,让学习变得更容易。	1	2	3	4	5	6
5	数学课充满了乐趣。	1	2	3	4	5	6
6	我觉得数学课没什么意思。	1	2	3	4	5	6
7	数学课上其他同学经常给我很多启发和帮助。	1	2	3	4	5	6
8	课堂上所学的数学知识只在考试的时候有用。	1	2	3	4	5	6
9	数学课上,我们发言的机会太少。	1	2	3	4	5	6
10	数学课激发了我学数学的兴趣。	1	2	3	4	5	6
11	我经常盼着去上数学课。	1	2	3	4	5	6
12	我喜欢这个学期的数学课。	1	2	3	4	5	6
13	我觉得数学课的时间特别短,一会就下课了。	1	2	3	4	5	6
14	数学课上,总是老师一直在讲,我们就是坐着听。	1	2	3	4	5	6
15	课堂上所学的数学知识在日常生活中也很有用。	1	2	3	4	5	6
16	数学课上和同学一起讨论数学问题,让我觉得学习更有意思。	1	2	3	4	5	6
17	数学课上和同学一起讨论数学问题,让我们的课堂更有趣。	1	2	3	4	5	6

我们数学老师所使用的辅助材料_____

辅助材料包括:老师课上所使用的 PPT、录音带/录像带、补充读物以及老师所讲的故事、笑话等。

18	通俗易懂。	1	2	3	4	5	6
19	让我们的学习更有乐趣。	1	2	3	4	5	6
20	对我们理解所讲的内容非常有帮助。	1	2	3	4	5	6
21	让我对数学更感兴趣了。	1	2	3	4	5	6

问卷三用来调查您语文课堂学习方面的一些情况。

1 非常同意　2 同意　3 有点同意　4 有点不同意　5 不同意　6 非常不同意							
1	小组的其他同学经常给我很多启发和帮助。	1	2	3	4	5	6
2	课堂上所学的语文知识在日常生活中也很有用。	1	2	3	4	5	6
3	我觉得语文课没什么意思。	1	2	3	4	5	6
4	语文课充满了乐趣。	1	2	3	4	5	6
5	语文课上,绝大部分时间我们都是在听老师讲,抄笔记。	1	2	3	4	5	6
6	语文课很枯燥、很无聊。	1	2	3	4	5	6
7	分小组学习语文,让我们的课堂更有趣。	1	2	3	4	5	6
8	课堂上所学的语文只在考试的时候有用。	1	2	3	4	5	6
9	语文课上,我们发言的机会太少。	1	2	3	4	5	6
10	语文课上,总是老师一直在讲,我们就是坐着听。	1	2	3	4	5	6
11	我喜欢这个学期的语文课。	1	2	3	4	5	6
12	语文课上所学的知识在生活中的用处不是很大。	1	2	3	4	5	6
13	分小组学习语文,让学习变得更容易。	1	2	3	4	5	6
14	我觉得语文课的时间特别短,一会就下课了。	1	2	3	4	5	6
15	分小组学习语文,让我觉得学习更有意思。	1	2	3	4	5	6
16	我经常盼着去上语文课。	1	2	3	4	5	6
17	语文课激发了我学语文的兴趣。	1	2	3	4	5	6

我们语文老师所使用的辅助材料_____

辅助材料包括：老师课上所使用的 PPT、录音带/录像带、补充读物以及老师所讲的故事、笑话等。

18	通俗易懂。	1	2	3	4	5	6
19	让我们的学习更有乐趣。	1	2	3	4	5	6
20	对我们理解所讲的内容非常有帮助。	1	2	3	4	5	6
21	让我对语文更感兴趣了。	1	2	3	4	5	6

后　　记

　　学业情绪研究是我在恩师俞国良教授指导下开始进行的。当初恩师对于这一研究领域前沿性的把握至今令我难忘。2004 年在我读博士期间,发表在教育心理学家《Journal of Educational Psychologist》上的一篇文章深深吸引了我,当我把这篇文献跟俞老师汇报和讨论后,他敏锐地意识到这将是一个新的研究领域,具有广阔的研究前景,恩师的引领使我走入了学业情绪研究的殿堂。六载春秋的努力和钻研还不足以使我成为学业情绪研究的专家,但是限于我国学业情绪研究的不足,我斗胆将这我自己以及我的硕士研究生的一些成果拿出来供大家一起分享,以供对这一领域感兴趣的读者交流。同时,我也期盼更多的研究者涉足学业情绪的研究,以使我们对情绪在教育情境中的作用有进一步的理解。

　　在本书的撰写过程中,我得到了很多的帮助。首先,感谢我的导师俞国良教授帮我联系安徽教育出版社。感谢安徽教育出版社为我们出版此书,杨多文主任为此付出了很多辛苦。感谢在写作过程中帮助我提供资料的好友加拿大约克大学的舒畅博士和中科院心理研究所的张宝山师弟。其次,我要感谢不曾相识但却令我很敬仰的帕克让教授。他们对待学业情绪研究的那种深入细致、严谨认真的精神,时刻都在鞭策着我要踏踏实实搞好我国学业情绪的研究。真心希望有机会能够当面与大师一起讨论和切磋学业情绪的问题。再次,我要感谢我的学生艾俊汝、马丽华,她们在学业情绪领域中的研究为本书提供了很多有价值的研究成果。特别是我的研究生马丽华,在研究生期间协助我完成了许多研究工作,使我对本书的撰写得以顺利完成。感谢张耀华、汤冬玲、沈卓卿、郑璞、戴维、罗琴等同学帮我校对书稿。最后,也感谢我们所引用材料的作者,你们的研究成果为本书增加了浓重的一笔。

我一直认为,为教育服务、为学生服务是教育心理学工作者义不容辞的责任。我的另一位恩师——硕士导师路海东教授使我感受到了教育心理学研究的魅力,让我至今由衷喜爱这一方向。源于对教育事业的热爱、源于对教育心理学的兴趣,我会坚持把学业情绪的研究不断深入下去。

董 妍

2010 年 3 月